Pedro Graf / Maria Spengler

Leitbild- und Konzeptentwicklung

ziel

SozialMANAGEMENT Praxis

Pedro Graf/Maria Spengler

Leitbild- und Konzeptentwicklung

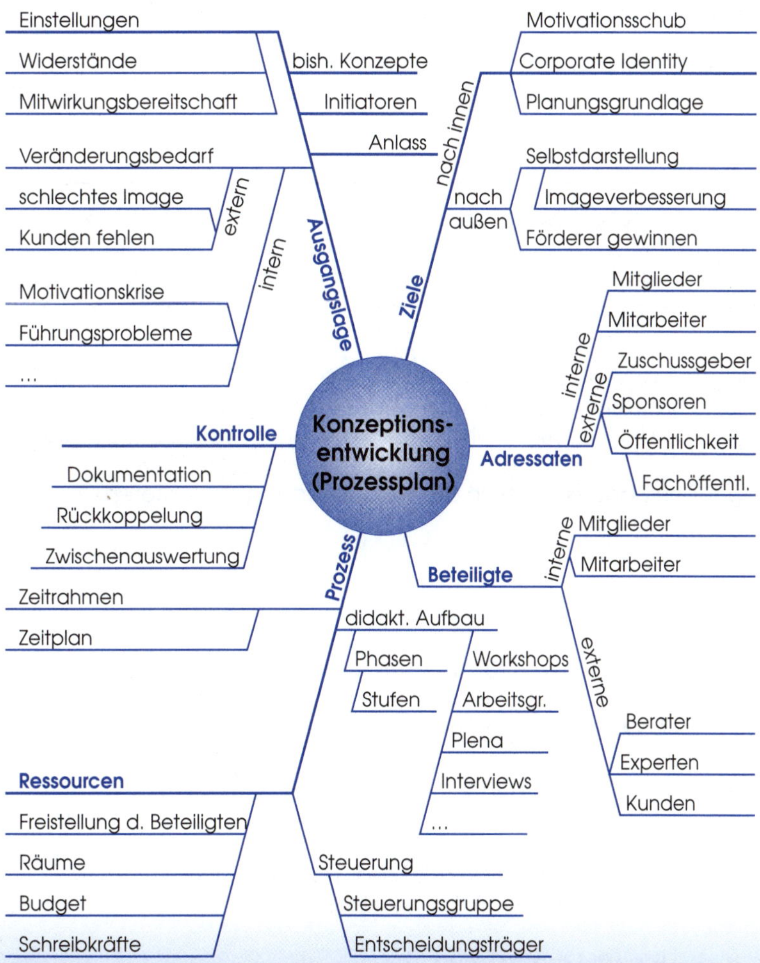

6. überarbeitete Auflage

ziel
Blaue Reihe

Strategien – Tools – Materialien

Bibliografische Information der deutschen Bibliothek
Die Deutsche Bibliothek verzeichnet diese Publikation in der Deutschen Nationalbibliografie;
detaillierte bibliografische Daten sind im Internet über *http://dnb.ddb.de* abrufbar.

Printed in Germany

ISBN 978-3-940 562-88-3

Verlag	ZIEL – Zentrum für interdisziplinäres erfahrungsorientiertes Lernen GmbH Zeuggasse 7–9, 86150 Augsburg, www.ziel-verlag.de 6. überarbeitete Auflage 2013
Wissenschaftliche Beratung und Lektorat	Prof. Dr. Gotthart Schwarz
Grafik und Layoutgestaltung	Stefanie Huber, Friends Media Group Zeuggasse 7–9, 86150 Augsburg
Gesamtherstellung	Friends Media Group www.friends-media-group.de

INHALTSVERZEICHNIS

Übersicht der Schaubilder, Grafiken und Tabellen 9

Vorwort 11

1. Begriffsbestimmung und theoretischer Rahmen 16

1.1 Konzept und Konzeption 16

1.2 Konzeptentwicklung 19

1.3 Soziale Organisationen 20
1.3.1 Sozialorganisationen als Non-Profit-Organisationen 20
1.3.2 Sozialorganisationen als Unternehmen der Sozialwirtschaft zwischen Staat und Markt 22
1.3.2.1 Wohlfahrtsverbände als sozialwirtschaftliche NPOs 23
1.3.2.2 Privatwirtschaftlich-gewerbliche Unternehmen als Mitanbieter 25
1.3.3 Soziale Organisationen als Dienstleistungsunternehmen 28
Exkurs 1: Zur Qualitäts- und Erfolgskontrolle sozialer Dienstleistungen 29
Exkurs 2: Zum Management sozialwirtschaftlicher NPOs 31
1.3.4 Soziale Organisationen als soziale Systeme 34

2. Die Konzeption als Instrument der globalen Steuerung von sozialen Organisationen 37

2.1 Konzeptionen als Beitrag zur Steuerung von Systemen 37
2.1.1 Das Strukturmodell von St. Beer als systemtheoretischer Hintergrund 37
2.1.2 Zur Funktion von Konzeptionen für die Systemsteuerung 43

2.2 Ziele als zentrale Steuerungs- und Konzeptionselemente 48
2.2.1 Ziele – Werte – Normen – Rituale 48
2.2.2 Ziele als Ausgangspunkt für planvolle Handlungsabläufe: Der Managementkreis 50
2.2.3 Ziele differenzieren und strukturieren: Die Zielpyramide 51
2.2.4 Unterschied Wirkungs- und Handlungszielen 55
2.2.5 Ziele differenzieren nach Zeitdimension 58

3. Inhalte von Konzeptionen auf Verbands- und Trägerebene 59

3.1 Formen oder Spielarten von Konzeptionen 59

3.2 Das Leitbild 62
3.2.1 Funktion eines Leitbildes 62
3.2.2 Anforderungen an ein Leitbild 63
3.2.3 Das Unternehmens- oder Verbandsleitbild 65
3.2.4 Leitvorstellungen öffentlicher Träger am Beispiel Jugendamt 68

3.3 Die Unternehmens- oder Verbandskonzeption (bzw. Unternehmens- oder Verbandspolitik) 70

3.4 Die Führungskonzeption bzw. die Führungsgrundsätze 74

4. Das Verfahren der Konzeptions- und Leitbildentwicklung 78

4.1 Konzeptionsentwicklung als systemischer Prozess 78

4.2 Phasen und Stufen der Konzeptionsentwicklung 83
4.2.1 Vorbereitungsphase 83
4.2.2 Erarbeitungsphase 86
4.2.2.1 Wertanalyse: Klärung des normativen Grundverständnisses 86
4.2.2.2 IST – Analyse: Informationssammlung zum Erkennen der Stärke und Schwächen 88
4.2.2.3 Umweltanalyse zum Erkennen von Chancen und Risiken 89
4.2.2.4 Entwicklung einer Vision als Vorstufe zur Zielbestimmung 92
4.2.2.5 SOLL-Zustand: Zielbestimmung 93
4.2.2.6 WEGE und MITTEL zur Realisierung der Ziele 97
4.2.2.7 Redaktionelle Bearbeitung 98
4.2.3 Umsetzungsphase 100
4.2.4 Kontrolle und Fortschreibung 101

4.3 Die Leitbildentwicklung 101
4.3.1 Unterschiede zur Konzeptionsentwicklung 101
4.3.2 Zum methodischen Vorgehen 102
4.3.3 Umsetzung des Leitbildes 108

4.4 Zusammenfassung 110

5. Konzeptionen für pädagogische Einrichtungen und Maßnahmen 111

5.1 Die Einrichtungskonzeption und fachliche Konzeption 111
5.1.1 Funktion 111
5.1.2 Inhalte 112
5.1.3 Verfahren 118
5.1.3.1 Vorbereitungsphase 119
5.1.3.2 Erarbeitungsphase 121
5.1.3.3 Anwendungsphase 122

5.2 Konzepte für (neue) Projekte und Angebote 122
5.2.1 Funktion 122
5.2.2 Inhalte 123
5.2.3 Verfahren 126

5.3 Kleinere Alltagskonzepte 131
5.3.1 Funktion 131
5.3.2 Inhalte 131
5.3.3 Verfahren 132

6. Leistungsbeschreibung als Grundlage für Vereinbarungen und Verträge mit den Öffentlichen Trägern 133

6.1 Leistungsbeschreibung als Grundlage für eine Leistungsvereinbarung 133
6.1.1 Die Begriffe „Leistung“ und „Produkt“ 133
6.1.2 Warum Leistungsbeschreibungen? 133
6.1.3 Leistungen und Produkte als Organisations- und Steuerungsprinzip 134
6.1.4 Der Leistungs- oder Produktkatalog 135
6.1.5 Funktion der Leistungsbeschreibung 138
6.1.6 Inhalte der Leistungsbeschreibung 138
6.1.7 Verfahren 141

6.2 Leistungsbeschreibung im Rahmen von Ausschreibungen als Grundlage für den Abschluss eines Leistungsvertrags 142

7. Instrumente zur Konzeptionsentwicklung 144

7.1 Stakeholder-Analyse 144
7.1.1 Sammeln: Wer sind unsere Stakeholder? 144
7.1.2 Untersuchung: Was erwarten die Stakehllder von uns? 145
7.1.3 Bewertung: Welche Stakeholder haben für uns Priorität? 151
7.1.4 Entwicklung einer Einbindungsstrategie 156

7.2 Die SWOT-Analyse 158
7.2.1 Analyse der organisationsinternen Stärken und Schwächen 159
7.2.1.1 Festlegen von Bewertungskriterien 159
7.2.1.2 Informationssammlung 161
7.2.1.3 Bewertung 165
7.2.2 Analyse der umwelt- und zukunftsbezogenen Chancen und Risiken 168
7.2.2.1 Identifizierung der erfolgsrelevanten Umweltfaktoren 168
7.2.2.2 Erkennen von Chancen und Risiken 170
7.2.2.3 Zukunftsbezogen Strategieentwicklung 171

7.3 Zukunftskonferenz 173
7.3.1 Einführung 173
7.3.2 Hauptphase I: Rückblick in die Vergangenheit 175
7.3.3 Hauptphase II: Auseinandersetzung mit der Gegenwart 176
7.3.4 Hauptphase III: Schaffen einer wünschenswerten Zukunft 176
7.3.4.1 Gemeinsame Zielvorstellungen herausarbeiten 178
7.3.4.2 Maßnahmen planen 178

Literaturverzeichnis 180

Die Autoren 184

Übersicht der Schaubilder, Grafiken und Tabellen

Abb. 1: Unterschiedliche Konzept(ions)papiere
Abb. 2: Vergleich von Profit und Non-Profit-Organisationen
Abb. 3: Wohlfahrtsorganisationen als soziale Systeme
Abb. 4: Das neurophysiologische Regelungssystem des menschlichen Organismus
Abb. 5: Das Modell der Unternehmensführung bzw. das „autonome Management“ (nach St. Beer)
Abb. 6: Zielsetzungs-, Planungs- und Kontrollsystem für NPO
Abb. 7: Das Führungssystem nach dem St. Galler Management-Modell
Abb. 8: Funktionen einer Konzeption
Abb. 9: Der Managementkreis
Abb. 10: Strukturierung von Zielen in Form einer Zielpyramide
Abb. 11: Rahmenziele eines sozialwirtschaftlichen Unternehmens
Abb. 12: Rahmen- und Ergebnisziele einer pädagogischen Maßnahme
Abb. 13: Ergebnisziele mit der SMART-Formel formulieren
Abb. 14: Wirkungs- und Handlungsziele am Beispiel Jugendzentrum
Abb. 15: Ziele differenzieren nach Zeitdimension
Abb. 16: Das „Ziel hinter dem Ziel“
Abb. 17: Konzeptionsformen für Wirtschaftsunternehmen (nach H. Ulrich)
Abb. 18: Anforderungen an ein Leitbild
Abb. 19: Verbandsleitbild
Abb. 20: Verbandsleitbild – Gliederungsbeispiel I
Abb. 21: Verbandsleitbild – Gliederungsbeispiel II
Abb. 22: Leitbild Kurzfassung – Ein Beispiel
Abb. 23: Verbandskonzeption bzw. Verbandspolitik
Abb. 24: Führungskonzeption
Abb. 25: Führungsgrundsätze
Abb. 26: Planungsschema I
Abb. 27: Planungsschema II
Abb. 28: Planungsschema III
Abb. 29: Phasen und Stufen einer Konzeptentwicklung
Abb. 30: „Mind-Map“ – Prozessplan für eine Konzeptionsentwicklung
Abb. 31: Wertvorstellungsprofil
Abb. 32: Ziele-Wege-Mittel
Abb. 33: Ablaufskizze für eine Leitbildentwicklung
Abb. 34: Leitfragen-Katalog I zur Leitbilderstellung
Abb. 35: Leitfragen-Katalog II zur Leitbilderstellung
Abb. 36: Fragen zur Umsetzung des Leitbildes
Abb. 37: Einrichtungskonzeption
Abb. 38: Aufgaben der Vorbereitungsphase nach A. Eichner
Abb. 39: Check-Liste für das Konzept eines Projektes/einer neuen Maßnahme
Abb. 40: Raster Finanzierungsplan
Abb. 41: Eckpunkte eines Maßnahme- bzw. Projekt-Konzeptes
Abb. 42: Stufen zur Erarbeitung eines Projekt- bzw. Maßnahmekonzepts

Abb. 43: „Brainstorming“ für ein Alltagskonzept
Abb. 44: Modell der outputorientierten Steuerung
Abb. 45: Produktpyramide
Abb. 46: Beispiel „Produktplan“ eines Trägers der kirchlichen Jugendarbeit
Abb. 47: Beispiel „Leistungskatalog“
Abb. 48: Schema für die differenzierte Beschreibung eines Leistungsangebots
Abb. 49: Sammlung von Stakeholdern
Abb. 50: Stakeholderanalyse einer KiTa in Anlehnung an Kortendieck (2009) S. 60
Abb. 51: Migranten-Milieus in Deutschland 2007 (1) (Sinus-Sociovision 2007)
Abb. 52: Bewertung von Macht und Einfluss der Stakeholder am Beispiel eines Jugendzentrums
Abb. 53: Bewertung der Stakeholder nach dem gezeigten Interesse am Leistungsangebot
Abb. 54: Gewichtung der Stakeholder nach Macht/Einfluss und Interesse
Abb. 55: Strategien für die Kommunikation mit den Stakeholdern
Abb. 56: Maßnahmaplan zur Einbindung der Stakeholder
Abb. 57: Die einzelnen Bestandteile der SWOT-Analyse im Überblick
Abb. 58: Beck, G (1998): Strategische Erfolgsfaktoren für Einrichtungen der Wohlfahrtspflege
Abb. 59: Potenzialanalyse einer Landvolkshochschule (A) im Vergleich mit dem stärksten Wettbewerber in der Region (B)
Abb. 60: Analyse der gegenwärtigen Stärken und Schwächen als Teil der SWOT-Analyse
Abb. 61: Analyse der zukunftsbezogenen Chancen und Risiken als Teil der SWOT-Analyse
Abb. 62: Strategieentwicklung mit Hilfe der SWOT-Analyse
Abb. 63: Phasen und Arbeitsschritte der Zukunftskonferenz

Vorwort zur Erstausgabe 1995

Die Diskussionen um neue Konzeptionen und Konzepte in den Unternehmen, Parteien, Gewerkschaften, Kirchen, Behörden und Verbänden sind zu einem festen Bestandteil der manifesten Krise bürokratisch organisierter Institutionen in Politik und Verwaltung wie im sog. „Dritten Sektor" der gemeinnützigen Non-Profit-Organisationen (NPO) geworden. Auf allen Ebenen, so der häufige Tenor zahlreicher Stellungnahmen, summieren sich die konzeptionellen Defizite, werde „konzeptionelle Phantasie" zur Mangelware. Insbesondere das politisch-administrative System (PAS) der Verwaltung denke und entscheide in veralteten Planungs-, Verantwortungs- und Ressortkategorien und sei den Aufgaben modernen Managements nicht länger gewachsen. Schlagworte wie „Corporate Identity", „neue Unternehmenskultur" und „lernende Organisation" beflügeln die Vorstellungen der Wirtschaftsbosse und kommunalen Verwaltungschefs ebenso wie die professioneller OrganisationsberaterInnen und ehrenamtlicher Vorstände in Non-Profit-Organisationen.

Gegen die herrschende administrative Praxis in vielen Unternehmen, Behörden und Einrichtungen richtet sich zunehmend die Forderung nach neuen Konzepten einer qualitativen Verbesserung der Waren- und Dienstleistungsangebote kommerzieller Anbieter und einer an den Lebenslagen und -bedürfnissen der Menschen ansetzenden Verwaltung im staatlichen Sektor und in Non-Profit-Organisationen. Gefordert werden konzeptionell und qualitativ durchdachte Handlungskonzepte mit klaren Zielsetzungen und verbesserten Leistungsstandards, wie z.B.:

- ❐ bürgernahe Dienstleistung statt hoheitlicher Kontrolle, Unterstützung und Kooperation statt Ermittlung und Überwachung;
- ❐ Lebenswelt- und Lebenslagenorientierung, Unterstützung der Menschen bei den Problemen ihrer Existenzsicherung und Alltagsbewältigung;
- ❐ Verbesserung der professionellen Hilfeleistungen sozialer Dienste durch fachliche Qualifikation, Angebotserweiterung, Kundenfreundlichkeit, Öffnungszeiten etc.;
- ❐ Veränderte Arbeitsstrukturen in den Behörden, Verbänden, Einrichtungen durch Teamarbeit, fachliche Autonomie, Kooperation, Delegation, Information und Kommunikation.

Die Widerstände gegen die Realisierung solcher innovativen Konzepte in den Unternehmen, kommunalen Verwaltungsapparaten, Behörden und sozialen Einrichtungen sind ebenso zahlreich wie vielschichtig. Viele Reformversuche scheitern an den herrschenden Strukturen der Verwaltung, der geringen Planungskompetenz und den dominierenden Interessen des Leitungspersonals oder der MitarbeiterInnen, an der reaktiven Handlungsorientierung und den Abstimmungsproblemen der Behörden, Verbände und Einrichtungen, nicht zuletzt an der Konkurrenz um Geld, Größe und Einfluss.

Auch in den Berufsfeldern sozialer Arbeit und in sozialen Organisationen werden neuerdings Konzepte und Konzeptionen für eine dringend notwendige Neu- und Umorientierung verstärkt diskutiert. Der vorliegende Band gibt hierüber Aufschluss und Rechenschaft. Visionen entwickeln, Konzeptionen entwerfen und Konzepte formulieren zu können, gilt als eine unverzichtbare Schlüsselqualifikation und beruflich-fachliche Kompetenz von Leitungs- und Führungskräften. Konzeptionen sind nach Graf „Instrumente der globalen Steuerung von sozialen Organisationen" und gleichzeitig „Ent-würfe, d.h. geistige Würfe in die Zukunft hinein" im Grenzbereich zwischen Vision und Plan. Als solche sind sie wichtige Steuerungsmittel des modernen Managements, die auf zwei wesentlichen Grundannahmen basieren: einmal müssen die MitarbeiterInnen in die Konzepterstellung einbezogen werden und über die erforderlichen Ressourcen, also Ideen, Fähigkeiten, Informationen verfügen bzw. sie beschaffen und entwickeln können. Und zweitens dient der Prozess der Konzeptentwicklung dazu, die Motivation der MitarbeiterInnen zu fördern, ihre Fähigkeiten weiterzuentwickeln und somit dem persönlichen Wachstum wie auch dem Fortschritt der Organisation. Konzeptentwicklung ist also Personalentwicklung und Organisationsentwicklung zugleich. Ohne lernende Menschen gibt es keine lernende Organisation.

Der Autor, Pedro Graf, ist gelernter Jurist und Politikwissenschaftler mit umfassender Erfahrung und Qualifikation im Felde sozialer Arbeit wie in der Organisationsberatung und Organisationsentwicklung. Die Fragen und Probleme, denen er am Beispiel sozialer Organisationen nachgeht, lassen sich auch auf Unternehmen im Profitbereich, auf staatliche und kommunale Verwaltungsbehörden übertragen. Organisations-, Verbands- und Unternehmensleitbilder, Einrichtungskonzeptionen und Führungskonzepte werden derzeit in den Betrieben, Behörden und Verbänden der freien Wohlfahrtspflege mit gleicher Intensität gesucht, entwickelt und diskutiert. Die Orientierungskrise macht ihnen allen gleichermaßen zu schaffen. Gesucht werden Ziele, Inhalte, Verfahren, die geeignet sind, in den schwierigen Zeiten einer „neuen Unübersichtlichkeit" (Habermas) Anhaltspunkte für eine geistige Integration, richtungsweisende Orientierung und zukunftsweisende Systemsteuerung zu geben.

Die Arbeit an Konzepten wird vom Autor im vorliegenden Text anhand zahlreicher konkreter Beispiele aus der Praxis als ein partizipativer, gruppendynamischer Prozess zwischen den beteiligten Personen unterschiedlicher Ausbildung, Funktion, Interessenlagen und Lebenseinstellungen analysiert und beschrieben. Konzeptionsentwicklung definiert Graf als einen systemischen Prozess, nicht als einmalige, lineare Stufenfolge, sondern als offenes Verfahren mit ständigen Rückkoppelungen zwischen den verschiedenen Entwicklungsschritten. Mit seinen Worten: als ein innovatives Projekt der Personal- und Organisationsentwicklung, das ein geplantes, systematisches und verantwortungsvolles Vorgehen auf allen beteiligten Seiten erfordert.

Die positive Aufnahme, die der Pilotband SOZIALMANAGEMENT in kurzer Zeit gefunden hat, erhoffen die Herausgeber auch für den vorliegenden und die weiteren Texte der Reihe SCHWERPUNKT MANAGEMENT.

Gotthart Schwarz München im Januar 1995

Vorwort zur 6. überarbeiteten und ergänzten Ausgabe

Dass dieser Band 2013 eine 6. überarbeitete Auflage erreichen würde, war zum Zeitpunkt der Erstausgabe 1995 nicht vorauszuahnen; im Nachhinein lässt sich dieser Erfolg aber erklären:
Die Entwicklung und Fortschreibung von Konzepten unterschiedlicher Art gehört heute zu den wichtigen fachlichen Anforderungen an Leitungskräfte in Non-Profit-Einrichtungen und Behörden; die Anzahl entsprechender Fachpublikationen ist jedoch sehr überschaubar.
Nicht nur Vorstände, GeschäftsführerInnen und BereichsleiterInnen sondern auch OrganisationsberaterInnen und ModeratorInnen greifen deshalb für Konzeptentwicklungsprozesse gern auf dieses Buch zurück. Last but noch least wird es auch als Lehrbuch im Fach Sozialmanagement eingesetzt.

Die erfreulich lange „Haltbarkeit" dieser Publikation hat aber auch damit zu tun, dass **sie immer wieder um aktuelle Beiträge ergänzt** wurde.

Die Erstausgabe des Autors Pedro Graf (1995) stand noch ausschließlich im Zeichen der Konzeptions- und Konzeptentwicklung.

Hintergrund:
Nachdem in den siebziger und achtziger Jahren der soziale Sektor rasant gewachsen war, stellte man Anfang der Neunziger Jahre ernüchtert fest, dass der Ausbau des Sozialsystems nicht im erhofften Maße zur Reduzierung sozialer Probleme zu führen schien. Von Seiten der Politik wurden Fragen nach der Wirksamkeit (Effektivität) und Wirtschaftlichkeit (Effizienz) Sozialer Arbeit gestellt; dabei zeigte sich, dass sowohl Sozialbehörden wie Freie Träger unter einem Defizit an fachlich begründeten Verfahrensweisen und Steuerungskonzepten litten.
Die Öffentlichen Geldgeber begannen daraufhin, von den Freien Trägern und Initiativen Konzepte mit klaren Zielsetzungen und Leistungsstandards als Voraussetzung für eine weitere Bezuschussung ihrer Angebote und Einrichtungen zu verlangen. In dieser Situation bot das Buch willkommene Unterstützung.

An den Fachhochschulen hatte der allgemeine Ruf nach Professionalisierung der Sozialen Arbeit zu einer Differenzierung der Arbeitsfelder und damit auch der Ausbildungsschwerpunkte geführt. In diesem Zusammenhang bildete sich u.a. die Fachrichtung „Sozialmanagement“ heraus, der auch die Blaue Reihe sozialMANAGEMENT Praxis m Zielverlag gewidmet ist.

Die **3. Auflage** (2000) wurde dann in Zusammenarbeit mit *Maria Spengler* um die Themen *Leitbildentwicklung* und *Leistungsbeschreibungen* erweitert,

Hintergrund:
Schon Ende der achtziger Jahre zeichnete sich für die Öffentliche Verwaltung ein erheblicher Reformstau ab: Die Kommunen gerieten durch stetig steigende Ausgaben und den Anspruch, sich von einer Obrigkeitsverwaltung hin zu modernen Dienstleistungsunternehmen zu entwickeln, zunehmend unter Druck. Gleichzeitig wurde klar, dass die bisherigen, juristisch und kameralistisch ausgerichteten Steuerungsinstrumente der Verwaltung einer grundlegenden Reform bedurften.
Als Antwort auf die „Krise der Öffentlichen Verwaltung“ propagierte die KGSt *(Kommunale Gemeinschaftsstelle für Verwaltungsvereinfachung, jetzt: Kommunale Gemeinschaftsstelle für Verwaltungsmanagement)* unter dem Begriff *Neues Steuerungsmodell für die Kommunen* eine Verwaltungsreform und brachte hierzu ab 1991 die ersten Publikationen heraus.
Dieses Modell wiederum fußt auf den Prinzipien eines Reformkonzepts für die Öffentliche Verwaltung, das unter dem Begriff *New Public Management* in einigen Modellkommunen im Ausland bereits erprobt worden war. Es überträgt betriebswirtschaftliche Managementkonzepte auf die Öffentliche Verwaltung: Nach außen gehört dazu eine Kunden-, Markt- und Wettbewerbsorientierung und nach innen eine ziel- und ergebnisorientierte Steuerung von Leistungen und Finanzen, sowie eine moderne Personalführung.

Bis sich einzelne Kommunen entschieden, das Neue Steuerungsmodell umzusetzen, gingen noch einige Jahre ins Land. Begonnen wurden die Veränderungsprozesse bei Kommunen und Freien Trägern oft mit einer Leitbildentwicklung und der Entwicklung von Produktplänen als Grundlage für die Einführung des „Kontraktmanagement“.
Dabei geht es um verbindliche Verträge, die sowohl innerhalb der Verwaltung als auch in den Vertragsbeziehungen zwischen Behörden und Freien Trägern die Kosten und Leistungen spezifizieren.
Jetzt mussten Produkt- und Leistungsbeschreibungen entwickelt werden; anlässlich der 3. Auflage im Jahr 2000 wurde dieser Band daher um die um die Themen „Leitbildentwicklung“ und „Leistungsbeschreibungen“ erweitert.

Die **4. Auflage 2004** berücksichtigte die weiter zunehmende Implementierung neuer Steuerungsmodelle und Qualitätssicherungsinstrumente, andererseits den wachsenden Abbau sozialer Leistungen.

Die **5. Auflage 2008** griff die zunehmende Marktorientierung sozialer Dienstleistungen auf der EU-Ebene auf und fügte im 1. Teil einen Exkurs zur Qualitäts- und Erfolgskontrolle ein.

Die vorliegende **6. Auflage 2013** wurde von Maria Spengler gründlich aktualisiert und erweitert:
In den neuen Abschnitten 1.3.1 und 1.3.2 ist der aktuelle Entwicklungsstand der *Non-Profit-Organisationen* und der Sozialwirtschaft beschrieben und ein Exkurs zu 1.3.3 geht auf die Anforderungen an das *Management* sozialer Organisationen ein.
Der neue Abschnitt 2.2 akzentuiert die Bedeutung von Zielen als unverzichtbaren Instrumenten der *Steuerung* und gibt Anleitung zur *Entwicklung, Differenzierung und Strukturierung* von Zielen im Rahmen der Konzeptionsentwicklung.
In den Abschnitten 4.2. und 4.3 wurde der *Prozess der Konzeptions- und Leitbildentwicklung* mit seinen Phasen und Stufen übersichtlicher gestaltet. Die hier empfohlenen und skizzierten Methoden sind ausführlich im neuen Kapitel 7 beschrieben.
Der überarbeitete Abschnitt 5.1 gibt der *Einrichtungskonzeption und fachlichen Konzeption* mit einer ausführlichen Beschreibung der Inhalte und Anregungen zum Verfahren der Konzeptionsentwicklung entsprechenden Raum.
Hinzugekommen ist der Abschnitt 6.1, der sich mit der Bewerbung auf Öffentliche Ausschreibung befasst. In diesem Sonderfall ist oft ein enger Rahmen vorgegeben, der den Freien und gewerblichen Trägern wenig Gestaltungsspielraum für ihre fachliche Leistung lässt.
Neu ist auch die gesonderte Darstellungen von Werkzeugen („Tools“) in Kapitel 7, die sich im Zusammenhang der Konzeptions-, Leitbild- und Konzeptentwicklung bewährt haben:die Stakeholderanalyse, die SWOT-Analyse und die Zukunftskonferenz.
Das Literaturverzeichnis wurde um eine Reihe neuerer praxisbezogen Veröffentlichungen ergänzt.

Maria Spengler — München im Februar 2013

1. Begriffsbestimmung und theoretischer Rahmen

1.1 Konzept und Konzeption

Was versteht man unter einem „Konzept"?
Dasselbe oder etwas anderes wie unter einer „Konzeption"?

Beispiele

Hierzu einige praktische Beispiele aus der sozialen Arbeit:

- Der Geschäftsführer eines Wohlfahrtsverbandes legt sich ein „Konzept" für seine Finanzverhandlungen mit einem Ministerialbeamten zurecht, ein anderer erstellt ein „Konzept" (oder eine „Konzeption"?) für eine neue Beratungsstelle, für die er einen Zuschuss beantragen möchte.
- Der Leiter der Abteilung Öffentlichkeitsarbeit eines Verbandes legt dem Vorstand ein „PR-Konzept" vor; eine verbandsinterne Projektgruppe arbeitet im Auftrag des Vorstandes an einem Entwurf für „Führungsgrundsätze" bzw. für eine „Führungskonzeption".
- Eine Familienberatungsstelle schreibt in ihrem Prospekt, sie arbeite nach einem „familientherapeutisch-systemischen Konzept", ein Jugendring arbeitet in den von ihm betriebenen Freizeitstätten, laut seiner „pädagogischen Leitsätze", nach einem „emanzipatorischen Konzept".
- Der Träger eines Jugendzentrums erarbeitet ein pädagogisches Konzept für eine Kinderbetreuung in den Ferien als Grundlage für einen Zuschussantrag an die Gemeinde: ein anderes Jugendamt hat dem Kinder- und Jugendhilfe-Ausschuss (KJHA) ein „Konzept" für die Einführung einer Trennungs- und Scheidungsberatung nach §17 KJHG vorgelegt.
- Die Mitgliederversammlung eines Wohlfahrtsverbandes hat eine „Grundkonzeption" verabschiedet, die grundlegende Aussagen zum eigenen Selbstverständnis, zur Zielsetzung und Aufgabenstellung enthält; ein anderer Verband will zu denselben Themen ein „Unternehmensleitbild" erarbeiten und zwar unter breiter Beteiligung der Mitglieder und MitarbeiterInnen. Für dieses Vorhaben hat ein externer Berater ein „Konzept" vorgelegt.
- Drei leitende Mitarbeiter streiten sich darüber, ob sie für ihre Einrichtung ein „Leitbild", ein „Konzept" oder eine „Konzeption" erstellen sollen und fragen sich, was eigentlich dabei der Unterschied ist…

Diese Beispiele zeigen:

Unterschiedliche Bedeutungen

Es gibt im allgemeinen Sprachgebrauch keinen klar umrissenen Begriff, sondern eine Vielzahl unterschiedlicher Bedeutungen. Sie gehen

- von situationsbezogenen strategischen Überlegungen einer Einzelperson bis zur grundsätzlichen Programmatik einer Großorganisation;
- von konkreten Vorschlägen zu Einzelthemen und Teilaspekten bis zu umfassenden Gesamtprogrammen;
- von eher pragmatischen Handlungsrezepten bis zur theoretisch fundierten Handlungsorientierung;
- von eher PR-orientierten Darstellungen bereits bestehender Einrichtungen bis zum Entwurf oder Antrag für eine neue Maßnahme;
- von Verfahrensvorschlägen bis zu inhaltlichen Aussagen über Ziele und Angebote;
- von Überlegungen, die nur im Kopf existieren, bis zu Broschüren auf Hochglanzpapier …

Und außerdem werden statt der Begriffe „Konzept“ oder „Konzeption“ für denselben Gegenstand auch andere Bezeichnungen, wie „Leitbild“ oder „Grundsätze“, gewählt.

Ein Blick in das Lexikon hilft auch nur bedingt weiter:

- „Konzept“ (von conceptus) ist danach ein „stichwortartiger Entwurf“ eine „erste Fassung einer Rede oder Schrift“. „Konzeption“ (von conceptio) ein „gedanklicher Entwurf“, eine „klar umrissene Grundvorstellung“, ein „Leitprogramm“ (Duden, Fremdwörterbuch).
- „Konzepte“ und „Konzeptionen“ sind folglich „Entwürfe“ d.h. geistige „Würfe“ in die Zukunft hinein, gedankliche Vorwegnahmen anzustrebender zukünftiger Zustände. Sie haben insofern Gemeinsamkeiten mit einer „Vision“ einerseits und einem „Plan“ andererseits.

Vision

Von der „Vision“ unterscheiden sie sich dadurch, dass sie

- die „visionäre“ Vorstellung von einer wünschenswerten Zukunft bereits in konkrete Ziele umsetzen;
- dazu auch bereits Mittel und Wege skizzieren und handlungsleitende Werte und Normen aufstellen;
- den Charakter verbindlicher Festlegungen für die eigene Organisation beanspruchen.

Vom „Plan" dagegen unterscheiden sie sich dadurch

- ❐ dass sie nicht auf einen festen Zeitpunkt hin ausgerichtet oder für einen bestimmten zeitlichen Rahmen aufgestellt sind, sondern eine Darstellung der Ist-Situation in eine unbestimmte Zukunft hinein projizieren und
- ❐ dass Mittel und Wege zur Erreichung der postulierten Ziele nicht so konkret formuliert sind, dass diese unmittelbar umsetzbar wären, sondern hierzu noch der Konkretisierung in einem Plan bedürfen.

Die beiden Begriffe „Konzept" und „Konzeption" werden in der Praxis meist synonym und austauschbar benutzt, obwohl nach der obigen Definition im Duden und nach unserem Sprachgefühl das „Konzept" eher eine etwas vorläufigere und skizzenhaftere oder inhaltlich begrenztere Formulierung von neuen Vorhaben meint, während die „Konzeption" eher nach einer verbindlicheren und umfassenderen Selbstdarstellung und Programmaussage klingt. Wir verwenden daher in diesem Buch den Begriff „Konzeption" für Grundsatzdokumente bestehender Organisationen, „Konzept" dagegen für Entwürfe neuer Maßnahmen und Projekte.

Auf dem Hintergrund dieser Präzisierung sollen hier folgende, für die Praxis sozialer Arbeit besonders wichtige und verbreitete Formen konzeptioneller Überlegungen und Darstellungen behandelt werden:

1. Verbindliche Grundsatzdokumente selbständiger Träger sozialer Dienste, nämlich

Leitbild
Gesamtkonzeption
Führungsgrundsätze

- ❐ das Leitbild als komprimierte Selbstdefinition;
- ❐ die umfassende *Gesamtkonzeption* auch *„Unternehmens-"* oder *„Verbandspolitik"* genannt;
- ❐ die *„Führungskonzeption"* oder *„Führungsgrundsätze"*,

die hier alle im weiteren Sinne „Konzeptionen" genannt werden.

2. Verbindliche, programmatische Selbstdarstellungen einzelner sozialer Einrichtungen, nämlich

Einrichtungskonzeption
Leistungsbeschreibung

- ❐ die umfassende *„Einrichtungskonzeption"*
- ❐ Teilaspekte einer solchen Konzeption, die in ihr als „Angebotspalette" oder „Maßnahmenkatalog" vorkommen, im Zuge der Einführung „Neuer Steuerungsmodelle" in der öffentlichen Verwaltung aber von den staatlichen und kommunalen Zuschussgebern zunehmend in einer ganz bestimmten Form, als sog. *„Leistungs- oder Produktbeschreibungen"* verlangt werden.

3. Entwürfe für neue Maßnahmen oder Projekte

- sei es im Rahmen einer bestehenden Organisation, die dadurch ihre Tätigkeit ausweiten will,
- sei es als Vorhaben einer Initiativgruppe, die sich zu diesem Zwecke gebildet hat,

Konzepte

für die hier der Begriff „Konzept“ verwandt wird.

Abb. 1: Unterschiedliche Konzept(ions)papiere

1.2 Konzeptentwicklung

Erstellung eines Konzeptes

„Konzeptentwicklung“ nennt man den Prozess bzw. das Verfahren zur Erstellung eines Konzeptes/einer Konzeption. Im Begriff „Entwicklung“ liegt dabei zugleich der zweifache Gedanke:

- dass die an diesem Prozess Beteiligten über die hierzu erforderlichen Ressourcen und Kompetenzen verfügen und/oder diese beschaffen bzw. „entwickeln“ können;
- dass dieser Prozess zugleich dazu dienen kann, ihre Motivation zu fördern und ihre Fähigkeiten weiterzuentwickeln und damit sowohl ihrem eigenen persönlichen Wachstum, wie auch dem Fortschritt ihrer Organisation zu dienen.

Daher läßt sich der Begriff der Konzeptentwicklung immer auch mit einer doppelten Zielrichtung verbinden:

als Personalentwicklung

als Organisationsentwicklung

- einer Entwicklung der daran Beteiligten, einer Entfaltung ihrer Potenziale (Konzeptentwicklung als Personalentwicklung);
- einer Entwicklung der Organisation, einer Steigerung ihrer Effizienz und ihres öffentlichen Ansehens (Konzeptentwicklung als Organisationsentwicklung).

Ein solches Verständnis führt allerdings notwendigerweise zu der Forderung, am Prozess der Konzeptentwicklung möglichst viele oder alle davon betroffenen Mitglieder bzw. Angehörige einer Organisation zu beteiligen (siehe dazu näheres weiter unten).

1.3 Soziale Organisationen

Soziale Organisationen, werden in diesem Kapitel im Hinblick auf drei ihrer typischen Merkmale charakterisiert:

- Die überwiegende Mehrheit gehört zu den *Non-Profit-Organisationen* und genießt den Status der Gemeinnützigkeit (s.1.3.1).
- Die großen Einrichtungsträger unter dem Dach der Spitzenverbände der Wohlfahrtspflege, zunehmend aber auch privat-gewerbliche Unternehmen, sind dem Bereich der *Sozialwirtschaft* (1.1.2) zuzuordnen
- Fast alle Sozialorganisationen arbeiten für und mit Menschen und sind *Dienstleistungsorganisationen* (s. 1.3.1).

1.3.1 Sozialorganisationen als Non-Profit-Organisationen

Non-Profit-Organisationen (NPOs) werden zur Erfüllung einer bestimmten Mission und/oder eines bestimmten sachlich-ideellen Zweckes und nicht wegen wirtschaftlicher Ziele gegründet.

„Not-for-profit"

„Non-Profit" bedeutet aber nicht, dass diese Organisationen keinen Gewinn machen dürfen; als „Gemeinnützige" dürfen sie etwaige Gewinne aber nicht ausschütten, sondern müssen sie zur Substanzerhaltung und Aufgabenerfüllung re-investieren. Die im englischsprachigen Raum gebräuchliche Bezeichnung „not-for-profit" drückt aus, dass diese Organisationen nicht primär auf Gewinn ausgerichtet sind.

NPOs grenzen sich einerseits vom staatlichen Sektor ab und werden deshalb auch als „Nichtregierungsorganisationen“ (englisch NGOs) bezeichnet, gehören aber auch nicht dem marktwirtschaftlichen Sektor der „Profit-Organisationen“ an, sondern stellen den sogenannten „dritten Sektor“ zwischen Markt und Staat dar.

Nichtregierungsorganisationen (NGOs)´

An der Spitze von NPOs stehen zumeist Ehrenamtliche, während die laufende Aufgabenerfüllung durch Hauptamtliche gewährleistet wird (Geschäftsführung, Verwaltung und Fachkräfte). Fast alle NPOs sind (zusätzlich) auf die Mitarbeit von Ehrenamtlichen angewiesen. Zur kontinuierlichen Erfüllung ihrer selbst gewählten Ziele und Aufgaben benötigen NPOs neben Arbeitskräften auch Betriebsmittel.

NPOs benötigen personelle Ressourcen und Betriebsmittel

NPOs können den Status der Gemeinnützigkeit nach der Abgabenordnung beantragen und werden steuerlich begünstigt.
Da sie sich oft aus öffentlichen Mitteln, Spenden oder Stiftungen finanzieren, erwarten Staat und Bürger, dass sie die Ressourcen effizient einsetzen und ihren Geldgebern Rechenschaft ablegen. Als gemeinützige Organisatione können NPOs Spendenquittungen ausstellen.

Gemeinnützigkeit-Status

Im *Sozialbereich* sind NPOs vor allem tätig in

Tätigkeitsbereiche von NPOs

- der verbandlichen und Offenen Jugendarbeit,
- der Erziehungs- und Familienhilfe
- der Altenpflege und Behindertenhilfe
- der Hilfe für Flüchtlinge, Wohnungs- und Arbeitslose
- Selbsthilfeorganisationen und Sozialverbänden
- Rettungs- und Blutspendediensten sowie
- im Katastrophenschutz

Auch in *anderen gesellschaftlichen Bereichen* gibt es eine große Palette von NPOs, z.B. auf den Gebieten

- Freizeit, Erholung und Sport
- Kultur, Bildung und Erziehung
- Gesundheitswesen
- Entwicklungszusammenarbeit
- Religion und Spiritualität (z.B. Kirchen, Ordensgemeinschaften, Meditationszentren)
- berufsständische und branchenbezogene Interessenvertretung
- politische Interessenvertretung (z.B. politische Parteien, Verbände wie Amnesty International, Greenpeace, Verbraucherorganisationen oder der Bund der Steuerzahler)

NPOs in all diesen Arbeitsfeldern lassen sich auch *nach ihren Funktionen* unterscheiden; eine trennscharfe Unterscheidung ist oft nicht möglich wenn eine NPO mehrere Funktionen wahrnimmt.

Fremdleistungs-NPO

- Hilfe und Unterstützung *für externe Zielgruppen* („Fremdleistungs-NPOs") durch Bereitstellung von Angeboten, Dienstleistungen, Sachleistungen oder finanzielle Unterstützung, z.B. durch Wohlfahrtsverbände, Stiftungen oder Entwicklungshilfe-Organisationen.

Eigenleistungs-NPO

- *Kollektive Selbsthilfe als direkte Unterstützung und Förderung der eigenen Mitglieder bzw. Mitgliedsorganisationen.* Sie bieten Information und Beratung, Schulung, Versicherungen zu Gruppentarifen und Ähnliches an. Wegen ihrer Funktion werden sie „Eigenleistungs-NPOs" genannt. Zu diesem Typ von „Eigenleistungs-NPOs" gehören vor allem Verbände wie Gewerkschaften, Berufsverbände, Wirtschaftsverbände, Kammern, Sportvereine, VdK, Selbsthilfegruppen)

Ideelle und politische NPO

- *NPOs,* die vorwiegend *ideellen Zwecken und/oder der Interessenvertretung* dienen. Ihre Mission ist die Beeinflussung politischer Prozesse (Lobbyarbeit) und die Einflussnahme auf die Einstellungen und Verhaltensweisen bestimmter Bevölkerungsgruppen durch Kampagnen wie sie z.B. Umwelt- und Verbraucherverbände oder Amnesty International intendieren.

1.3.2 Sozialorganisationen als Unternehmen der Sozialwirtschaft zwischen Staat und Markt

Der Begriff „Sozialwirtschaft" wird in der Managementliteratur vor allem für Einrichtungen der Kinder-und Jugendhilfe, der Altenhilfe und -pflege sowie der Behindertenhilfe verwendet. Diese Hilfen werden vielfach in großen stationären Einrichtungen geleistet. Wegen der hohen Zahl von Beschäftigten und des großen Umsatzvolumen kann man hier von einem eigenen Wirtschaftszweig sprechen.

Träger dieser Einrichtungen oder Betriebe sind

- in erster Linie die großen Spitzenverbände der Freien *Wohlfahrtspflege* (Caritas, Diakonie, DPWV, AWO und DRK) mi den ihnen angeschlossenen Organisationen.
- in kleinerem Umfang auch *Öffentliche Träger* (Kommunen oder andere Gebietskörperschaften). Die Zahl der Sozialbetriebe unter Öffentlicher Trägerschaft ist rückläufig: Kommunalen Altenheime sind z.T. in gemeinnützige GmbHs ausgegliedert, kommunale Kinderheime und Kindertagesstätten werden nach dem Subsidiaritätsprinz teilweise an Freie Träger übergeben.
- zunehmend auch *privat-gewerbliche* Unternehmen.

Im Folgenden werden die Spitzenverbände der Wohlfahrtspflege als die bedeutendsten Akteure der Sozialwirtschaft beschrieben; dabei wird auch auf den zunehmenden Wettbewerb mit privat gewerblichen Trägern eingegangen.

1.3.2.1 Wohlfahrtsverbände als sozialwirtschaftliche NPOs

- erfüllen einen gesellschaftlichen Versorgungsauftrag, d.h. sie decken *einen öffentlichen, politisch definierten Bedarf,* der sich aus sozialen Defiziten, Disparitäten und Problemlagen ableitet.

Öffentlicher Bedarf

- Ihre Kunden, bzw. „Klienten, „Nutzer" oder „Adressaten" – oder wie immer man sie nennen will, gehören daher in der Regel nicht zu den zahlungskräftigeren, sondern eher zu den benachteiligten Mitgliedern und Gruppen unserer Gesellschaft.

Benachteiligte als „Kunden"

- Im Unterschied zu Wirtschaftsunternehmen verkaufen sie ihre Leistungen in der Regel nicht gegen Marktpreise, um Gewinne und Rentabilität aus dem investierten Kapital zu erzielen, sondern erhalten Leistungsentgelte, die mit den Kostenträgern ausgehandelt sind.

Keine Marktpreise sondern Leistungsentgelte

- Als gemeinnützige NPOs dürfen sie einen angemessenen Überschuss (Gewinn) erwirtschaften, den sie jedoch zeitnah in den gemeinnützigen Zweck des Unternehmens reinvestieren müssen, anstatt ihn an Gesellschafter oder Aktionäre auszuschütten.

Überschüsse müssen wieder investiert werden

- Sozialwirtschaftliche NPOs sind z.T. Tendenzbetriebe, hinter denen kirchliche und anderweitig weltanschaulich oder parteilich gebundene gesellschaftliche Interessenverbände stehen.

Tendenzbetriebe

- Die Steuerung ihrer Tätigkeit kann sich daher auch nicht nach den wertfreien Gesetzen des Marktes richten, nach denen alles produziert wird, was Gewinn verspricht und Abnehmer findet. Sie muss vielmehr nach den eigenen Werten und nach normativen Vorgaben erfolgen, die von der Politik beschlossen und am Gemeinwohl und dem Bedarf der Adressaten ausgerichtet sind.

Steuerung aufgrund öffentlicher Vorgaben

Aussagen zur sozialwirtschaftlichen Bedeutung der Wohlfahrtsverbände als Träger der Sozialwirtschaft

Für den Bereich der Sozialwirtschaft gibt es bisher keine eindeutige Abgrenzung der Tätigkeitsfelder und keine zuverlässigen statistischen Zahlen. Einige einschlägige Studien haben jedoch quantitative Angaben recherchiert; sie belegen die beachtliche wirtschaftliche Bedeutung der Wohlfahrtsverbände:

- Eine Studie des Instituts der Deutschen Wirtschaft Köln mit dem Titel *„Wohlfahrtsverbände in Deutschland"* aus dem Jahr 2004 beschreibt und quantifiziert die Branche der Sozialwirtschaft so:
  „Fast unbemerkt von der Öffentlichkeit sind die gemeinnützigen Verbände der Freien Wohlfahrtspflege zu gigantischen Wohltäter-Unternehmen herangewachsen.

Zahlen zur Branche der Sozialwirtschaft

Zur Branche zählen neben dem Deutschen Caritasverband und dem Diakonischen Werk der Evangelischen Kirche das Deutsche Rote Kreuz, die Arbeiterwohlfahrt und der Deutsche Paritätische Wohlfahrtsverband. Unter dem Dach dieser fünf Spitzenverbände werden derzeit sage und schreibe mehr als 100.000 Einrichtungen betrieben, die fast 1,3 Millionen Voll- und Teilzeitkräfte und circa 1,5 Millionen ehrenamtliche Mitarbeiter beschäftigen.

Jahresumsatz 55 Mrd. Euro

Zusammen erwirtschaften die gemeinnützigen Einrichtungen einen geschätzten Jahresumsatz von rund 55 Milliarden Euro. Damit lässt die Freie Wohlfahrtspflege so bekannte Branchen wie die Textil- und Bekleidungsindustrie oder das gesamte Gebrauchsgütergewerbe locker hinter sich."

Weitere Zahlen zum Beschäftigungsumfang und zur wirtschaftlichen Bedeutung der NPOs auf *Länderebene* liefern Studien aus Bayern und Sachsen, die jeweils von der Liga der freien Wohlfahrtspflege in diesen Ländern in Auftrag gegeben wurden.

Bruttowertschöpfung

❒ *Das „Gutachten zur Sozialwirtschaft in Sachsen unter besonderer Berücksichtigung der Freien Wohlfahrtspflege"* gibt an:
„Fast jeder zehnte Arbeitsplatz in Sachsen befindet sich in der Sozialwirtschaft. Damit sind in Sachsen mehr Menschen in der Sozialwirtschaft tätig als im Bau- und Gastgewerbe zusammen. Die Sozialwirtschaft ist auch ein Wachstumsmotor. Von 2002 bis 2008 ist die Bruttowertschöpfung der Sozialwirtschaft in Sachsen um 25% gestiegen, wohingegen die gesamte Bruttowertschöpfung nur um ungefähr 16% gestiegen ist."

Sozialwirtschaft als Beschäftigungsmotor

Interessante Zahlen liefert Bedeutung der Sozialwirtschaft liefert auch die *Studie zum „wirtschaftlichen Wert der Sozialwirtschaft in Bayern"* (Puch/Schellberg 2010) Sie zieht das Fazit:

Rückfluss aus Personalkosten an die Öffentliche Hand und die Sozialkassen

❒ „Die Sozialwirtschaft war in den vergangenen Jahren ein Beschäftigungsmotor und wird es auch künftig bleiben; offen ist allerdings, zu welchen Bedingungen für die Beschäftigten." Und: „Die Sozialwirtschaft ist nicht nur ein Kostenfaktor, sondern eine Investition, die der Öffentlichen Hand in Teilen wieder zugutekommt", denn „von 100 Euro, die ein Sozialunternehmen erlöst, fließen 30 Euro wieder an die Öffentliche Hand in Form von Sozialbeiträgen und Steuern zurück.

Die mit diesen Untersuchungen belegten Aussagen weisen auf einen wichtigen Tatbestand hin: Die Wohlfahrtsverbände und ihnen angeschlossene große Träger haben sich von rein caritativen Organisationen zu Unternehmen der Sozialwirtschaft gewandelt und müssen neben Qualität und Wirksamkeit (Effektivität) ihrer Leistungen stärker als bisher auch die Effizienz und Wirtschaftlichkeit ihrer Unternehmen und Betriebe sicherstellen.

Paradigmenwechsel in der Finanzierung

Leistungsvereinbarungen

Leistungsvereinbarungen, Leistungsentgelte, Fallpauschalen, und die Vergabe von Leistungsverträgen über Ausschreibungen sind relativ neue Rahmenbedingungen für die Bedarfsdeckung, derer sich Öffentliche Träger und Sozialkassen bedienen, um die Leistungen zur Erfüllung ihres sozialpolitischen und gesetzlichen Auftrags.
Mit der Finanzierung sind Zielvorgaben, Qualitätskriterien, Verwendungs- und Wirkungsnachweise verbunden, die die Autonomie der Träger begrenzen.

Enger Verhandlungsspielraum, knapp bemessene Entgelte

Der finanzielle Verhandlungsspielraum der Öffentlichen Hand und Sozialkassen ist mit Rücksicht auf die Steuer- und Beitragszahler sehr eng. Deshalb sind die Entgelte und Budgets nur minimal verhandelbar und meist sehr knapp bemessen.

1.3.2.2 Privatwirtschaftlich-gewerbliche Unternehmen als Mitanbieter

Privat -gewerbliche Unternehmen haben sich schon seit längerem im Krankenhaus- und REHA-Bereich und seit einiger Zeit auch in der Jugend- und Altenhilfe und im Bereich der beruflichen Bildung erfolgreich als Anbieter positioniert.

Im Unterschied zu den gemeinnützigen Wohlfahrtsunternehmen, sind sie

- weltanschaulich nicht gebunden,
- vor allem in Wachstumsmärkten tätig. Ihr Angebot richtet sich teilweise an die gleichen Anspruchsberechtigten wie das der Wohlfahrtspflege, darüber hinaus können sie aber auch solvente Zielgruppen bedienen, die ihren Bedarf selbst decken und finanzieren können (z.B. betreutes Wohnen und stationäre Pflege für Senioren und private Kinderbetreuung für gut verdiendende berufstätige Eltern).

  Zielgruppe teils wie bei den NPOs
- Sie sind auf Gewinnerzielung und -ausschüttung ausgerichtet; Um aus sozialwirtschaftlichen Aktivitäten Gewinne entnehmen zu können, haben sie nur die Wahl, Kosten zu minimieren, die Effizienz zu erhöhen (beides gilt allerdings auch für Gemeinnützige!) und/oder die Preise mit höheren Gewinnanteilen zu kalkulieren und die Leistungen bevorzugt an einkommensstarke Selbstzahler oder Privatversicherte abzugeben.

  Strategien, um Gewinnen zu erzielen

  Da die Personalkosten in der Sozialwirtschaft 65 bis 80% der Gesamtkosten ausmachen und die Qualität der Betreuung, Pflege oder Erziehungsleistungen wesentlich vom Einsatz qualifizierten Fachkräfte und einem angemessenen Personalschlüssel abhängt, besteht ein Einsparpotential im wesentlichen nur im Bereich der Overheadkosten (durch „schlanke", effiziente Management- und Verwaltungsstrukturen), durch konsequente Prozessoptimierung und Outsourcen von Servicebereichen, z.B. Hausreinigung, Wäsche- und Essensversorgung.

  Einsparpotentiale

- ❒ Moderne Profit-Unternehmen wenden konsequent Managementinstrumente wie Kostenträgerrechnung, strategisches Controlling (z.B. mit Einsatz der Balanced Scorecard), professionelle Kunden- und Marktanalysen oder Benchmarking an. Sie haben ihre Mission, Vision, Strategie und Planung entwickelt, die in festgelegten Zeitplänen überprüft und umgesetzt wird.

Angleichung der Qualitätsstndards

Die Qualitätsstandards der sozialwirtschaftlichen Profit-Unternehmen entsprechen meist denen der Freien Träger der Wohlfahrtspflege, bei Angeboten für solvente Selbstzahler sind sie vor allem in Beug auf die Strukturqualität höher (z.B. Seniorenresidenzen, teure Internate)

Profit- und Non-Profit-Organisationen in der Sozialwirtschaft

Kriterien	**Profit-Organisationen** (gewerbliche Träger)	**Non-Profit-Organisationen** (gemeinnützige Träger)
Primärer Zweck	In erster Linie Gewinnerzielung, gute Rendite des investierten Eigenkapitals und Gewinnausschüttung	Gemeinwohlorientierung und weltanschauliche Orientierung, Deckung eines gesetzlich oder politisch anerkannten Bedarfs.
Kunden	Teilweise dieselbe Art von Kunden, nämlich Leistungsberechtigte nach den Sozialgesetzbüchern	
	Darunter möglichst viele solvente Selbstzahler	„Normalbürger" und sozial Benachteiligte
Finanzierung	Subjektförderung durch personenbezogene Leistungsentgelte wie Pflegesätze, Fallpauschalen, Fachleistungsstunden, persönliches Budget und über Sozialversicherungen, teilweise Sozialhilfe	
	In gehobenen Einrichtungen höhere Preise und Selbstzahler	ergänzend Fundraising (Akquise von Spenden, Vermächtnisse, Stiftungen, Sponsoring); Objektförderung aus Öffentlichen Mitteln für Gebäude
Leitung	Bezahlte Vorstände	überwiegend ehrenamtliche Vorstände, passend zur weltanschaulichen Ausrichtung
Steuerung des Zugangs	Bei den gesetzlichen Leistungen wie rechte Seite. Bei den Leistungen für Selbstzahler über den Markt (Nachfrage)	überwiegend über gesetzliche und politische Vorgaben aber auch Nachfrage („Wunsch- und Wahlrecht der Anspruchsberechtigten")
Erfolg bedeutet letztlich	Auslastung, Kostendeckung, Substanzerhaltung, Erzielen von Überschüssen zur langfristigen Absicherung und zur Weiterentwicklung des Leistungsangebotes, positive Wirkung auf die Adressaten (Erreichen persönlicher Entwicklung und Stabilisierung, Erhaltung von persönlichen Ressourcen u.a.), zufriedene NutzerInnen.	
zusätzlich	Rendite zur Ausschüttung an Unternehmer und Gesellschafter	Wertevermittlung, Gewinnung von Ehrenamtlichen

Abb. 2: Vergleich von Profit und Non-Profit-Organisationen

Kosten – und Konkurrenzdruck

Die Konditionen der Finanzierung und die Verhandlungsmacht der öffentlichen Träger und Sozialversicherungen führen in der Jugend-, Alten-, Behindertenhilfe und Pflege zu einer marktähnlichen Situation.
Dabei kann es innerhalb der Landschaft der Freien Träger und mit den Privat-Gewerblichen zu einem Wettbewerb um die Kunden, d.h. um die Belegung der Plätze kommen.

Wettbewerbsdruck untereinander und auf die gemeinnützigen

Auswirkungen dieses Wettbewerbs sind u.a.:

- eine schleichende Deregulierung und Flexibilisierung von Arbeitsverhältnissen,
- ein erhöhter Effizienz- und Zeitdruck auf die MitarbeiterInnen, der sich oft nachteilig auf die Kommunikation und Beziehungsgestaltung mit den Klienten auswirkt,
- ein Kulturwandel im Sinne einer Entideologisierung, und Professionalisierung. der die Unterschiede zwischen den weltanschaulichen Profilen der Träger zunehmend verwischt.

Kulturwandel

Die Fachkräfte beurteilen diese Entwicklung meist mit Skepsis, weil sie damit Einbußen in Hinblick auf Klientenorientierung, Fachlichkeit, Beziehungsqualität und Sinnerfüllung verbunden sehen.
Es ist zu erwarten, dass es sich bei diesen Phänomenen nicht nur um vorübergehende Anpassungserscheinungen handelt sonder um die logische Folge des Paradigmenwechsels in Richtung des New Public Management.

Der Sozialmanager und Volkswirt H.L. Förschler prognostiziert, dass diese Entwicklung nicht mehr aufzuhalten ist:

- „Die Ökonomisierung des Sozialen wird konsequent weiter vorangetrieben. Infolge dessen ist eine weitere Professionalisierung des Managements, der Aufsichtsorgane und der Mitarbeiterschaft unabdingbar, sollen die Herausforderungen der Zukunft bewältigt werden.
  Es steht zu erwarten, dass diejenigen Unternehmen, die sich dieser Entwicklung entziehen, ins Hintertreffen geraten, weil sie sich auf die Probleme und Herausforderungen nicht hinreichend vorbereitet haben".

Ökonomisierung des Sozialen als Folge des Paradigmenwechsels

Bei der Erarbeitung einer Unternehmenskonzeption sind deshalb das bestehende Führungs- und Managementsystem mit den Elementen

Konsequenzen für die Leitbild- und Konzeptionsentwicklung

- Aufbau- und Ablauforganisation,
- Finanzmanagement, Controlling und Risikomanagement.
- Personalmanagement und Personalführung,
- Qualitätsmanagement
- Zusammenarbeit mit den externen Stakeholdern
  auf den Prüfstand zu stellen.

Anregungen dazu bietet die SWOT-Analyse, (Kapitel 7.2)

Fazit:
Leitbilder und Konzeptionen der freien Träger der Sozialwirtschaft müssen also neben Aussagen zur ethischen Grundhaltung und zu Qualität der Leistungen auch Aussagen zum strategischen Management enthalten. In diesem Sinne müssen sie Wege aufzeigen, wie der Spagat zwischen ideellen Zielen, fachlicher Qualität, Dienstleistugsorientierung, Zuwendung und Wirtschaftlichkeit gelingen kann.

1.3.3 Soziale Organisationen als Dienstleistungsunternehmen

Merkmale von Dienstleistungen

Als Dienstleistungsunternehmen bieten soziale Organisationen keine fertigen Produkte, sondern eben „Dienstleistungen" an, die dadurch charakterisiert sind, dass

- sie nicht auf Vorrat hergestellt und nur in sehr begrenztem Maße standardisiert werden können;
- Herstellung und Lieferung in einem Vorgang zusammenfallen, einen einheitlichen Prozess bilden;
- die Kunden oder Verbraucher zur Abnahme der Leistung in engen Kontakt mit der leistungserbringenden Organisation treten, (die sie „aufsuchen" bzw. „besuchen" müssen, in die sie „aufgenommen" oder „eingewiesen" werden);
- die Kommunikation zwischen „Erzeuger" und „Verbraucher" i.d.R. einen wichtigen Teil der Leistung ausmacht.

Kommunikativer Aspekt

Bei allen pädagogischen, gesundheitlichen und sozialen Dienstleistungen spielt gerade dieser kommunikative Aspekt eine herausragende Rolle und wird z.T., wie in der Beratung und Therapie, sogar zum zentralen Inhalt, zum konstitutiven Merkmal. Die Qualität solcher Leistungen hängt daher entscheidend von der Interaktion zwischen „Hersteller" und „Verbraucher", „Lieferanten" und „Abnehmer" und d.h. einerseits vom Einfühlungsvermögen, den kommunikativen Fähigkeiten und dem persönlichen Engagement der ersteren, andererseits von der Mitwirkung der letzteren ab, die damit zu „Mitproduzenten" der von ihnen nachgefragten oder ihnen verordneten Leistungen (genannt „Erziehung", „Beratung" „Betreuung" oder „Behandlung") werden. Da die Güte einer Interaktion und die Intensität einer Mitwirkung aber schwer zu messende Variablen sind, stößt eine präzise Überprüfung der Qualität sozialer Dienstleistungen auf erheblich größere Schwierigkeiten, als die Qualitätskontrolle industrieller Produkte (s. dazu näheres beim Exkurs auf S. 24 f.).

Exkurs 1: Zur Qualitäts- und Erfolgskontrolle sozialer Dienstleistungen

Zur Überprüfung der Qualität sozialer Dienstleistungen werden üblicherweise drei verschiedene Dimensionen von Qualität herangezogen:

- Die *Strukturqualität*, die sich auf die notwendigen *Rahmenbedingungen* der Dienstleistung (wie Gebäude, Räume, Personal- und Organisationsstruktur, finanzielle Ressourcen, räumliche Ausstattung, Geräte und Materialien etc.) bezieht
- Die *Prozessqualität*, die sich auf die *Durchführung* der Dienstleistung selbst, d.h. auf die Art und Weise bezieht, in der sie erbracht wird
- Die *Ergebnisqualität*, die sich auf die *Wirkung* der Dienstleistung bezieht, d.h. auf ihren Erfolg, gemessen an den Zielen, die bei ihren Adressaten erreicht werden sollen (wie Erwerb bestimmte Kompetenzen, soziale Integration, Verbesserung der Lebensbedingungen u.a.)

Strukturqualität

Prozessqualität

Ergebnisqualität

Die Hauptschwierigkeit bei der Qualitätskontrolle sozialer Dienstleistungen liegt nun aber darin, dass zwar die Struktur- und Prozessqualität und damit die Leistungserbringung selbst, der sog. *„output"*, relativ zuverlässig und genau überprüft werden kann, während das Ergebnis, das damit erreicht werden soll, und damit die Wirkung auf die Adressaten, der sog. *„outcome"*, viel schwerer genau zu erfassen und zu beurteilen ist, denn:

output und outcome

- Struktur- und Prozessqualität lassen sich – an konkreten, relativ genau definierbaren Merkmalen ablesen; so z.B. die Strukturqualität an der guten Verkehrsanbindung der Einrichtung und der Qualifikation der Mitarbeiter und Mitarbeiterinnen, Prozessqualität z.B. an der umsichtigen Gestaltung der Eingewöhnungsphase in der Kita zur schrittweisen Ablösung von Eltern und Kind.
  Darüber hinaus lassen sich solche Merkmale in Form von *Qualitätsstandards* festschreiben, die möglichst dem fachlich-wissenschaftlich abgesicherten Stand, dem sog. *„state of arts"* eines jeweiligen Dienstleistungsbereich entsprechen und damit im Falle ihrer Einhaltung eine überprüfbare Qualitätsgarantie darstellen.
  Und schließlich lassen sich manche Merkmale auch über sog. *„Kennzahlen"* numerisch ausdrücken und damit messen (wie z.B. Öffnungszeiten, Personalschlüssel, Fallzahlen oder Aufwand pro betreuter Person); Zahlen, die zwar keine direkten Belege, aber wichtige Hinweise – sog. *Indikatoren* – für die Qualität einer Dienstleistung darstellen.
  Einige Qualitätsmerkmale, wie die für den Erfolg sozialer Dienste so wichtigen Schlüsselqualifikationen der Fachkräfte, wie Einfühlungsvermögen, Geduld und Wertschätzung, entziehen sich dabei allerdings einer exakten Messung.

Qualitätsstandards

Kennzahlen als Indikatoren

Eindeutige Aussagen über Ergebnisqualität?

❒ Über die Ergebnisqualität sozialer Dienste selbst lassen sich nur schwer eindeutige und zuverlässige Aussagen machen. Zwar lässt sich die Erreichung der meisten aufgestellten Ziele, wie z.B. „Ausbildung abgeschlossen“, „Arbeit gefunden“, „Rückfall vermieden“ (innerhalb einer bestimmten Zeit) – im Unterschied zu persönlichkeitsbezogenen Lernzielen (wie Frustrationstoleranz und Aggressionskontrolle) – relativ genau überprüfen und für die Gesamtleistung einer Einrichtung quantifizieren. Allerdings bleibt dabei unbeantwortet, ob und wenn ja, in welchem Ausmaß diese Ergebnisse auf die konkrete Arbeit der Einrichtung zurückzuführen ist, denn
- zum einen hängt ein Erfolg mindestens so sehr von der Mitwirkung der Klienten selbst wie von der Kompetenz und dem Engagement der Betreuer und deren Rahmenbedingengen ab und
- zum anderen spielen weitere Einflüsse aus dem sozialen Umfeld mit hinein, die nicht oder nur in künstlichen Experimenten für eine Untersuchung isoliert werden können.

Woran liegt es z.B., wenn ein jugendlicher Straftäter nicht mehr rückfällig wird: an seinem engagierten Bewährungshelfer, an einem verständnisvollen Arbeitgeber, der ihn einstellt, an seiner neuen Freundin, die zu ihm hält, oder an ihm selbst? Oder gar an allen vieren – und wenn ja, in welchem messbaren Verhältnis zueinander?

Struktur- und Prozessqualität als Indikatoren für Ergebnisqualität

Immerhin aber sind die für die Struktur- und Prozessqualität einer Dienstleistung aufgestellten Qualitätsstandards wichtige Indikatoren für ihre Ergebnisqualität. Das heißt konkret, dass eine Einrichtung, die regelmäßig und nachweislich die Einhaltung dieser Standards überprüft und deren Adressaten die gesetzten Ziele in überdurchschnittlicher Zahl erreichen, für sich die gut begründete Wahrscheinlichkeitsaussage treffen kann, dass diese Erfolge zumindest auch, wenn nicht sogar überwiegend auf ihre Bemühungen zurückzuführen sind, und dass sie daher eine überdurchschnittliche Ergebnisqualität nachweisen kann. Und eine solche Aussage lässt sich durch zusätzliche Argumente untermauern, die aus begleitenden Erhebungen, wie Beobachtungsprotokollen, Fallanalysen, Kundenbefragungen und internen Auswertungsgesprächen, gewonnen wurden. Die Gewinnung solcher Erkenntnisse findet am einfachsten und Erfolg versprechendsten auf dem Wege der *Selbstevaluation* im Rahmen eines eingeführten Qualitätsmanagementsystems statt.

Selbstevaluation

Methodischer Dreischritt

Das rein technische Instrumentarium der ISO, das in der Wirtschaft meist verwendet wird, ist dafür allerdings wenig geeignet. Für das konkrete Vorgehen bietet sich vielmehr der folgende methodische Dreischritt an:

- Ableitung von Qualitätsstandards aus der Analyse der für die Dienstleistung zentralen Arbeitsprozessen (sog. „Schlüsselprozesse")
- Erhebung von auswertungsrelevanten Daten anhand von stichprobenartigen Überprüfungen der Einhaltung dieser Qualitätsstandards,
- Sichtung von Dokumentationen aus der alltäglichen Arbeit, wie Klientenakten, Protokolle von Hilfeplangesprächen und schriftliche oder mündliche Kundenbefragungen
- Jährliche Durchführung moderierter Auswertungsgespräche der beteiligten Mitarbeiter/innen, vorstrukturiert anhand eines vorab erstellten Gesprächsleitfadens. (Besonders ertragreich kann dabei die Teilnahme von Kund/innen bzw. falls vorhanden von deren Sprecher/innen sein!)

Auf diesem Weg dürfte sowohl eine optimale Sicherung und Weiterentwicklung der eigenen Arbeitsqualität wie auch ihre Legitimation gegenüber Zuschussgebern, potenziellen Kund/innen und der Öffentlichkeit zu erreichen sein.

Exkurs 2: Zum Management sozialwirtschaftlicher NPOs

Andere Anforderungen als in der Privatwirtschaft

Konzepte, Leitbilder und Konzeptionen sind wesentliche Steuerungsinstrumente von NPOs. Ihre Entwicklung und Umsetzung stellt daher eine zentrale Managementaufgabe dar. Gleichzeitig wird aus den vorhergehenden beiden Punkten deutlich, dass ein effektives Management in sozialen Unternehmen teilweise ganz andere Anforderungen stellt, als in privatwirtschaftlichen Unternehmungen.

Unscharfe Ziele

- Das Hauptziel ist nicht, wie bei letzteren mit der Eroberung des Marktes oder Maximierung von Gewinn bereits eindeutig vorgegeben, sondern muss in mühsamen, oft kontroversen Diskussionen aus meist unscharfen und mehrdeutigen Wert- und Richtungsaussagen (wie „menschenwürdiges Dasein", „eigenverantwortliche und gemeinschaftsfähige Persönlichkeit", „Wohl des Kindes", „soziale Gerechtigkeit" etc.) erst noch abgeleitet werden.

Gegensätzliche Ansprüche

- Bei der Ableitung dieser Ziele und bei der Planung und Durchführung von Maßnahmen müssen unterschiedliche und z.T. gegensätzliche Ansprüche (wie die verschiedener öffentlicher Zuschussgeber, eigener Mitglieder und deren mehr oder minder demokratisch legitimierter Gremien, der Nutzer, der Steuerzahler und einer allgemeinen politischen Öffentlichkeit) berücksichtigt und ausbalanciert werden. (s. dazu „Stakeholderanalyse" Kapitel 7.1)

Eigene Qualitätssicherungsverfahren

- Die Sicherung und Weiterentwicklung der Qualität ihrer Dienstleistungen bedarf der laufenden Überprüfung und Bewertung im Rahmen eigener Qualitätsmanagement-Verfahren, die sich von denen der gewerblichen Wirtschaft unterscheiden.

Diese Situation bedeutet Chance und Gefahr zugleich.

Gefahren

Es bedeutet die Gefahr:

- dass Ziele ohne praktische Relevanz für die konkreten Maßnahmen bzw. Leistungen gegenüber Kunden bleiben und lediglich eine Legitimations- oder Alibifunktion für Zuschussgeber, Mitglieder und Öffentlichkeit erfüllen, und Leistungen daher primär aus Prestige- und Machtgründen angeboten werden;
- dass sich rein bürokratische Aufbau- und Ablauforganisationen entwickeln, die sich gegenüber Ansprüchen und Anforderungen der Umwelt abschotten und Leistungen nur noch vorschrifts- und routinemäßig erbringen;
- dass Bedürfnisse von Abnehmern dadurch ignoriert und übergangen werden und
- dass öffentliche Gelder nicht bedarfsgerecht verteilt und unwirksam verschwendet werden;
- dass bürokratische Routine und die Dauer und Trägheit interner Willensbildung – und Entscheidungsprozesse notwendige Anpassungen an neue Entwicklungen in der Umwelt sowie neue Prioritätensetzungen verhindern
- und dass dadurch ein effizientes, auf einer ziel- und ergebnisorientierten Planung und Erfolgskontrolle basierendes Management unmöglich gemacht wird (siehe auch Schwarz G. 2001: 76 ff).

Chancen

Es bedeutet aber auch die Chance:

- dass in einem öffentlichen, demokratischen Diskurs, unter Einbeziehung von Betroffenen, Bedürfnisse festgestellt werden, die durch gewinnorientierte Unternehmen gar keine oder keine angemessene Berücksichtigung finden, sowie Mittel und Wege zu ihrer Befriedigung beschlossen und bereitgestellt werden;
- dass diese Mittel und Wege so konzipiert werden, dass die Abnehmer Form und Inhalt der Leistungen soweit wie möglich mitgestalten und dadurch an ihre realen Bedürfnisse anpassen können und dass damit der tatsächliche Nutzen für sie (statt bloßer Profit- oder Machtinteressen) zu einem entscheidenden Erfolgskriterium wird;
- dass Organisationsstrukturen und -abläufe so flexibel, dezentral und partizipativ gestaltet werden können, dass die leistungserbringenden MitarbeiterInnen motiviert und befähigt werden, ihre kommunikativen Aufgaben den Abnehmern gegenüber bestmöglich zu erfüllen
- und dass dadurch ein effizientes Management möglich wird, das sich auf brauchbare, im Dialog mit Betroffenen, Zuschussgebern, Wissenschaftlern und eigenen Mitarbeitern erarbeitete, stets reversible Qualitätsstandards und Erfolgskriterien stützt, und die Tätigkeit der Organisation daran überprüfen kann.

Eigenständiges Profil sozialer Unternehmen

Ein solches, partizipatives und effizientes, am wirksamen Einsatz knapper öffentlicher Mittel und an der regulativen Idee des sozialen Ausgleichs orientiertes Konzept von Sozialwirtschaft entspricht dem Leitbild unseres Grundgesetzes.

Eine humane Gesellschaft braucht das Neben- und Gegeneinander von gewerblichen und gemeinnützigen Unternehmen, von wertfreiem Markt und einer wertorientierten Politik, die diesem Markt gemeinwohlbezogene Rahmenbedingungen und Grenzen setzt. Und sie braucht dazu soziale Unternehmen, die sich der Privatwirtschaft und den dort entwickelten Strategien gegenüber weder abschotten, noch sie blind und undifferenziert übernehmen, sondern in der Auseinandersetzung mit ihr das eigene Profil schärfen und wirksam umsetzen.

In den letzten Jahren wurden daher über die Einführung neuer, stärker ziel- und ergebnisorientierter Steuerungsformen sowie entsprechender Qualitätssicherungsinstrumente in sozialen Unternehmen und bei deren öffentlichen Zuschussgebern viele, z.T. recht erfolgreiche Versuche in diese Richtung unternommen – Versuche, die aber auf dem Hintergrund eines massiven, primär die Schwächsten und Bedürftigsten treffenden Abbaus sozialer Leistungen und gemeinwohlbezogener staatlichen Steuerungsformen drohen, sich in ihr Gegenteil zu verkehren, indem sie zu einer erheblichen Minderung der Qualität dieser Dienstleistungen und zu einer Verschärfung sozialer Ungleichheit führen.

1.3.4 Soziale Organisationen als soziale Systeme

„Organisationen“ sind zweckgerichtete, menschliche Zusammenschlüsse, deren Tätigkeiten und Produkte das Ergebnis eines komplizierten Wechselspiels zwischen ihren Mitgliedern1[1] und zwischen sich und anderen Organisationen darstellen, und die daher als „soziale Systeme“ zu begreifen sind (*Graf* 1996).

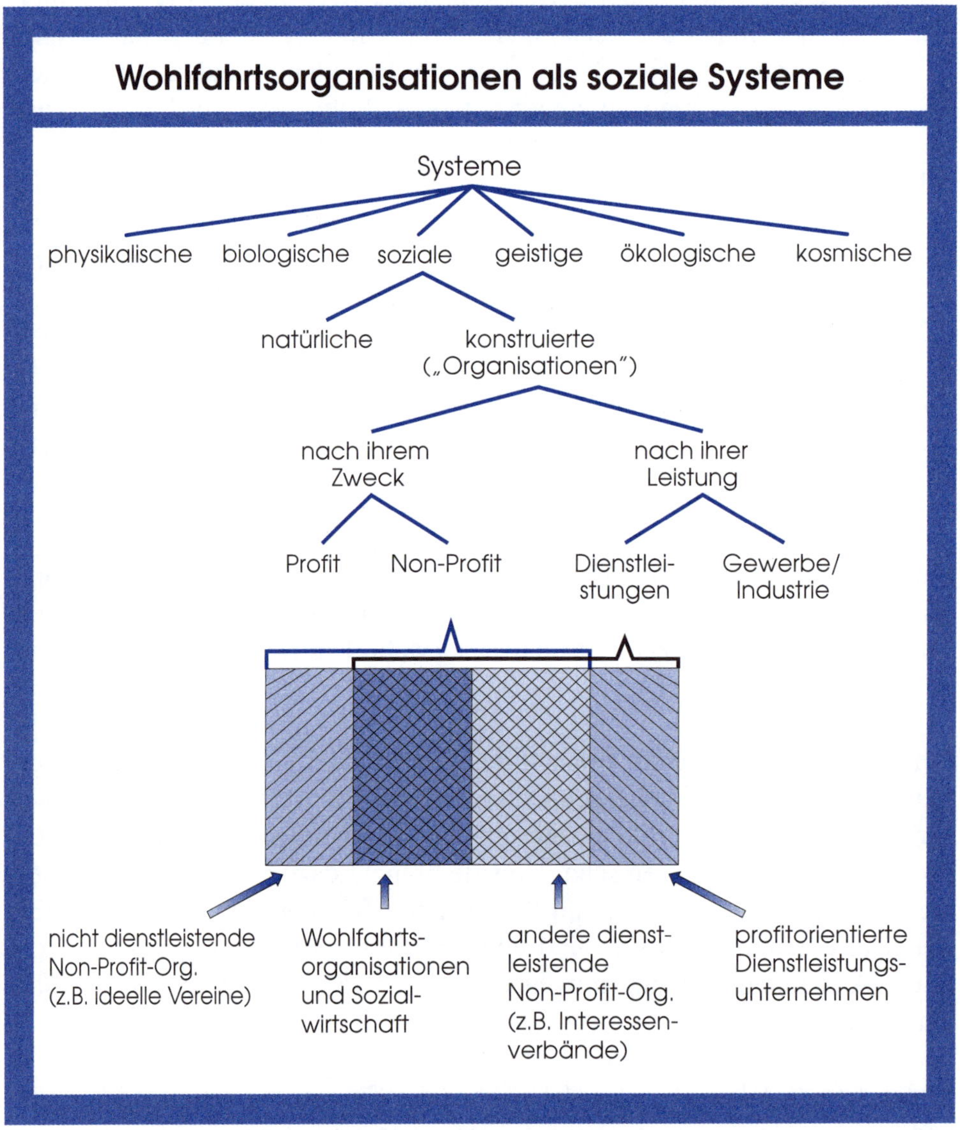

Abb. 3: Wohlfahrtsorganisationen als soziale Systeme

1 Organisationssoziologisch sind alle Angehörigen einer Organisation bzw. alle Personen, die in ihr eine Funktion erfüllen, Mitglieder dieser Organisation. Das führt bei Organisationen, die rechtlich Vereine bilden und damit auf Mitgliederbasis aufgebaut sind und zugleich MitarbeiterInnen beschäftigen, zu sprachlichen Mißverständnissen. Hier wird daher als Oberbegriff in Zukunft die Bezeichnung „Organisationsangehörige“ verwandt.

Auf dem Hintergrund einer „allgemeinen Systemtheorie“ (*Bertalanffy* 1972, *Jantsch* 1981) können sie dabei als Bestandteile einer Gesamtwirklichkeit angesehen werden, die uns als vernetztes Zusammenspiel verschiedener „Systeme“ unterschiedlicher Reichweite und Komplexität sowie Freiheit ihrer Elemente erscheint – von den Atomen und den Zellen, über die verschiedenen Lebewesen und ihre Gesellungsformen, bis zu ökologischen, geistigen und kosmischen Zusammenhängen.

Allgemeine Systemtheorie

In diesem dynamischen Gesamtgefüge umfassen jeweils die Systeme einer höheren, komplexeren Stufe die Merkmale der niederen mit, wodurch es möglich ist, auch auf „Organisationen“, als von uns selbst geschaffene Systeme zweiter Ordnung, die wesentlichen Bestimmungsmerkmale lebender Systeme anzuwenden (*Häfele* 1990: 74 ff):

Bestimmungsmerkmale lebender Systeme

- Sie konstituieren und definieren sich in Unterscheidung und Abgrenzung zu einer Umwelt, die ihrerseits von Systemen gebildet wird und mit der sie zugleich in einem ständigen Austausch von Materie, Energie und Information stehen; einer Umwelt, die auf sie einwirkt und auf die sie ihrerseits einwirken, an die sie sich anpassen müssen um zu überleben, die sie aber zugleich zumindest teilweise an sich selbst und ihre eigenen Bedürfnisse anpassen können.

Grenzen nach außen

- In der Auseinandersetzung und im Wechselspiel mit dieser Umwelt differenzieren sich lebende Systeme nach innen d.h. sie bilden bestimmte *Regeln* und *Strukturen* heraus (so z.B. in Organisationen bestimmte Rollen und Funktionen, Gliederungen und Hierarchien, Aufbau- und Ablauforganisationen), die ihnen einen möglichst effektiven Austausch mit der Umwelt ermöglichen sollen. Dabei stehen sie allerdings vor der schwierigen Aufgabe, Differenzierungen soweit vorzunehmen, dass sie flexibel und angemessen auf wechselnde Umweltanforderungen reagieren können, zugleich aber die eigene Komplexität nicht soweit zu steigern, dass sie unübersichtlich und instabil werden, und dadurch nicht mehr vernünftig zu steuern sind.

Differenzierung nach innen

- Sie verfügen hierzu über die Möglichkeit der *Selbststeuerung* und *Selbstorganisation*, d.h. über die Fähigkeit spontan aus sich heraus die Ordnungsstrukturen zu entwickeln, die ihnen ein Überleben in ihrer Umwelt und eine Weiterentwicklung sichern, m.a.W sie sind grundsätzlich in der Lage, von selbst die notwendige Balance zwischen Struktur und Prozess, Komplexität und Transparenz, Stabilität und Wandel, Chaos und Ordnung zu finden und im Sinne eines „Fließgleichgewichts “ immer wieder neu herzustellen (*Bertalanffy* a.a.O., Jantsch a.a.O.).

Selbststeuerung und Selbstorganisation

Fließgleichgewicht

- Die Selbststeuerung und Selbstorganisation von lebenden Systemen und das Zusammenspiel zwischen ihnen sind weder als lineare Ursache-Wirkungs-Ketten, noch als geschlossene kybernetische Regelkreise angemessen zu begreifen, sondern nur als zielgerichtetes „dynamisches System von Wechselwirkungen“ (*Bertalanffy* 1972: 26).

Offene Kreisprozesse

- Die Abgrenzung nach außen und die innere Strukturierung geschieht in sozialen Systemen allerdings nicht über biologische Prozesse, sondern in der zwischenmenschlichen Kommunikation und gemäß dem Sinn, den sie dabei für sich formulieren. (*Luhmann:* 1984 und Willke: 2000)

Systemisch-evolutionäre Sichtweise

Für das Verständnis und die Steuerung sozialer Organisationen ergibt sich aus einer solchen „systemisch-evolutionären" Sichtweise (*Bleicher:* 1991, *Königswieser/Lutz:* 1992, *Malik:* 1986):

- Organisationen sind keine Maschinen, die nach einem vorgegebenen Schema funktionieren, sondern mit Eigenleben ausgestattete, spontan reagierende und sich weiterentwickelnde Ganzheiten.
- Sie verfügen grundsätzlich aus sich selbst heraus über die Fähigkeit zum Wandel, zur Anpassung an neue Bedingungen und Herausforderungen.
- Ihre Steuerung erfolgt daher sinnvollerweise möglichst von innen heraus. Und übergeordnete, umfassendere Systeme insbesondere die öffentlichen Zuschussgeber beschränken sich am besten, im Sinne eines rechtverstandenen Subsidiaritätsprinzips, auf das Setzen förderlicher Rahmenbedingungen und die Bereitstellung erforderlicher Ressourcen.
- Die innere Steuerung der Systeme/Organisationen sollte daher unter aktiver Beteiligung aller ihrer Elemente bzw. Angehöriger erfolgen. Und Führung sollte sich vor allem als Weckung, Förderung und Koordinierung von Eigenkräften und -initiativen auf allen Ebenen verstehen.

Verstörungen

- Bei Störungen des dynamische Gleichgewichts, die von der Organisation allein, innerhalb ihrer Strukturen, nicht mehr zu bewältigen sind, sondern einer „Lösung zweiter Ordnung" bedürfen (*Watzlawick* u.a. 1979: 99 ff) wird wirksame Hilfe von außen selten in guten Ratschlägen und schon gar nicht in fertigen, schematischen Lösungen bestehen können, sondern viel eher in Anregungen oder „Verstörungen", die dazu dienen, festgefahrene Sichtweisen und Verhaltensmuster aufzulockern, um vorhandene, aber unterdrückte oder gelähmte Eigenkräfte zu reaktivieren, und damit dem System die Chance zu geben, selbst eine Neukalibrierung seiner dynamischen Kräfte zu finden (*Schlippe* 1987: 26, siehe auch *Schmid* 1987).

Ein solches systemisches Verständnis von Organisationsstrukturen und -prozessen ist auch für die Entwicklung von Konzepten bzw. Konzeptionen von entscheidender Bedeutung und daher alles andere als von geringem „Gebrauchswert„ für die Praxis, wie *G. Schwarz* im ersten Band dieser Reihe meint (s. dort S. 45).

2. Die Konzeption als Instrument der globalen Steuerung von sozialen Organisationen

2.1 Konzeptionen als Beitrag zur Steuerung von Systemen

Dass soziale Einrichtungen als Grundlage ihrer Arbeit eine „Konzeption" erstellen, die Auskunft gibt über ihre Ziele, Tätigkeitsbereiche und Arbeitsweisen, hat bereits einige Tradition in der sozialen Arbeit.

Werbeschriften oder klare Analysen und Zielformulierungen?

Während solche Selbstdarstellungen in früheren Jahren allerdings meist eher Werbe- und Rechtfertigungsschriften als handlungsleitende Programme darstellten, haben in den letzten Jahren mit der zunehmenden Einführung von Qualitätsmanagement und neuen Steuerungsformen Selbstbeschreibungen zugenommen, die auf einer gründlichen Analyse der sozialen Lage ihrer Zielgruppen und deren Bedürfnissen sowie auf klaren Zielformulierungen und daraus abgeleiteten Handlungsstrategien beruhen.

Denn Leitbilder, Konzeptionen und Leistungsbeschreibungen sind notwendige Bausteine eines effektiven Qualitätssicherungs- und -entwicklungssystems und die dort formulierten Ziele zwingende Voraussetzung für eine ziel- und ergebnisorientierte Steuerung.

In Großunternehmen der Privatwirtschaft sind solche ausformulierten Grundsatzdokumente unter der Bezeichnung „Unternehmensleitbild" oder „Unternehmenspolitik" schon länger üblich (Ulrich 1978). Indem sie normative Grundlagen und Orientierungsmarken für die Leistungen der Organisation und das Verhalten ihrer Mitglieder festlegen, stellen sie ein wesentliches Instrument grundsätzlicher, globaler Steuerung und damit ein Mittel modernen Managements dar.

2.1.1 Das Strukturmodell von St. Beer als systemtheoretischer Hintergrund

Analogie zum menschlichen Organismus

Die Bedeutung solcher Grundsatzdokumente für die Selbststeuerung und Selbstorganisation sozialer Unternehmen läßt sich am systemischen Strukturmodell von St. Beer, das er für Organisationen und insbesondere Wirtschaftsunternehmen in Analogie zum menschlichen Organismus entwickelt hat, recht anschaulich aufzeigen (Beer 1983: 71 ff sowie Häfele 1990: 102 ff)

Im menschlichen Organismus (Abb. 4) werden Muskelbewegungen, die Tätigkeit von Herz, Magen, Niere und der Temperaturausgleich auf der Haut vom autonomen Nervensystem durch biologisch konditionierte, automatisch ablaufende innerkörperliche Vorgänge reguliert, die vom Menschen willentlich nicht direkt, beeinflusst werden können. Dieses Steuerungssystem nennt man deshalb autonomes Nervensystem

Das neurophysiologische Regelungssystem des menschlichen Organismus

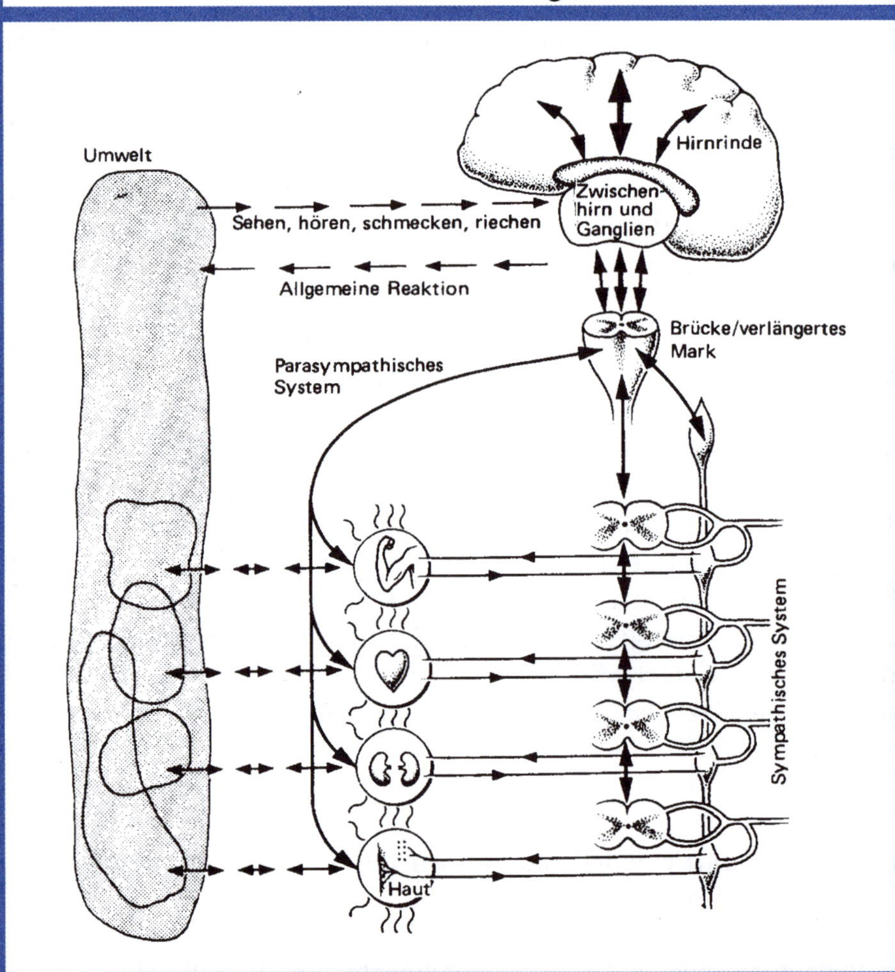

Quelle: Beer, 1973: 133

Abb. 4: Das neurophysiologische Regelungssystem des menschlichen Organismus

St. Beer überträgt das Modell des neurophysiologischen Regulationssystems (Abb. 4) auf Organisationen und identifiziert dabei ähnliche Steuerungsmechanismen durch teilweise autonome Subsysteme (Abb. 5)

Das Modell der Unternehmensführung bzw. das „autonome Management"

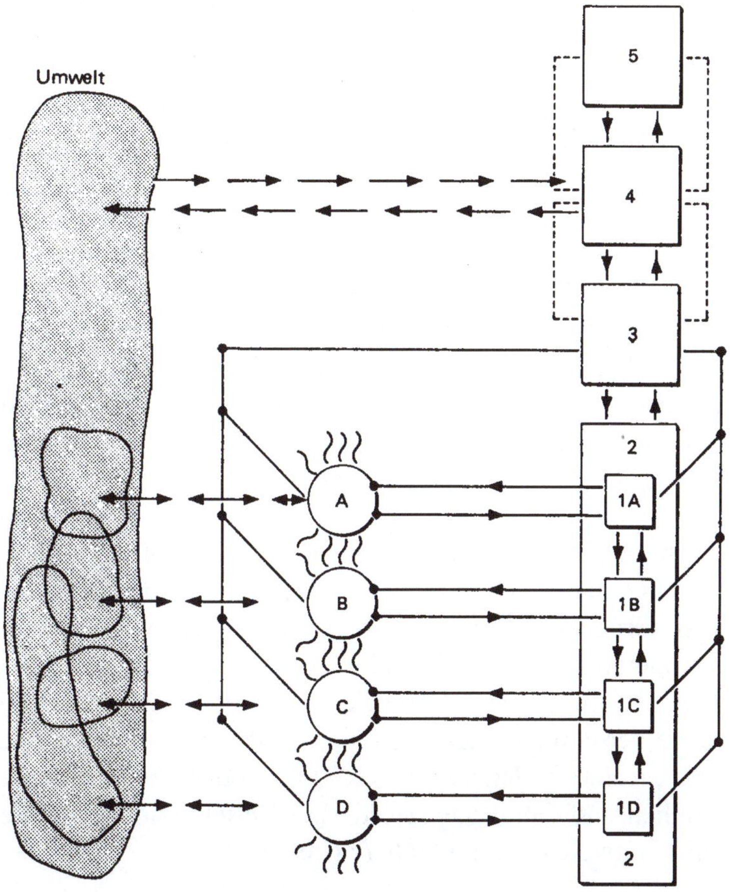

Quelle: Beer, 1973: 131

Abb. 5: Das Modell der Unternehmensführung bzw. das „autonome Management" (nach St. Beer)

Die Ziffern 1 bis 5 stellen verschiedene Steuerungssysteme auf unterschiedlichen Ebenen eines Gesamtsystems dar:

Management der Subsysteme

Steuerungssystem 1 ist die Selbststeuerung bzw. das „dispositive Management" der jeweiligen Subsysteme oder Basiseinheiten, d.h. die alltägliche Initiierung, Kontrolle und Korrektur ausführender Tätigkeiten.

Informelle Koordination

Das System 2 bildet – in Analogie zum Sympatikus beim menschlichen Organismus – die von den Subsystemen freiwillig und selbständig praktizierten, in der Regel informellen, zum Teil aber auch formellen Kooperations- und Koordinationsbemühungen (wie Informationsweitergabe, Besprechungen etc.), unabhängig von einer formellen Vorgesetztenfunktion.

Operatives Management

Das System 3 bildet – entsprechend dem Parasympatikus im menschlichen Organismus – das „operative Management" des Gesamtsystems, die Koordination und Integration der konkreten Arbeitsvollzüge der Subsysteme zu einem einheitlichen Handeln, soweit dies unter Wahrung der relativen Autonomie dieser Subsysteme für das Gesamtsystem erforderlich oder sinnvoll erscheint. In den meisten Unternehmen entspricht diese Funktion der Ebene des mittleren Managements, in sozialen Organisationen in der Regel der Geschäftsführung.

Strategisches Management

System 4 umfasst – entsprechend dem Zwischenhirn beim Menschen – das „strategische Management" d.h. die mittelfristige Planung und Entwicklung und die darauf gestützten Entscheidungen, die den konkreten Gesamtkurs des Unternehmens bestimmen. Diese Funktion ist in Wirtschaftsunternehmen auf der Ebene des Top-Managements angesiedelt, in sozialen Organisationen beim Vorstand oder einer mit selbständigen Kompetenzen ausgestatteten Geschäftsleitung.

Normatives Management

System 5 schließlich ist – wie das menschliche Gehirn – der Ort des „normativen Managements". Hier geht es um die Diskussion und Festlegung der langfristigen Grundorientierung des gesamten Unternehmens, m.a.W. darum, seine inneren Abläufe und Strukturen immer wieder neu den Anforderungen der Umwelt und ihrer Entwicklung anzupassen und seine konkrete Tätigkeit an einer langfristigen und globalen Perspektive auszurichten, d.h. „Innen" und „Außen", Gegenwart und Zukunft der Organisation aufeinander zu beziehen und damit das erforderliche Fließgleichgewicht zwischen ihr und ihrer Umwelt ständig neu herzustellen.

Diese Modellskizze schematisiert und vereinfacht natürlich die in Wirklichkeit meist viel komplexeren Zusammenhänge, bei denen Strukturen fließend ineinander übergehen, Funktionen sich teilweise überlappen und das Zusammenwirken einer großen Vielfalt von Komponenten erforderlich ist. Und sie birgt die Gefahr, organizistisch überinterpretiert zu werden, in die Richtung, dass die Organisationsangehörigen sich vorbehaltslos dem Ganzen unterzuordnen hätten. Benutzt man sie jedoch lediglich als Analogie, bietet sie einen hilfreichen Grundriss für den Aufbau effizienter Organisationen.

Das Modell ist fast identisch mit dem von P. Schwarz für Non-Profit-Organisationen entwickelten Zielsetzungs-, Planungs- und Kontrollsystem mit den Stufen: Grundsatzplanung – strategische Planung – operative Planung – dispositive Planung – Realisation, das in Abb. 7 dargestellt ist. (*Schwarz P.* 1992: 354).

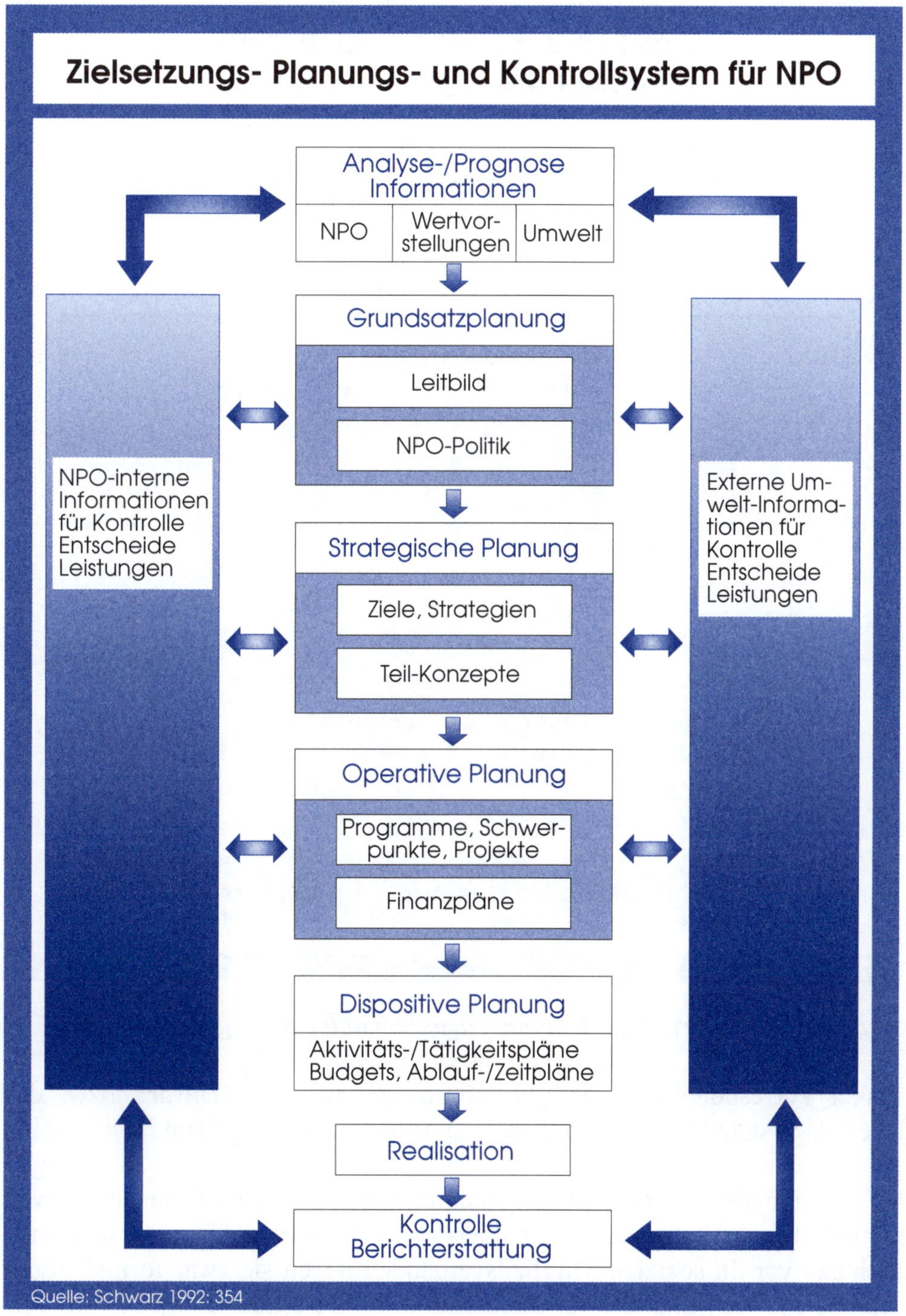

Abb. 6: Zielsetzungs- Planungs- und Kontrollsystem für NPO

St. Galler Managementmodell

Und es entspricht mit geringen Abweichungen auch dem „St. Galler Managementmodell“ mit den Führungsstufen: Politiksystem bzw. Unternehmenspolitik – Planungssystem – Dispositionssysteme – operative oder ausführende Systeme (Ulrich 1978: 192).

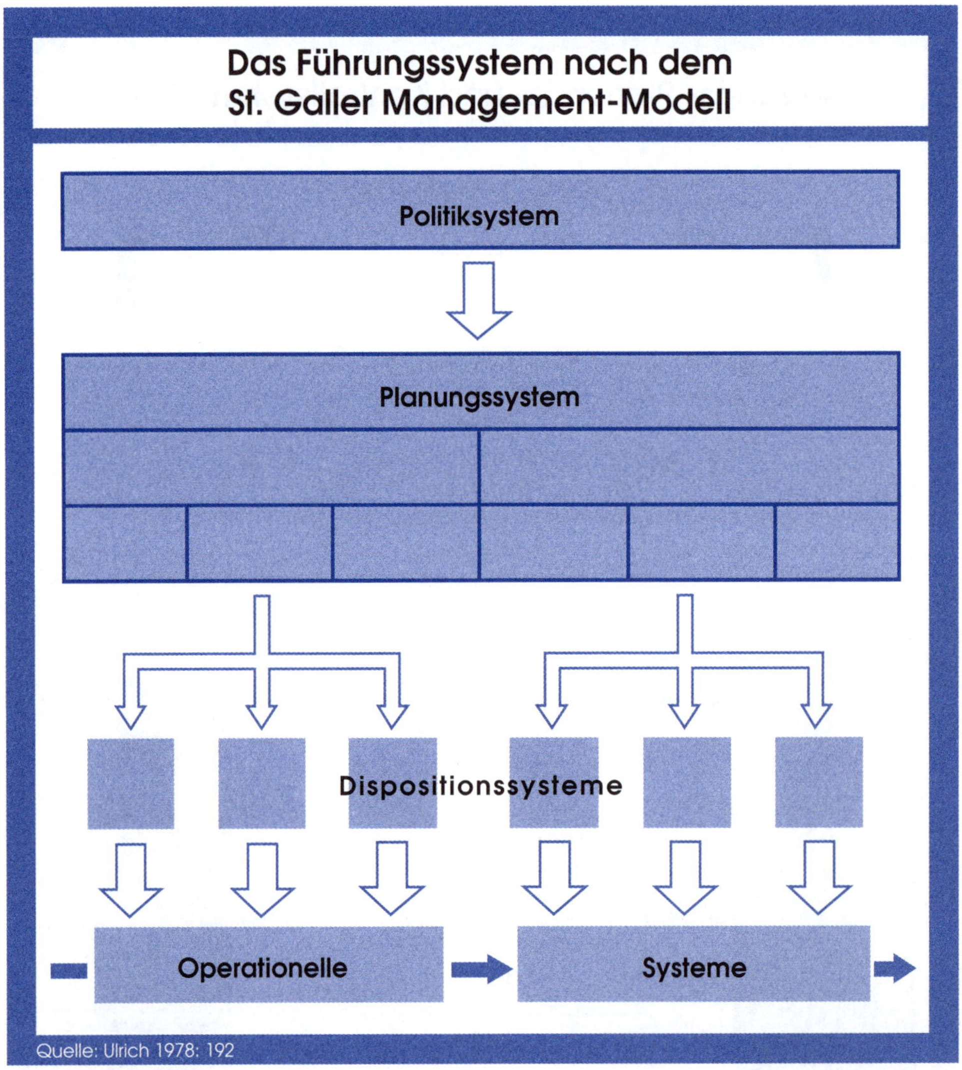

Abb. 7: Das Führungssystem nach dem St. Galler Management-Modell

Dabei korrespondieren die „Grundsatzplanung" bei *Schwarz* bzw. das „Politik-System" bei *Ulrich* mit dem „normativen System" von *Beer*.

In traditionellen Wirtschaftsunternehmen behalten sich solche normativen Grundsatzentscheidungen meist oberste Gremien, wie Vorstand und Aufsichtsrat vor. In sozialen Mitgliedsverbänden liegen sie zwar formal in der Kompetenz der Mitgliederversammlung, obwohl sie faktisch meist vom Vorstand wahrgenommen und von der Mitgliederversammlung nur abgesegnet werden. In weltanschaulich geprägten Tendenzbetrieben, wie den meisten Wohlfahrtsverbänden, sind solche Grundsatzentscheidungen oder Richtungsaussagen außerdem gebunden an ein noch „dahinter" oder „darüber" stehendes Interpretations- und Wertsystem, das nicht oder kaum zur Disposition steht. Bei öffentlichen Trägern schließlich werden sie formal von parlamentarischen Gremien getroffen, wobei die Exekutive aber realiter oft eine ebenso dominante Stellung einnimmt, wie der Vorstand bei den meisten größeren Mitgliedsorganisationen.

Dabei wird diese für die Identität und Kultur einer Organisation so zentrale Funktion nur in den seltensten Fällen unter Einbeziehung und Beteiligung aller seiner Subsysteme und Elemente wahrgenommen, wie es dem hier formulierten systemisch-evolutionären Verständnis entspräche – und wie es im gesunden menschlichen Organismus trotz des geringeren Freiheitsgrades seiner Elemente der Fall ist!

Breiter Diskussionsprozess

Auf Organisationen übertragen würde das bedeuten, ihre langfristige Grundorientierung in einem breiten Diskussionsprozess zu erarbeiten, an dem alle Untergliederungen und alle MitarbeiterInnen entsprechend ihrer unterschiedlichen Aufgabe und Verantwortung zu beteiligen wären – unbeschadet der Gesamtverantwortung des obersten Managements für die Initiierung und Steuerung eines solchen Prozesses. Seine Ergebnisse wären dann in einem schriftlichen Dokument festzuhalten, das zugleich verbindlich und reversibel ist, indem es alle Unternehmensangehörigen verpflichtet und ihren Partnern in der Umwelt als verlässliche Orientierung dient, zugleich aber für eine laufende Fortschreibung und Anpassung an neue Entwicklungen und Herausforderungen offen ist. Ein solches Grundsatzdokument erfüllt wesentliche Funktionen für die Steuerung und Entwicklung einer Organisation und entspricht dem, was hier als „Konzeption“ bezeichnet wird.

Schriftliches Dokument

2.1.2 Zur Funktion von Konzeptionen für die Systemsteuerung

„Konzeptionen“ im Sinne von Grundsatzprogrammen oder Unternehmenspolitiken erfüllen nicht nur für private Wirtschaftsunternehmen (*Ulrich* 1978: 21 ff) sondern genauso für sozialwirtschaftliche Unternehmen (*Schwarz P.* 1992: 461 ff) eine zentrale Funktion für ihr Innenleben und für die Beziehungen zu ihrer Umwelt. Diese Funktion lässt sich wie folgt differenzieren:

Integration

1. Eine geistige Integrationsfunktion, die sich darin ausdrückt, dass sie

Corporate Identity

- ❒ ein Medium der Verständigung der Mitglieder und MitarbeiterInnen untereinander über Sinn und Zweck des Unternehmens darstellt und damit der Entwicklung einer gemeinsamen Identität einer sog. „Corporate Identity“ dient und somit

Unternehmens-philosophie

- ❒ die Integration unterschiedlicher Wertvorstellungen, Bedürfnisse und Interessen in einer gemeinsamen „Unternehmensphilosophie“ ermöglicht sowie

Identifikation

- ❒ die Identifikation der Mitglieder und MitarbeiterInnen mit dem Unternehmen und mit ihrer Aufgabe in demselben fördert und damit gleichzeitig ihre Arbeitsmotivation, ihr Engagement für die Ziele und Aufgaben der Organisation stärkt.

Gerade diese Integrations- und Motivationsfunktion wird desto besser erfüllt werden, je intensiver die Unternehmensangehörigen bereits am Prozess der Konzeptionsentwicklung beteiligt und nicht erst im nachhinein über dessen Ergebnisse informiert und ideologisch darauf eingeschworen werden; je mehr ihre Ansichten gehört und ihre Interessen berücksichtigt werden und je mehr sie sich daher in diesen Ergebnissen wiederfinden können. Damit wird die Konzeption nicht nur zu einem Dokument über eine intendierte „Unternehmenskultur", sondern gleichzeitig zu einem Instrument ihrer Verwirklichung, zu einem Stück gelebter Kultur.

Unternehmenskultur

Diese motivierende und integrierende Funktion gilt ganz besonders für sozialwirtschaftliche Unternehmen, bei denen die Qualität der Leistungen aufgrund ihres zwischenmenschlich-kommunikativen Charakters noch viel stärker vom persönlichen Engagement der MitarbeiterInnen und ihrer Einstellung zu den Abnehmern abhängt, als bei Profitunternehmen. Weil der materielle Anreiz bei dem bestehenden Vergütungssystemen relativ niedrig ist, erlangen immaterielle Faktoren, wie Eigenständigkeit und Teamarbeit oder die Realisierung bestimmter Werte und Ziele dafür um so größere Bedeutung.

Orientierung

2. Eine *richtungsweisende* und *rahmensetzende* Funktion *(Orientierungsfunktion),* die darin besteht, dass sie

Planungsrichtlinie

   a. die Grundlage und Richtlinie für die strategischen Planungen und Entscheidungen des Unternehmens bilden und zwar sowohl

      - für die konkreten Leistungen, welche es für ihre Kundschaft erbringen will, wie
      - für die internen Verfahrensregeln mit denen diese Leistungen geplant, erbracht und kontrolliert werden, m.a.W. wie das Unternehmen gemanagt und geführt werden soll.

Denn ein so komplexes, integriertes Steuerungssystem wie oben skizziert (siehe S. 31 ff), an dem alle Führungsebenen aktiv und selbständig beteiligt sind, funktioniert umso besser, je weniger die konkrete Planung mit der Diskussion und Abklärung von Grundsatzfragen beschäftigt ist (Ulrich 1978: 232 ff), ein weiterer Grund warum eine vorherige Einbeziehung bei diesem Diskussionsprozess wichtig ist.

Eine solche einheitliche Planungsgrundlage ist gerade bei den öffentlichen und freien Trägern sozialer Arbeit ein dringendes Erfordernis, da die Planung einzelner Einrichtungen und Maßnahmen dort noch sehr oft unkoordiniert nebeneinander herläuft und nicht an einer handlungsleitenden Gesamtkonzeption ausgerichtet ist und da das Management dieser Träger noch viel zu stark an bürokratischen Organisationsmodellen orientiert ist.

b. Eine Konzeption stellt weiterhin eine Interpretations- und Entscheidungshilfe für jede Führungskraft und jede MitarbeiterIn in den offenen Situationen ihres beruflichen Alltags dar. Denn jede Führungsvorgabe kann nach dem hier vorgestellten Führungsverständnis – und erst recht in der Arbeit mit Menschen – immer nur Rahmencharakter haben, so dass der berufliche Alltag auf allen Ebenen laufend selbständige Entscheidungen erfordert, bei denen dann die Ziele und Grundsätze einer Konzeption als Orientierungshilfen dienen können, ohne diese Entscheidungen allerdings vorwegzunehmen.

Interpretations- und Entscheidungshilfe

Beispiel:
In einem Alten- und Pflegeheim wird der Selbstbestimmung der BewohnerInnen größter Wert beigemessen. Dennoch wird z.B. eine Pflegekraft im Zweifelsfall selbst entscheiden müssen, ob sie einen gesunden alten Menschen, der lieber im Bett bleiben möchte, am Vormittag zum Aufstehen überreden soll.

3. Eine *qualitätssichernde* und *-fördernde* Funktion, indem sie Leitideen formuliert, Ziele vorgibt und Leistungen benennt, aus denen bzw. für die sich

Qualitätssicherung

- ❒ Qualitätsmerkmale und -standards,
- ❒ Prüf- und Erfolgskriterien sowie
- ❒ Verfahren der Qualitätsüberprüfung und -weiterentwicklung sowie des Controllings

ableiten lassen.

4. Eine *verhaltenssteuernde* Funktion, indem sie Verhaltensprinzipien und -regeln für ihre Mitglieder und MitarbeiterInnen aufstellt und zwar

Verhaltenssteuerung

- ❒ sowohl nach innen für den Umgang untereinander,
- ❒ wie nach außen gegenüber ihren Kunden bzw. Leistungsempfängern auf der einen, ihren Geschäftspartnern und Konkurrenten (bei sozialen Organisationen vor allem andere Träger und Einrichtungen) auf der anderen Seite.

Auch diese Funktion erfordert eine breite Beteiligung an der Konzeptionserstellung, sofern man will, dass die Einhaltung der Verhaltensregeln möglichst auf Zustimmung und Selbstkontrolle, statt auf Zwang und Fremdkontrolle beruht, was gerade in sozialen Unternehmen aufgrund des persönlichen und schwer von außen kontrollierbaren Charakters ihrer Dienstleistungen unabdingbar ist.

Selbst- statt Fremdkontrolle

Gleichgewicht

5. Eine systemerhaltende *Gleichgewichtsfunktion,* die darin besteht, mit der verbindlichen und zugleich reversiblen Perspektive und Handlungsorientierung die sie vorgibt, einer doppelten Gefahr entgegenzusteuern:

- ❒ einerseits in Routine zu erstarren und sich neuen Entwicklungen und Herausforderungen zu versperren und
- ❒ andererseits kurzfristig und unreflektiert auf jeden neuen Trend zu reagieren, sich jeder Modeerscheinung anzupassen und damit zur „neurotischen Maschine" zu werden (Ulrich 1978: 23), die infolge ständig wechselnder Ziele und Verhaltensweisen keine klare, eigenständige Richtung mehr erkennen lässt.

Gerade soziale Organisationen sind dieser doppelten Gefahr besonders stark ausgesetzt. Das fehlende klare Profil und die mangelnde aktive Zukunftsorientierung vieler sozialer Organisationen lässt sich daher als Ergebnis eines Wechselspiels dieser nur vordergründig gegensätzlichen, in Wirklichkeit eher komplementären Tendenzen sehen, denen man sich mangels einer klaren konzeptionellen Ausrichtung ausliefert, statt ihnen aktiv gegenzusteuern.

Public Relation

6. Eine *PR-Funktion*: denn,
jede Konzeption ist gleichzeitig ein Instrument der Selbstdarstellung und der Imagepflege und damit der gezielten Öffentlichkeitsarbeit, indem sie:

- ❒ Adressaten, Zuschussgeber und Kooperationspartner über die eigenen Ziele und Handlungsprinzipien informiert,
- ❒ potenzielle Mitglieder und Mitarbeiter anspricht,
- ❒ die Organisation in der fachlichen und politischen Öffentlichkeit darstellt.

Dabei dürfte es allerdings für das Image eines Unternehmens längerfristig kaum förderlich sein, wenn Konzeptionen, wie dies in der Praxis häufig der Fall ist, auf eine solche PR-Funktion reduziert bzw. alle anderen Funktionen der letzteren untergeordnet werden, wodurch die tatsächlichen und die publizierten Interessen und Absichten deutlich auseinander klaffen und damit längerfristig die Glaubwürdigkeit des Unternehmens leidet.

Funktionen einer Konzeption

Funktion	Inhalte
Integration	Grundlage für ❒ Corporate Identity ❒ Unternehmensphilosophie ❒ Identifikation und Motivation der Mitglieder und MitarbeiterInnen
Orientierung	Planungsrichtlinie Interpretationshilfe in Entscheidungssituationen
Qualitätssicherung	Grundlage für ❒ Qualitätsmerkmale und -standards ❒ Prüf- und Erfolgskriterien ❒ Controllingverfahren
Verhaltenssteuerung	Richtlinien für den Umgang der Organisationsangehörigen ❒ untereinander ❒ mit KundInnen ❒ mit anderen Organisationen
Systemgleichgewicht	Ausgleich zwischen ❒ Erstarrung und Routine/Abschottung vor neuen Entwicklungen ❒ ziellose Reaktion auf jeden Trend
Öffentlichkeitsarbeit	Information/Selbstdarstellung für ❒ KundInnen ❒ potenzielle Mitglieder und MitarbeiterInnen ❒ allg. Öffentlichkeit

Abb. 8: Funktionen einer Konzeption

Organisationsprofil

Nimmt man die aufgezeigten Funktionen in ihrer Gesamtheit und gegenseitigen Ergänzung, so wird deutlich, dass eine gute Konzeption das „Bild", das „Profil" eines Unternehmens nach innen und außen definiert und schärft, dass sie m.a.W. die Organisation nach außen gegenüber ihrer Umwelt klar und eindeutig als eigenständiges System abgrenzt und zugleich nach innen ihre Subsysteme (ihre Arbeitsbereiche) und Elemente (ihre Mitglieder und MitarbeiterInnen) zu einem handlungsfähigen Ganzen integriert und damit eine zentrale, systembildende und -erhaltende Funktion erfüllt.

2.2 Ziele als zentrale Steuerungs- und Konzeptionselemente

Ziele sind *das* zentrale Steuerungsinstrument für jede Organisation. Zielaussagen stellen daher einen wesentlichen Inhalt für jede Art von Konzeption dar. Im Folgenden werden Begriffe rund um das Thema „Ziele“ erläutert, damit im Prozess der Konzeptionsentwicklung die verschiedenen Ebenen und Bereiche der Zielbildung auseinander gehalten werden können.

2.2.1 Ziele – Werte – Normen – Rituale

„Ziele“ werden hier verstanden als konkrete, zukünftige Zustände oder Ereignisse, die durch Handeln (hier einer Organisation bzw. ihrer Angehörigen) erreicht werden sollen. Sie sind sprachlich zu unterscheiden von „Werten“.

Ziele sind konkreter als Werte:
Zum Ziel gehören
- eine bewusste Entscheidung und
- die Selbstverpflichtung, das eigene Handeln darauf auszurichten.

Die Frage nach dem Ziel lautet:
„Was soll (zum Zeitpunkt X) erreicht *sein*?“
Die Antwort wird in der Gegenwartsform formuliert, so als ob das Ziel schon erreicht wäre; z.B.: Am Ende der Maßnahme ist ..., sind ..., haben wir erreicht; dass...“
Das gibt psychologisch einen starken „Zug“ in Richtung Zielzustand und ist ein ernst zu nehmendes Versprechen.

Würde die Frage lauten: „Was wollen wir...erreichen?“, so hätten Antworten wie „Wir wollen ..., Wir sind bestrebt...“, eher den Charakter von Wünschen und guten Vorsätzen, die nicht unbedingt eingehalten werden müssen.

Zum Ziel gehören
... ein in der Zukunft liegender angestrebter Zustand
... mit einem definierten Ergebnis,
... das in einem bestimmten Zeitraum erreicht sein soll.

„Werte“ sind Vorstellungen darüber, was die Mitglieder einer Gesellschaft für wünschenswert halten. Sie leiten die Menschen von innen, motivieren und treiben zum Handeln an. Auch wenn man von einem allgemein akzeptierten Wertekanon in einer Gesellschaft ausgehen kann, so divergieren bei unterschiedlichen Einzelnen, Gruppen und Institutionen die Schwerpunkte und Prioritäten erheblich.

In der Partnerschaft, in Teams und Organisationen, bis hin Politik ist es deshalb nötig, sich über Werte auszutauschen und zu gemeinsamen Prioritäten zu finden: Welche Werte sollen für uns den obersten Rang einnehmen? Eine exemplarische Liste von Werten zur Priorisierung im Rahmen eines Leitbildprozesses findet sich in Abbildung 31 auf S.87.

Werte können zu Zielen umformuliert und konkretisiert werden
Beispiel:
Aus dem hohen Wert, dem die Gesellschaft der „Teilhabe an Arbeit" zumisst, lassen sich verschiedene Ziele ableiten, z.B.

Bildungsziele wie

- Beschäftigungsfähigkeit
- Erwerb beruflicher Kompetenzen

Volkswirtschaftliche und sozialpolitische Ziele wie

- Reduzierung staatlicher Transferleistungen
- Erwerb von Rentenansprüchen

Soziale Ziele wie

- Integration in die Gesellschaft durch Einbindung in die Arbeitswelt (Tagesstruktur, soziale Beziehungen am Arbeitsplatz)
- Erhöhen des Selbstwerts durch Ermöglichen sinnstiftender Tätigkeit

„Soziale Normen" sind kulturell geprägte Erwartungen der jeweiligen sozialen Gruppe, die das Verhalten von außen leiten und dadurch das Zusammenleben erleichtern. Sie beinhalten das, was „man" in dem jeweiligen Kontext tut oder nicht tut.

Dabei lassen sich unterscheiden:

- Allgemein gültige soziale Normen, die im jeweiligen Kulturkreis zum Verhaltenskodex, bzw. zum „guten Ton" gehören;
- organisationsintern für verbindlich erklärte Richtlinien oder Vorschriften auf unterschiedlichen Konkretionsebenen.
  Normen von hoher Allgemeinheit werden „Grundsätze" oder „Prinzipien" genannt. Sie können aber auch zu Verhaltensstandards für das konkrete Alltagshandeln konkretisiert werden, z.B.:
  - Das Prinzip: „Achtung vor der Privatsphäre der BewohnerInnen" kann im Heim konkretisiert als Verhaltensvorschrift bedeuten:„Anklopfen vor Betreten des Zimmers".
  - Das Prinzip „Kundenfreundlichkeit" kann konkretisiert werden in eine Verhaltensvorschrift, wie man sich am Telefon meldet.
  - Die Wertschätzung gegenüber Angehörigen oder Ehrenamtlichen kann sich auch darin ausdrücken, dass man ihnen Kaffee und Kuchen anbietet.
  - Das Prinzip „Wir bekennen uns in der Öffentlichkeit zu unserer Geschichte und Identität" kann bedeuten, dass man Dienstkleidung bzw. Uniform trägt.

- Informelle Normen, wie z.B. Kleiderordnung, Duzen oder Siezen, Umgang mit Zeit, z.B. ob Besprechungen pünktlich beginnen, wo man sich zu Kaffee- oder Raucherpausen trifft.
- Firmenrituale geben ebenso wie die offiziellen Verhaltensnormen der Unternehmenskultur eine greifbare Form und zeigen den Beteiligten, worauf die Firma Wert legt. Beispiele sind
  - Aufnahme- und Entlassungsrituale (wie werden neue Mitglieder , MitarbeiterInnen oder Klienten aufgenommen? Wie werden sie verabschiedet?)
  - Gibt es Weihnachtsfeier und Betriebsausflug?
  - Wie werden Jubiläen begangen?

2.2.2 Ziele als Ausgangspunkt für planvolle Handlungsabläufe: Der Managementkreis

Der Managementkreis ist ein grundlegendes Steuerungsmodell. Er zeigt – im Uhrzeigersinn angeordnet – die wesentlichen Etappen eines Regelkreises und kann als Modell für Abläufe auf ganz unterschiedliche Ebenen in einer Organisation genutzt werden: auf der strategischen Ebene der Unternehmensführung ebenso wie auf der der operativen Ebene von Projekten bis hin zur fachlichen Arbeit z.B. am Einzelfall.

Ziele sind der wichtigste Bestandteil einer Konzeption. Sie enthalten die Selbstverpflichtung der Organisation, bestimmte Ergebnisse zu erreichen; dadurch bewirken sie im Inneren eine Bündelung der Kräfte und nach außen eine Festlegung, an der die Anspruchsgruppen die Organisation messen können.

Sie bilden die Phase 1. des Managementkreises und schaffen damit die Voraussetzung zur Klärung der zielführenden Wege, Leistungen und Prozesse sowie zur Planung des Ressourceneinsatzes (Phase 2).
Sie liefern Kriterien für Entscheidungen (Phase 3) und dienen während der Umsetzungsphase (Phase 4) als Kompass zur Ausrichtung auf das Wesentliche. Sie ermöglichen die Bestimmungen von wichtigen Messgrößen und Faktoren, die erfasst und dokumentiert werden müssen (Phase 5), um schließlich die Arbeitsergebnisse bewerten zu können(Phase 6). Sie können dadurch einerseits Erfolgserlebnisse vermitteln, andererseits notwendige Korrekturen und Innovationen initiieren. Daraus ergibt sich im nächsten Zyklus eine Aktualisierung der Ziele und so wird das Modell dreidimensional zur Spirale.

In der Mitte des Kreises geht es um die Gestaltung der Kommunikations- und Abstimmungsprozesse, wenn mehrere Menschen am Arbeitsprozess beteiligt sind.

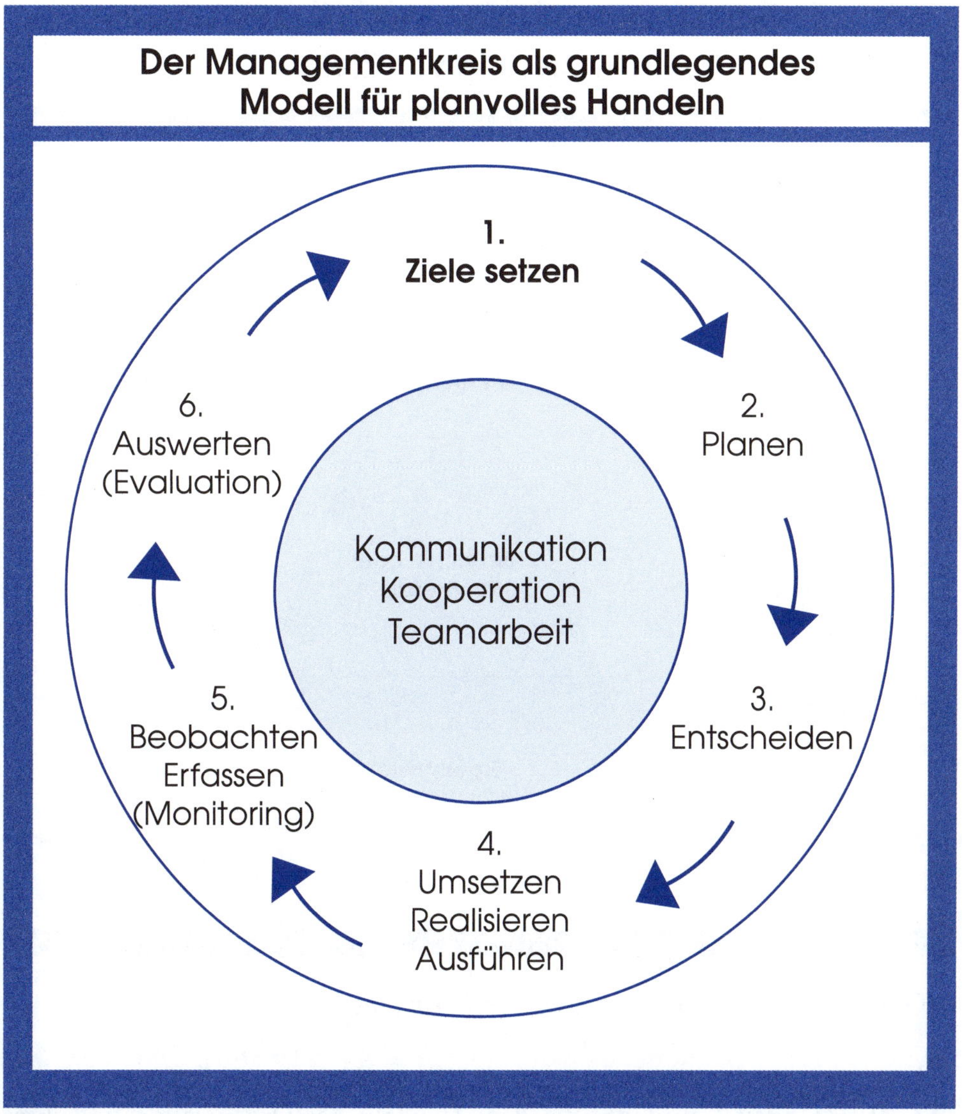

Abb. 9: Der Managementkreis

2.2.3 Ziele differenzieren und strukturieren: Die Zielpyramide

Im Rahmen der Konzeptionserstellung sind Ziele auf unterschiedlichen Ebenen und in unterschiedlichen Kategorien zu erarbeiten. Für diese Differenzierung werden hier folgende Begriffe vorgeschlagen und in Form einer Zielepyramide (Abb. 10) visualisiert.

Abb. 10: Strukturierung von Zielen in Form einer Zielpyramide

- **Werte oder Leitideen,** die dem Handeln der Organisation und ihrer MitarbeiterInnen Orientierung geben sind eine Vorstufe zu den Zielen und finden ihren Platz im Leitbild.
  Sie sind in Abb. 13 als Leitsterne über der Zielepyramide dargestellt.
  (Beispiel aus dem Leitbild der Arbeiterwohlfahrt:
  „Wir bestimmen vor unserem geschichtlichen Hintergrund als Teil der Arbeiterbewegung unser Handeln durch die Werte des freiheitlich- demokratischen Sozialismus: Solidarität, Toleranz, Freiheit, Gleichheit und Gerechtigkeit“)

Die oberste Kategorie des Zielsystems sind

- **Global- oder Richtungsziele,** die eine Tendenz angeben und eine Entwicklung aufzeigen, welche durch die Tätigkeit der Organisation gefördert werden soll. Die Organisation will zu diesen Zielen einen Beitrag leisten, kann sie aber im eigentlichen Sinne nicht ganz verwirklichen, da sie eine ständige, nie endende Aufgabe bedeuten und von Faktoren abhängen, die nur zum Teil in ihrem Einflussbereich liegen. Diese Ziele gehören zur *normativen Ebene* der NPO (Beispiele: „Erziehung zu einer eigenverantwortlichen und gemeinschaftsfähigen Persönlichkeit“, „Führen eines straffreien Lebens“, „Integration ins Erwerbsleben“).

Die nächste Stufe des Zielsystems bilden die

- **Bereichsziele oder Rahmenziele.** Sie identifizieren gewünschte Zustände in *unterschiedlichen Zielbereichen* die eine Annäherung an die Global- oder Richtungsziele wahrscheinlich machen. Sie sind der *strategischen Ebene* der NPO zuzuordnen.
  Der *Zielrahmen,* der zur Aufgliederung der Bereiche dient, kann nach unterschiedlichen Kriterien aufgefächert werden.
  Die Abbildungen 11 und 12 zeigen mögliche Varianten.
  Abb. 11 bezieht sich dabei auf die Unternehmensziele, Abb. 12 auf pädagogische Ziele.

Bereichs-/Rahmenziele eines sozialwirtschaftlichen Unternehmens

Wir sind ein langfristig erfolgreiches Jugendhilfe-Unternehmen-Unsere Mission ist: jungen Menschen neue Chancen eröffnen

Bereich 1 **Kunden z.B.:**	Bereich 2 **Leistungen z.B.**	Bereich 3 **Prozesse z.B.:**	Bereich 4: **Mitarbeiter z.B.:**	Bereich 5: **Finanzen z.B.:**
„Jugendliche und Eltern entscheiden sich für unsere Angebote und erleben sie als wirksame Hilfe“ „Die Kinder und Jugendlichen, die wir betreuen, entwickeln sich positiv “	„Unsere Leistungen sind genau auf den Bedarf der Jugendlichen und Eltern zugeschnitten“ „Gemeinsam mit den Jugendlichen und Eltern erreichen wir die im Hilfeplan vereinbarten Ziele“	„Unsere pädagogischen Prozesse sind durchdacht, im Sinne des QM gelenkt und werden bei Bedarf veränderten Anforderungen angepasst.“	„Unsere Mitarbeiter-Innen und Führungskräfte sind für ihre Aufgaben bestens geeignet und qualifiziert.“	„Wir erwirtschaften Überschüsse die zur längerfristigen Absicherung und Weiterentwicklung unseres Unternehmenns dienen.“

Abb. 11: Rahmenziele eines sozialwirtschaftlichen Unternehmens

Rahmen- und Ergebnisziele einer pädagogischen Maßnahme

Bereichs-/Rahmen-/ziele und exemplarische Ergebnisziele für das pädagogische Konzept einer Berufsorientierungsmaßnahme mit angegliederter Wohngruppe
Am Ende der Maßnahme ...

Rahmenziel 1
... **haben sich** die TeilnehmerInnen **persönlich stabilisiert und bewältigen den Alltag**

Ergebnisziele
Die Jugendlichen
- ❒ haben stabilisierende Kontakte aufgebaut
- ❒ sind fähig zur Selbstreflexion
- ❒ haben Selbstdisziplin entwickelt
- ❒ können sich selbst versorgen (Ernährung, Köperpflege, Haushalt)
- ❒ können ihre Finanzen einteilen

Rahmenziel 2
... **verfügen** die TeilnehmerInnen **über Basisqualifikationen für eine Ausbildung**

Ergebnisziele
- ❒ haben Defizite abgebaut (Sprchkenntnisse, Rechnen u.a.)
- ❒ kennen die Regeln des höflichen Umgangs mit Kollegen und Kunden
- ❒ können einfache Aufgaben selbständig durchführen
- ❒ halten einen 8-Stunden-Tg durch

Rahmenziel 3
... **haben** sich die TeilnehmerInnen **beruflich orientiert** und **erste Schritte zum Übergang in die Arbeitswelt unternommen**

Ergebnisziele
- ❒ wissen um die eigenen Fähigkeiten und Defizite
- ❒ entwickeln eine realistische berufliche Perspektive
- ❒ wissen, was zu einer erfolgreichen Bewerbung nötig ist
- ❒ absolvieren geeignete Praktika
- ❒ suchen aktiv eine Lehrstelle oder einen Arbeitsplatz

Abb. 12: Rahmen- und Ergebnisziele einer pädagogischen Maßnahme

❒ **Ergebnisziele** sagen aus, welche konkreten Ergebnisse in den verschiedenen *operativen* Bereichen angestrebt sind.

In einer Konzeption mit ihrer mittelfristigen Gültigkeit sollen die gewünschten Ergebnisse exemplarisch benannt aber nicht auf einen bestimmten Zeitraum bezogen werden.
Genau spezifizierte, terminierte und quantifizierte Ergebnisziele gehören **nicht** in eine Konzeption mit ihrer langfristigen Gültigkeit.
Dieser Konkretisierungsgrad (z.B. nach der bekannten SMART-Formel s. Abbildung 13) ist nur erforderlich z.B.

- ❒ für Projektkonzepte,
- ❒ für die Jahresplanung und Zielvereinbarung
- ❒ für die einzelfallbezogene Hilfeplanung, da auf dieser Grundlage eine Kontrolle und Auswertung der Zielerreichung (z.B. im Hilfeplangespräch) möglich ist.

Ergebnisziele mit der SMART-Formel konkretisieren

S	**Spezifisch**	Was genau soll erreicht werden?
M	**Messbar**	Wie wird die Zielerreichung gemessen?
A	**Akzeptiert**	Sind die für die Zielvereinbarung relevanten Partner mit diesem Ziel einverstanden?
	Anspruchsvoll	Hat das Ziel ein gutes Maß an Herausf-orderung?
R	**Realistisch**	Kann das Ziel tatsächlich erreicht werden?
	Relevant	Ist das Ziel wichtig?
T	**Terminiert**	Bis wann soll das Ziel erreicht sein?

Hinweis: (In einer *Konzeption* werden aufgrund der mittelfristigen Gültigkeit *keine Termine* angegeben. Sie sind erforderlich bei z.B. bei Projektkonzepten oder in Hilfeplänen

Abb. 13: Ergebnisziele mit der SMART-Formel formulieren

2.2.4 Unterschied Wirkungs- und Handlungsziele

Gerade in der sozialen Arbeit ist noch eine weitere Unterscheidung wichtig, nämlich die in Wirkungsziele einerseits und in Handlungsziele andererseits. (H. von Spiegel 2000)

- **Wirkungsziele** sind wünschenswerte Verhältnisse und Kompetenzen (im Gemeinwesen, in der Familie, Gruppe oder für den Einzelnen), deren Erreichen durch die Bemühungen der Fachkräfte unterstützt werden soll. Sie werden auch mit dem Begriff Outcome bezeichnet. Wirkungsziele identifiziert man als Antwort auf die Frage: *Was wollen wir bei den AdressatInnen erreichen?* (z.B. „Finden einer Arbeitsstelle“, „Einüben des Umgangs mit Geld“, „einen qualifizierenden Schulabschluss“)

Folgende **Einschränkung** ist in Hinblick auf die Wirkungsziele wichtig:
Ob die Adressaten bestimmte Ergebnisse erreichen, hängt maßgeblich von deren Mitwirkungsbereitschaft und -fähigkeit ab, deshalb bezeichnet man im Bereich der Humandienstleistungen die Nutzer als Co-Produzenten.
Auf die Zielerreichung haben aber auch Umweltfaktoren einen wichtigen Einfluss, wie z.B. die Sozialpolitik, die wirtschaftliche Lage, die Situation im Gemeinwesen, die familiäre Situation oder der Einfluss von Freunden. (S. dazu den Exkurs auf S. 29 f)

Viele pädagogische Konzepte machen „vollmundige“ Leistungsversprechen in Bezug auf die Ergebnisziele, die jedoch einer Evaluation nicht standhalten würden.
Es ist also zu bedenken, dass hinsichtlich des zurechenbaren Erfolgs eines sozialen Leistungsangebotes keine sicheren Feststellungen sondern nur Wahrscheinlichkeitsaussagen möglich sind.

❒ **Handlungsziele** bezeichnen nach H. v. Spiegel „institutionelle Bedingungen, Arrangements, Instrumente und Methoden, durch die das Erreichen von Wirkungszielen wahrscheinlicher werden soll.“
Die Erreichung der Handlungsziele und damit die *Struktur- und Prozessqualität* hängt im wesentlichen von den Dienstleistern selbst und ihren Ressourcen ab und kann ihnen damit auch eindeutig zugerechnet werden.
Handlungsziele geben Antwort auf die Frage: *„Welche förderlichen Rahmenbedingungen schaffen wir?“*
Handlungsziele könnten z.B. lauten:
unsere Institution verfügt zum Zeitpunkt X
– über geschulte Streitschlichter,
– eine Hotline, die auch abends und am Wochenende besetzt ist,
– ein Konzept zur Krisenintervention

Welche Arrangements, Instrumente und Maßnahmen die Erreichung bestimmter Wirkungen voraussichtlich fördern, stützt sich in der Regel auf fachliche Standards, begründbare Hypothesen und Erfahrung.
Eine Einschränkung gilt auch hier: Ob die Adressaten die institutionellen Bedingungen, Arrangements und Instrumente tatsächlich so annehmen und nutzen und ob die Methoden und Prozesse so wirksam sind wie geplant, ist nicht sicher, kann aber durch eine Nutzerstatistik und Methoden der Evaluation überprüft werden.

Im Prinzip können auf allen Ebenen der Zielepyramide *entweder* Wirkungs- *oder* Handlungsziele formuliert werden. Kostenträger für pädagogische Maßnahmen müssen sich entsprechend ihrem Auftrag um die erstrebten Wirkungen, die sog. *Ergebnisqualität* bei den Hilfeempfängern kümmern; sie erwarten in Leistungsbeschreibungen und pädagogischen Konzepten primär Wirkungsziele.
Handlungsziele gehören in einem QM-Konzept zur *Struktur-* und *Prozessqualität*

Beispiele für Wirkungs- und Handlungsziele in einem Jugendzentrum

Wirkungsziele **Was wollen wir bei den NutzerInnen erreichen?**	**Handlungsziele** **Welche förderlichen Rahmenbedingungen schaffen wir?**
❒ Der Offene Betrieb ist gut besucht (X Besucher sind täglich/wöchentlich im Haus bzw. das Haus ist im Durchschnitt aller Öffnungstage zu X % ausgelastet) ❒ Jugendliche empfinden den Besuch des Jugendzentrums als guten Ausgleich zu den Leistungsanforderungen in Schule und Arbeit ❒ Angehörige sozialer Minderheiten sind integriert ❒ Jugendliche halten die Hausregeln ein ❒ Die soziale Atmosphäre ist entspannt ❒ Jugendliche erwerben oder vertiefen Kompetenzen (Sport, Tanz, Werken, Computer u.a.) ❒ Jugendliche haben als Mitglieder des Hausteams gelernt, die eigene Meinung zu vertreten, sich zu behaupten und in überschaubarem Rahmen Verantwortung zu übernehmen ❒ Die NutzerInnen des Angebots XY haben ihr Selbstwertgefühl gestärkt	❒ Ansprechende, funktionale und gepflegte Räumlichkeiten und eine Ausstattung für 30-50 Gäste sind vorhanden ❒ Öffnungszeiten und Programmangebote sind auf die Bedürfnisse der weiblichen und männlichen Besucher unterschiedlichen Alters abgestimmt ❒ In der Öffnungszeit sind stets zwei Mitglieder der Thekengruppe für Verkauf und Service anwesend ❒ Ein attraktives Angebot an preisgünstigen Speisen, Getränken, Spielen und Musik steht zur Verfügung ❒ Altersentsprechend bevorzugte Spiele/Sportgeräte und zeitgemäße technische Einrichtungen sind stets einsatzfähig ❒ Tragfähige und eingespielte Strukturen der Mitwirkung von NutzerInnen sind entwickelt und werden gepflegt.(Hausteam, Programmbeirat, Hausver-sammlung, Discogruppe, Thekengruppe) ❒ Regeln für das Verhalten im Jugendzentrum sind unter Mitwirkung von Jugendlichen entwickelt und werden als Rahmen der Auseinandersetzung genutzt

Abb. 14: Wirkungs- und Handlungsziele am Beispiel Jugendzentrum

2.2.5 Ziele differenzieren nach Zeitdimension

Da sich die Planungszeiträume mitunter über Jahre hinziehen, ist es notwendig, für überschaubare Zeiträume Teilziele /Ergebnisziele zu bilden.

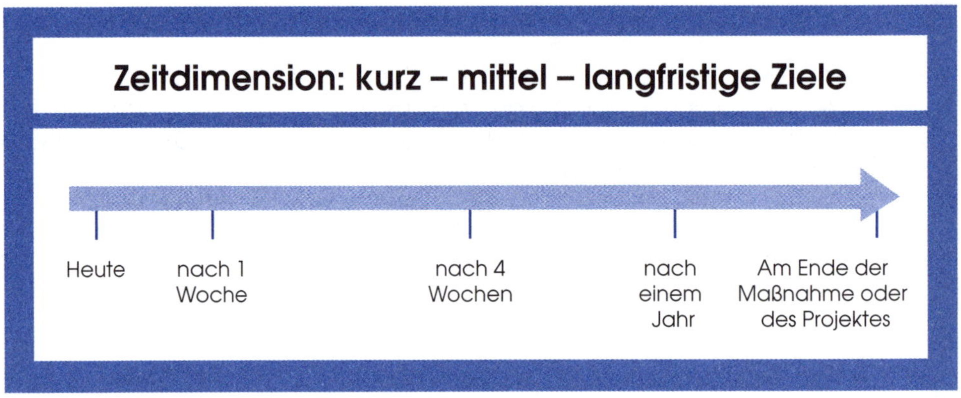

Abb. 15: Ziele differenzieren nach Zeitdimension

In einem mittel- oder längerfristigen sozialpädagogischen Beratungsprozess stehen am Ende einzelner Phasen oder Zeithorizonte unterschidlcihe Etappenziele. Die folgende Abbildung zeigt Etappenziele eines Leistungsangebotes der Jugendberufshilfe auf dem Übergang von der Hauptschule in eine Berufsausbildung

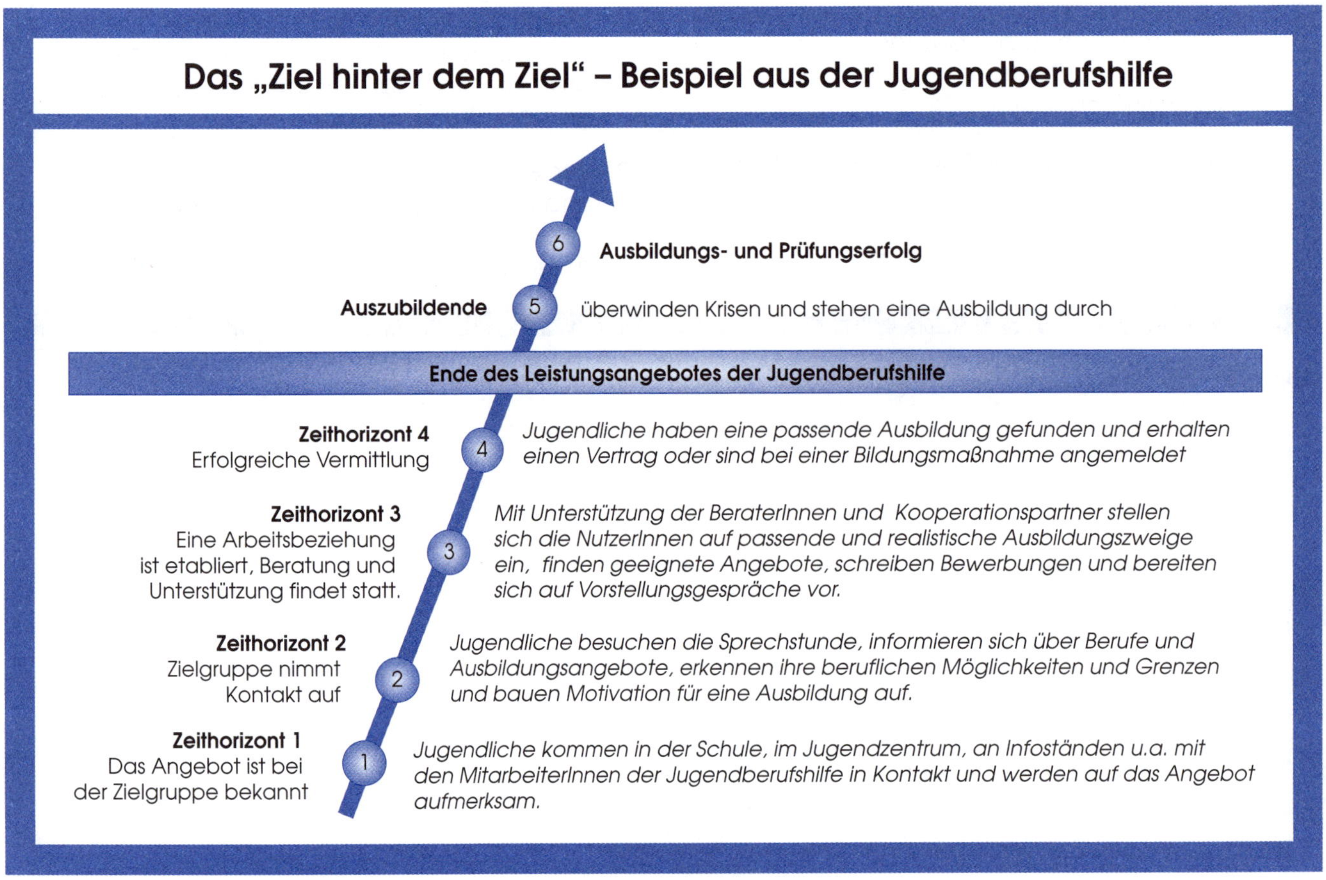

Abb. 16: Das „Ziel hinter dem Ziel"

3. Inhalte von Konzeptionen auf Verbands- und Trägerebene

3.1 Formen oder Spielarten von Konzeptionen

Unternehmenspolitische Grundsatzprogramme

In der modernen Betriebswirtschaftslehre wird in bezug auf mögliche unternehmenspolitische Grundsatzprogramme je nach Inhalt und Konkretheit zwischen folgenden Formen unterschieden (*Ulrich* 1978: 31 ff):

Unternehmensleitbild

1. Das *„Unternehmensleitbild“* als allgemeinste unternehmenspolitische Ziel- und Grundsatzerklärung, die in knapper Form zentrale, richtungsweisende Aussagen bzw. Leitideen formuliert

   - ❒ einmal zur Zwecksetzung und Zielrichtung des Unternehmens,
   - ❒ zweitens zum Verhalten des Unternehmens und zwar:
     - nach außen gegenüber Kunden, Partnern, Konkurrenten sowie
     - nach innen zwischen den MitarbeiterInnen und insbesondere zwischen Führung und Mitarbeiterschaft.

   Es richtet sich stets an alle MitarbeiterInnen und an die Öffentlichkeit.

Unternehmenskonzeption

2. Die *„Unternehmenskonzeption“*[1] bzw. *„Unternehmenspolitik“* i.e.S., als Konkretisierung und Differenzierung des Leitbildes hinsichtlich seiner nach *außen* gerichteten Tätigkeit und d.h. in bezug auf

   - ❒ die Unternehmensziele,
   - ❒ die globalen Strategien oder Wege, die zur Realisierung dieser Ziele angewandt werden sollen und
   - ❒ die Leistungspotenziale bzw. Mittel (wie Personal, Kapital, Technologie), die hierzu zur Verfügung gestellt werden sollen. Es dient vor allem als Grundlage für die konkrete strategische Planung und richtet sich daher vorwiegend an die obere Führungsebene.

1 Statt der von Ulrich verwandten Bezeichnungen „Unternehmenskonzept“ und „Führungskonzept“ wird hier i.S. der oben vorgeschlagenen Terminologie in beiden Fällen von „Konzeptionen“ gesprochen.

Führungskonzeption

3. Die „*Führungskonzeption*“[1] als Zusammenstellung grundsätzlicher programmatischer Aussagen zur Gestaltung und Lenkung des Unternehmens im Inneren und das heißt vor allem

- ❒ zur Organisationsstruktur und zum Aufbau des Führungssystems,
- ❒ zu den Anforderungen an die Führungskräfte, insbesondere zu ihrem Führungsverhalten, sowie zu ihrer Rekrutierung und Qualifizierung

und richtet sich daher an alle Führungskräfte.

Konzeptionsformen für Wirtschaftsunternehmen

Bezeichnung	Charakter	Inhalte	Adressaten
Unternehmens-leitbild	allgemeine unternehmenspolitische Grundsatzerklärung	Leitideen zu ❒ Zweck und Ziel ❒ Verhalten gegenüber Kunden, Mitarbeitern, anderen Unternehmen	alle Mitarbeiter Öffentlichkeit
Unternehmens-konzeption	Konkretisierung der Unternehmenspolitik hinsichtl. der Außentätigkeit	Ziele Strategien Potenziale	obere Führungsebene
Führungs-konzeption	Konkretisierung der Unternehmenspolitik nach innen Inhalte	Organisationsstruktur Führungssystem Führungsverhalten Führungspotenziale Adressaten	alle Führungskräfte

Abb. 17: Konzeptionsformen für Wirtschaftsunternehmen (nach H. Ulrich)

Anwendung auf Wohlfahrts-organisationen

Diese Typologie läßt sich gut auf Wohlfahrtsorganisationen anwenden, wenn auch mit einigen Differenzierungen und Abweichungen, die sich vor allem aus den sehr unterschiedlichen Beziehungen zwischen Trägerorganisationen und ihren jeweiligen Subsystemen, sowie aus der stärkeren öffentlichen Kontrolle und Legitimationsnotwendigkeit für Wohlfahrtsorganisationen ergeben:

- Dachverbände ohne eigene Einrichtungen und Maßnahmen und mit einer starken Selbständigkeit der Mitgliedsorganisationen werden sich sinnvollerweise auf die Formulierung eines „Leitbildes" beschränken, das zugleich die Autonomie ihrer Mitglieder als zentrales Strukturprinzip zum Ausdruck bringt.
- Verbände mit selbständigen Mitgliedsorganisationen aber auch ausgebauten Eigenaktivitäten unterscheiden am besten zwischen einem „Leitbild" für den Gesamtverband und einer „Verbandskonzeption" für die eigenen Tätigkeiten und Einrichtungen.
- Auf Einzelmitgliedschaft aufgebaute Verbände und Trägervereine könnten zwar aus PR-Gründen zwischen „Leitbild" und „Konzeption" differenzieren, aber genauso gut beides in einer einheitlichen „Verbandspolitik" bzw. „Vereinspolitik" zusammenfassen bei der das Leitbild die Einleitung bzw. den Grundsatzteil bildet.
- Überall dort, wo von Trägerorganisationen eine Gesamtkonzeption für ihre Tätigkeit und ihre verschiedenen Einrichtungen formuliert wird, ist es wichtig, diese nicht so konkret und detailliert zu fassen, dass den Einrichtungen selbst kein ausreichender Spielraum mehr für die Entwicklung einer eigenständigen Konzeption verbleibt.
- Öffentliche Träger werden Beschlüsse mit Leitbildcharakter durch ihre obersten politischen Gremien fassen. Für das Jugendamt bzw. den Kinder- und Jugendhilfe-Ausschuss (KJHA) ist jedoch aufgrund seiner eigenständigen Position und besonderen Aufgabenstellung die Formulierung eines eigenen Leitbildes zu empfehlen. Für die Einrichtungen öffentlicher Träger sind eigene, von den zuständigen Stellen verfasste bzw. genehmigte Konzeptionen sinnvoll.
- Für alle Trägerorganisationen ist die Erarbeitung einer eigenen „Führungskonzeption" bzw. das Aufstellen eigener „Organisations- und Führungsgrundsätze" (sei es als eigenes Dokument oder als besonderes Kapitel einer „Konzeption") zu empfehlen, um damit eine Grundlage für eine einheitliche, effektive und partizipative Lenkung und Gestaltung der Organisation zu schaffen.

Alle diese Dokumente sollten, da soziale Organisationen eine öffentliche Aufgabe erfüllen, auch öffentlich zugänglich sein.

3.2 Das Leitbild

3.2.1 Funktion eines Leitbildes

Grundgesetz

Leitbilder werden oft als das „Grundgesetz“ oder die „Zehn Gebote“ einer Organisation bezeichnet. Sie befassen sich mit den langfristigen, globalen Zielen und den langfristig gültigen Prinzipien, Normen und Spielregeln einer Organisation, die ihre Lebens- und Entwicklungsfähigkeit sicherstellen sollen.

Sie enthalten daher grundlegende Aussagen zu

- der Organisation selbst, ihrem Selbstverständnis, ihren Zielen, Aufgaben und Strukturen;
- den Organisationsmitgliedern, ihren Einstellungen und ihrem Verhalten untereinander und zu ihrem Umfeld (insbes. Adressaten und andere Organisationen).

Mittel der Kommunikation

Ein Leitbild ist daher ein Mittel der Kommunikation von Organisationen nach innen und außen:

- nach innen kann es den MitarbeiterInnen Orientierung geben, ihre Motivation stärken und ihre Identifikation mit der Organisation stärken;
- nach außen kann es die Besonderheiten der Organisation für ihre Kunden bzw. Adressaten, ihre Kooperationspartner und Förderer hervorheben und verdeutlichen.

Orientierungsrahmen

Es bildet daher für die Organisation und ihre Mitglieder einen gemeinsamen *Orientierungsrahmen*, der verbindlich sein sollte. Es hat allerdings keinen Vertrags-Charakter und ist daher nicht einklagbar. Dass die in einem Leitbild zusammengefassten Richtlinien eingehalten werden, beruht überwiegend auf Freiwilligkeit und Überzeugung und zum Teil auf sozialer Kontrolle. Es ist Teil des *normativen Managements* und bildet den handlungsleitenden Rahmen für das strategische und operative Management.

3.2.2 Anforderung an ein Leitbild

Damit es seine Funktion erfüllt, sollte es den folgenden Anforderungen genügen:

Anforderungen an ein Leitbild

Leitbilder müssen ...

1. eine *Vision* (z.B. einer modernen Verwaltung) formulieren und damit die *angestrebte Entwicklungsrichtung* aufzeigen, auch wenn manches davon heute noch nicht Realität ist, denn Vision und Realität stehen in einer kreativen Spannung zueinander!
2. Auch *hohe Werte* ausdrücken und *Gefühle ansprechen* und trotzdem *realisierbar* sein, d.h. keine Luftschlösser vorgaukeln oder nur „heiße Luft" enthalten;
3. Ziele *positiv* formulieren und sich auf Stärken konzentrieren;
4. nicht Absichtserklärungen in Zukunftsform, sondern Aussagen in Gegenwartsform machen:

   Nicht: *„Wir wollen..."*, „unser Bestreben ist..."

   Sondern: *„Wir sind...", „Wir verhalten uns..."*
5. sich auf *wesentliche Aussagen* beschränken und keine langatmigen Beschreibungen enthalten. Lieber *„kurz und knackig"!*
6. *langfristig gültig* sein, nicht nur für den Zeitpunkt der Erstellung;
7. die *Wahrheit* sagen;
8. in ihren Inhalten *aufeinander abgestimmt* sein — sie dürfen sich nicht widersprechen;
9. in einer *einfachen*, verständlichen, *bildhaft-anschaulichen* und *„zündenden" Sprache* verfasst sein;
10. *aus der Organisation selbst* kommen — sie können nicht „am grünen Tisch" von Externen gemacht werden;
11. die *Einzigartigkeit* der Organisation ausdrücken, ihre ausgeprägte Kompetenz, wofür sie steht und was sie erreichen kann;

Abb. 18: Anforderungen an ein Leitbild

Ein Leitbild soll daher in knappen, prägnanten Formulierungen, in Form von Thesen und Postulaten und ohne Begründung die zentralen richtungsweisenden Ziele und Grundsätze für die Tätigkeit des Unternehmens aufstellen. Ein Gesamtumfang von 1–4 Seiten dürfte hierfür genügen, wobei in der Praxis oft eine 3–4-seitige Langfassung und eine einseitige Kurzfassung erstellt wird.

Beispiele

Hier einige Beispiele für Aussagen zu verschiedenen Aspekten:

1. Zur Organisation und ihrem Zweck:

- ❐ „Verwaltung ist für die Bürger da; sie ist kein Selbstzweck"
- ❐ „Wir bieten bedarfsorientierte Öffnungszeiten an"
- ❐ „Unsere Organisationsstrukturen sind transparent nach innen und außen"

2. Zu den Organisationsmitgliedern und ihrem Verhalten:

- ❐ „Unsere MitarbeiterInnen sind fachlich und sozial kompetent"
- ❐ „Wir schaffen eine freundliche Atmosphäre"
- ❐ „Wir pflegen einen partizipativen Führungsstil"
- ❐ „Wir lösen Probleme und stellen Fehler ab, ohne nach Schuldigen zu suchen"

3. Zum Umfeld der Organisation:

- ❐ „Wir achten die Privatsphäre unserer Besucher und sichern ihnen Vertraulichkeit zu"
- ❐ „Wir wollen unsere Kunden so zufrieden stellen, dass sie vor unserer Türe Schlange stehen"
- ❐ „Wir bilden ein Netzwerk im Gemeinwesen"

Motto und Slogan

Zentrale Aussagen eines Leitbildes lassen sich auch in einem *Motto* oder *Slogan* zusammenfassen und auf den Punkt bringen, z.B. so:

- ❐ „Unsere Behörde – Partner des Bürgers"
- ❐ „Ort zum Leben" (Herzogsägmühle)
- ❐ „Menschen an Ihrer Seite" (Rummelsberger Anstalten)

Eine Gefahr solcher verkürzten, plakativen Aussagen ist allerdings, dass sie leicht von Mitarbeitern und Besuchern ins Lächerliche gezogen werden können. Auf allzu reisserische und großspurige Formulierungen sollte daher verzichtet werden. Soziale Unternehmen müssen darauf achten, dass sie ihre Marketing-Strategien nicht zu sehr dem Stil kommerzieller Werbung anpassen und damit an Glaubwürdigkeit verlieren.

3.2.3 Das Unternehmens- oder Verbandsleitbild

Wendet man das oben gesagte konkret auf einen freien Träger sozialer Arbeit an, gleichgültig ob Spitzen- bzw. Dachverband, Mitgliederverband aus natürlichen oder juristischen Personen, Verein oder gemeinnützige GmbH, ergeben sich daraus etwa folgende Punkte:

1. Der religiöse, weltanschauliche und/oder politische *Hintergrund* der Organisation, aus der sie ihren Auftrag herleitet, sowie ihre *Grundgliederung* soweit diese für ihr Selbstverständnis wesentlich ist (z.B. Dachverband mit autonomen Mitgliedsorganisationen oder bundeseinheitlicher Verband auf Einzelmitgliederbasis mit mehrstufigem, demokratischem Aufbau).

Weltanschaulicher Hintergrund

2. Der *Auftrag* (engl. die „Mission"), der sich aus ihrem Hintergrund ableitet, und das Globalziel, das sich daraus für ihre Tätigkeit ergibt; bestimmte *Zielgruppen*, denen sie sich widmen will, sofern sich dies aus ihrem Auftrag unmittelbar ableitet.

Auftrag

3. Die sozialen Problemlagen, auf die sie mit ihrer Tätigkeit reagieren, die *Anliegen, Bedürfnisse, Interessen*, auf die sie damit eingehen will und den gesellschaftlichen Bedarf, den sie damit abzudecken beabsichtigt.

Bedarf

4. Die *Grundwerte* und *Handlungsprinzipien*, die sich aus 1. und 2. ableiten lassen für:

Grundwerte

a. Die Beziehung zu den KundInnen bzw. KlientInnen (z.B. Achtung ihrer Würde und Selbständigkeit, Hilfe zur Selbsthilfe etc.).
b. Den Umgang der Organisationsangehörigen (Mitglieder und MitarbeiterInnen) untereinander (z.B. persönliche Förderung und Unterstützung der MitarbeiterInnen, Pflege einer positiven Unternehmenskultur und eines guten Betriebsklimas, Grundprinzipien des Führungsverhaltens).
c. Den Umgang mit anderen Organisationen insbesondere
   - anderen sozialen Unternehmen, die als Konkurrenten und/oder als Kooperationspartner in Frage kommen (z.B. die Bereitschaft zu einer gemeinwesenorientierten Zusammenarbeit);
   - den zuständigen staatlichen Stellen und der staatlichen Sozialpolitik (z.B. Bereitschaft zur Mitwirkung und Einmischung, sparsamer und transparenter Umgang mit Ressourcen).

5. Die Grundstruktur der *Leistungen,* die sie anbieten will und evtl. auch der *Einrichtungen*, die sie dazu schaffen bzw. zur Verfügung stellen will.

Leistungen

Qualitätssicherung

6. Eine kurze Aussage zur Qualitätssicherung und -weiterentwicklung als permanente Aufgabe

Handlungskonzept

7. Unter Umständen das methodische, wissenschaftlich und normativ fundierte *Handlungskonzept*, bzw. der methodische „Ansatz", der ihrem Handeln zugrunde liegt (z.B. systemische Familientherapie, Montessori-Pädagogik etc.).
   Obwohl es sich hierbei eindeutig um einen Weg und nicht um ein Ziel handelt (methodos = Weg), ist aufgrund seiner zentralen Bedeutung für die auf Beziehungsarbeit fußenden Leistungen sozialer Einrichtungen ein kurzer Hinweis im Leitbild zu empfehlen, zumindest dann, wenn dies für das Selbstverständnis des Trägers oder die Art der Leistung als wesentlich angesehen wird).

Profil

8. Aus 3.–6. abgeleitet ein *Leistungsprofil*, eine Aussage darüber, was das Besondere an der Organisation und ihrem Leistungsangebot ist, d.h. worin es sich von anderen Angeboten anderer Träger unterscheidet und warum das Leistungsangebot den vorhandenen Bedarf in besonders angemessener und qualifizierter Weise deckt.

Verbandsleitbild

Inhalte

1. Werthintergrund
2. Auftrag/Globalziel
3. Grundwerte bzw. Richtlinien bezügl.
   - ❐ KundInnen
   - ❐ MitarbeiterInnen
   - ❐ anderen Organisationen
4. Soziale Problemlagen und Bedürfnisse/Bedarf
5. Leistungsziele und Angebote
6. Qualitätssicherung
7. (Handlungskonzept)
8. Leistungsprofil

(Caritas-Verband für die Erzdiözese Münster e.V.)

Abb. 19: Verbandsleitbild

Gliederungen

Die Gliederung für das endgültige, zur Veröffentlichung gedachte Dokument sollte allerdings eher nicht nach dieser logischen aber nüchternen Reihenfolge und mit diesen „trockenen" Überschriften aufgestellt werden, sondern dem Anspruch an Einfachheit, Lebendigkeit und Anschaulichkeit entsprechenden mit Zwischentiteln, die den Leser unmittelbar ansprechen, etwa so:

Verbandsleitbild

Gliederungsbeispiel I

1. Unser Auftrag – Wer sind wir?
2. Unser Anspruch – Was wollen wir?
3. Unsere Vertretung – Wie arbeiten wir zusammen?
4. Unsere Leistung – Was bieten wir an?
5. Unser Arbeitsstil – Wie arbeiten wir?
6. Unsere Finanzen – Wie finanzieren wir uns?

(Kreisjugendring Fürstenfeldbruck des Bayerischen Jugendrings)

Abb. 20: Verbandsleitbild – Gliederungsbeispiel I

oder so:

Verbandsleitbild

Gliederungsbeispiel II

1. Wer wir sind
2. Für wen wir da sind
3. Was uns bewegt
4. Was wir leisten
5. Unsere besondere Kompetenz
6. Wir sind Partner des Sozialstaats

(Rummelsberger Anstalten der Inneren Mission)

Abb. 21: Verbandsleitbild – Gliederungsbeispiel II

Und zum Schluss als Beispiel die Kurzfassung eines Leitbildes in Form von 10 Geboten:

Leitbild – Kurzfassung (Ein Beispiel)

Unsere „10 Gebote"

1. Wir gehen menschenwürdig miteinander um und achten uns gegenseitig.
2. Wir pflegen unsere Tradition und gestalten innovativ soziale Zukunft.
3. Wir verbessern ständig unsere Qualität und Leistung.
4. Wir denken und handeln nach sozialen, wirtschaftlichen und ökologischen Gesichtspunkten.
5. Wir orientieren unser Tun und Schaffen sinnerfahrend an unserem caritativem Auftrag.
6. Wir sind stets bemüht, das Vertrauen unserer Kunden zu erwerben und zu erhalten.
7. Wir fordern und fördern die Qualifikation und Entwicklung aller MitarbeiterInnen.

9. Wir stellen uns bereitwillig, aufgeschlossen und kreativ neuen Herausforderungen.
10. Wir arbeiten kooperativ und kommunikativ nach innen und nach außen.

Abb. 22: Leitbild Kurzfassung – Ein Beispiel

3.2.4 Leitvorstellungen öffentlicher Träger am Beispiel Jugendamt

Öffentliche Träger, insbesondere die Kommunen (Städte und Gemeinden) sowie die Kommunalverbände (Landkreise und Bezirke) werden zu ihren sozialen Aufgaben keine „Leitbilder" im eigentlichen, hier dargestellten Sinne aufstellen, aber vielleicht Beschlüsse ihrer obersten politischen Gremien fassen, die sehr wohl Leitbildcharakter haben und Richtlinien für die konkreten Planungen und Entscheidungen ihrer sozialen Dienststellen und Einrichtungen darstellen können.

Jugendamtsleitbild

Eine dieser Dienststellen, das *Jugendamt* hat jedoch aufgrund seiner gesetzlichen Grundlage, seiner Aufgabenstellung und seines eigenen parlamentarischen Kontrollorgans, des KJHA, eine Sonderstellung. Angesichts ihrer breit gefächerten und oftmals konfligierenden Aufgabenstellungen (Förderung, Hilfe, Schutz und Kontrolle) wäre es sehr sinnvoll, wenn sich Jugendämter eigene Leitbilder – beschlossen durch ihren Kinder- und Jugendhilfeausschuss – geben würden.

Innovationsprogramm

Für eine solche Funktion als Grundsatzprogramm einer grundlegenden Innovation erscheint eine etwas andere Gliederung sinnvoll, etwa nach folgendem Muster:

Inhaltliche Leitvorstellungen

1. *Inhaltliche Leitvorstellungen*, wie sie sich aus dem KJHG ableiten lassen und die in etwa in folgenden Schlagworten zusammengefasst werden könnten:

- ❒ Alltags- und Lebensweltorientierung,
- ❒ Ganzheitlichkeit von Hilfen,
- ❒ Von der Krisenintervention zur Prävention,
- ❒ Von der Eingriffsverwaltung zur Angebotsorientierung bzw. zur Service-Leistung,
- ❒ Von der Bevormundung zur Mit- und Selbstbestimmung von Betroffenen.

Organisatorische Konsequenzen

2. *Organisatorische Konsequenzen*, die unter dem Motto „Von der bürokratischen Verwaltung zur bürgernahen Dienstleistung“ folgende sich ergänzende und fördernde Prozesse beinhalten würden:

- ❒ Dezentralisierung und Delegation von Entscheidungsbefugnissen an die fachliche Basis,
- ❒ Regionalisierung/Stadtteil- bzw. Gemeinwesenorientierung,
- ❒ Kooperation und Vernetzung (von eigenen Angeboten, Arbeitsabläufen und Sachgebieten sowie mit anderen Organisationen und Einrichtungen).

Aufgabenverteilung Jugendamt – freie Träger

3. Grundsätze für die *Aufgabenverteilung* und Kooperation zwischen Jugendamt und freien Trägern

- ❒ bei der Jugendhilfeplanung und
- ❒ bei der Durchführung von Maßnahmen.

4. Prinzip der permanententen Qualitätssicherung und -entwicklung

Umsetzung

5. Instrumente zur *Umsetzung* dieser Leitvorstellungen insbesondere

- ❒ Organisationsentwicklung,
- ❒ Personalentwicklung,
- ❒ Öffentlichkeitsarbeit.

3.3 Die Unternehmens- oder Verbandskonzeption (bzw. Unternehmens- oder Verbandspolitik)

Vom normativen zum strategischen Management

Bei größeren Verbänden mit eigenem Leitbild sollte die Konzeption eine Konkretisierung und Differenzierung des ersteren, vor allem bezüglich der Zielsetzung und des Leistungsangebotes darstellen und dazu einige grundsätzliche Hinweise zu den hierzu erforderlichen Mitteln (insbesondere Personal und Finanzen) enthalten und somit eine Umsetzung des normativen auf die Ebene des strategischen Managements darstellen. Bei kleineren Verbänden und Vereinen wird die Konzeption im Sinne einer einheitlichen „Verbands- oder Vereinspolitik" die sonst auf Leitbild und Konzeption verteilten Inhalte zusammenfassen und somit eine Verbindung von normativem und strategischem Management herstellen.

Zeichnet sich das Leitbild durch einen knappen, eher thesenhaften Stil und Aufbau aus, so ist eine Konzeption stärker argumentativ aufgebaut, mit Erklärungen und Begründungen versehen. Ein Umfang von 15–20 Seiten dürfte für die hierzu vorgeschlagenen Inhalte in der Regel genügen:

Die Funktion eines solcher solchen Konzeption ist ausführlich unter 2.1.2 beschrieben.

Diese Inhalte sind:

Philosophie

1. Das Selbstverständnis bzw. die „Philosophie" des Verbands/Vereins.

   Hierzu gehören wie bei einem Leitbild:

   - ❒ der Werthintergrund,
   - ❒ Auftrag und Globalziel/evtl. Zielgruppe,
   - ❒ die Grundwerte für den Umgang mit Kunden, Partnern und MitarbeiterInnen.

   Das Leitbild kann daher, falls ein solches vorhanden ist, der Konzeption als Einleitung vorangestellt werden. Stattdessen oder darüber hinaus können seine Aussagen aber auch ausführlicher formuliert, sowie genauer erläutert und begründet werden.

Soziale Problemlagen und Bedürfnisse

2. Die sozialen Problemlagen und Bedürfnisse auf die eingegangen werden soll.

   Dieser Punkt sollte ausführlicher dargestellt werden als in einem Leitbild und insbesondere durch Heranziehung von Fachliteratur und wissenschaftliche Untersuchungen untermauert werden.

Er sollte umfassen:

- ❐ Eine Analyse der gegenwärtigen gesellschaftlichen Lage der anzusprechenden Zielgruppe(n), ihrer Probleme und Defizite, aber auch ihrer Fähigkeiten und Potenziale, sowie ihrer Bedürfnisse und Interessen.
- ❐ Eine Prognose über die zu erwartende Weiterentwicklung dieser Problem- und Bedürfnislagen.
- ❐ Ein daraus ableitbarer voraussichtlicher Bedarf für die absehbare Zukunft.

3. Die angebotenen Leistungen *Leistungen*

Auch dieser Punkt sollte ausführlicher behandelt werden, als in einem Leitbild, insbesondere sollten die bereits eingeführten und weiter geplanten Leistungen bzw. Angebote konkreter übersichtlich vorgestellt und kurz umrissen werden.

Stichworte für die Kurzbeschreibung der Angebotspalette könnten sein:

- ❐ Welches Angebot
- ❐ mit welcher Begründung
- ❐ für welche Zielgruppen
- ❐ mit welcher Zielsetzung
- ❐ nach welchen fachlichen Prinzipien
- ❐ an welchen Orten
- ❐ mit welchen Qualitätsmerkmalen?

4. Die Finanzen *Finanzen*

Die Finanzen sind die entscheidende Voraussetzung zur Verwirklichung der Ziele. Die Konzeption sollte deshalb den Finanzbedarf der Organisation sowie die Herkunft und die Verwendung der Finanzmittel zumindest in Form von Übersichten oder Diagrammen aufzeigen.

Personal 5. Personalwesen

Das Personal ist das zweite wesentliche Mittel zur Zielverwirklichung. Eine Konzeption sollte daher Aussagen enthalten über

- die unterschiedlichen Fachkräfte/Berufsgruppen, die für die verschiedenen Aufgaben bzw. Tätigkeitsbereiche erforderlich sind, ihre Eingruppierung, ihre Aufstiegsmöglichkeiten;
- die sonstigen Arbeitsbedingungen und die Arbeitsplatzgestaltung;
- die Interessenvertretung der MitarbeiterInnen und die Kooperation mit ihr;
- Ziele und Maßnahmen der Personalentwicklung;
- Förderung des Betriebsklimas und der Unternehmenskultur;
- Führungsrichtlinien bzw. Grundsätze (dieser Punkt kann hier entfallen, wenn eine eigene „Führungskonzeption" erstellt wird (s. S. 56 ff).

Umwelt 6. Beziehungen zur Umwelt des Unternehmens insbesondere

- Prinzipien für die Beziehung zu anderen sozialen Organisationen bzw. Richtlinien zum Umgang mit ihnen;
- Mitgliedschaft in Dachorganisationen und anderen fachlichen und sozialpolitischen Zusammenschlüssen;
- Beteiligung an Verbundsystemen und anderen örtlichen und überörtlichen Kooperationszusammenhängen (z.B. Gemeinwesenorientierung);
- Kooperation mit staatlichen und kommunalen Stellen sowie öffentlichen Trägern;
- Einflussnahme auf die kommunale und staatliche Sozialpolitik.

Wird die Konzeption zusätzlich zu einem Leitbild erstellt, könnte bei Punkten, die im Leitbild bereits ausreichend behandelt sind, auf letzteres verwiesen werden. Stattdessen könnten diese Punkte aber genauso gut im Kontext der Konzeption neu und falls gewünscht etwas ausführlicher formuliert werden. Dies wird vor allem von der Verwendung der beiden Dokumente abhängen.

Verbandskonzeption bzw. Verbandspolitik

Gliederung

I. Selbstverständnis/Philosophie
1. Werthintergrund
2. Auftrag/Globalziel
3. Grundwerte

II. Soziale Problemlagen und Bedürfnisse
1. Situation der Zielgruppe(n)
2. Prognosen über gesellschaftl. Entwicklungen
3. Voraussichtlicher Bedarf

III. Leistungen/Angebote
1. Wirkungsziele
2. Leistungsangebote
3. Einrichtungen/Maßnahmen/Veranstaltungen
4. Handlungskonzept
5. Verhalten gegenüber LeistungsempfängerInnen
6. Qualitätsstandards/Qualitätssicherung

IV. Finanzen
1. Finanzierungsquellen
2. Vermögenssituation/Liquidität

V. Personalwesen
1. Fachliche Zusammensetzung des Personals
2. Arbeitsbedingungen
3. Interessenvertreung der MitarbeiterInnen
4. Personalentwicklung
5. Betriebsklima/Unternehmenskultur
6. (Führungsgrundsätze)

VI. Umweltbeziehungen
1. Allgemeiner Umgang mit anderen Organisationen
2. Mitgliedschaft in anderen Organisationen
3. Kooperation mit anderen Organisationen
4. Kooperation mit staatlichen Trägern und Einrichtungen
5. Einflussnahme auf die staatliche Sozialpolitik

Abb. 23: Verbandskonzeption bzw. Verbandspolitik

3.4 Die Führungskonzeption bzw. die Führungsgrundsätze

Führung der Führung

„Führung" in einem Unternehmen ist nicht nur Mitarbeiterführung, sondern zugleich Gestaltung und Lenkung der ganzen Organisation, des ganzen Systems (*Ulrich* 1978: 183). Sie besteht in der laufenden Zielsetzung, Planung und Kontrolle der gesamten Organisationstätigkeit. Diese Aufgabe kann nur in einem System arbeitsteiliger Zusammenarbeit aller Führungskräfte wirksam erfüllt werden. Die Führung einer Organisation bildet so gesehen ein Teilsystem derselben, das ebenfalls zu gestalten und zu lenken, zu planen und zu kontrollieren ist. Die Führungskonzeption will, indem sie Organisations- und Führungsgrundsätze festlegt, die Grundlage für eine solche „Führung der Führung" darstellen. (*Ulrich* 1978: 181)

Gerade in sozialen Unternehmen, wo ein ganzheitliches, kooperatives Führungssystem meist fehlt und das Führungsverhalten oft zwischen zentralistisch-autoritärem Bürokratismus und dezentralem laisser-faire hin- und herpendelt, wäre eine solche „Führung der Führung" äußerst wünschenswert.

Die wesentlichen Gliederungspunkte einer Führungskonzeption oder besser „Organisations- und Führungskonzeption" sind (nach *Ulrich* 1978: 191):

Organisationskonzept

1. Der *organisatorische Aufbau* (bzw. das „Organisationskonzept") als formale Grundlage des Führungssystems, wie es sich in Organisationsplänen bzw. Organigrammen und Funktionsdiagrammen niederschlägt. Dazu gehören insbesondere folgende Aspekte:

   - Das Verhältnis von dezentralisierten, operationalen Einheiten mit eigenen Leitungsstrukturen zur zentralen Leitung der Gesamtorganisation,
   - erforderliche zentrale Dienste (Stabstellen),
   - spezielle Strukturen für innovative Aufgaben (sog. Innovationssysteme wie Projektgruppen, Qualitätszirkel etc.)

Führungssystem

2. Das *Führungssystem* als arbeitsteiliges, vernetztes Zielfindungs-, Planungs- und Kontrollsystem. Hierbei könnten für die Industrie entwickelte Management-Modelle, wie das von *St. Beer* (siehe oben S. 31 ff) oder das St. Galler-Modell (siehe oben Abb. 8, S. 36) hilfreiche Anregungen enthalten, die natürlich nicht blind übernommen werden können, sondern an den grundverschiedenen Zweck sozialer Organisationen angepasst und nach der Vielfalt dieser Organisationen mit ihren sehr unterschiedlichen Aufgaben, Formalstrukturen und Größenverhältnissen differenziert werden müssen:

   - So muss jedes Planungs-, Entscheidungs- und Kontrollsystem die notwendige Eigenständigkeit und fachliche Autonomie sozialpädagogischer und therapeutischer Arbeit vor Ort berücksichtigen und verstärkt Formen der Selbstkontrolle und Selbstevaluation entwickeln.

- So sollten soziale Einrichtungen je nach Aufgabenstellung und Zielgruppen offen sein für unterschiedliche Formen der Partizipation ihrer BenutzerInnen.
- Und so werden die notwendigen Führungsebenen sowohl von der formalen Grundstruktur (wie Dachverband oder persönliche Mitgliedschaft), wie von der Größe der Organisation, insbesondere der Anzahl ihrer Tätigkeitsbereiche und Einrichtungen, aber auch von ihrer Zielsetzung und „Philosophie" (z.B. Selbsthilfegruppe oder alternatives Projekt vs. traditionellem Spitzenverband) abhängen.

Trotzdem lassen sich hierzu einige Strukturprinzipien benennen, deren Umsetzung ein wesentlicher Beitrag zur Effektivierung und Qualitätssteigerung sozialer Unternehmen sein könnte, wie:

Strukturprinzipien

- *Lean management*, d.h. Reduzierung der Führungsetagen auf das notwendige Minimum von i.d.R. drei (allerhöchstens vier) Ebenen (eine solche Zahl, die für kleine Vereine und Initiativen noch zu hoch wäre, ist für Großverbände und vor allem für den öffentlichen Dienst mit seinen sieben Ebenen bereits eine Provokation);
- weitestgehende *Dezentralisierung* von Arbeitsbereichen und *Delegation* von Aufgaben, Kompetenzen und Verantwortlichkeiten bei gleichzeitiger
- *Integration* der unterschiedlichen Arbeits- und Führungsbereiche durch Information, Kooperation und Vernetzung sowie
- *Partizipation* unterer Ebene an Entscheidungen durch Information und Diskussion, einholen von Vorschlägen und Stellungnahmen und d.h. insgesamt:
- ein *Führungsverständnis*, das seine zentrale Aufgabe nicht darin sieht, konkrete Arbeitsvollzüge anzuordnen, zu kontrollieren und zu kritisieren, sondern MitarbeiterInnen zu informieren und zu koordinieren, zu motivieren und zu befähigen sowie Ziele zu setzen und ihre Erreichung zu kontrollieren (siehe auch Schwarz G. 2001: 122 ff. sowie *Fischer/Graf,* 1998, S. 72 ff.)

Lean management

Dezentralisierung
Delegation

Partizipation

3. Die *Führungsgrundsätze* i.e.S. bzw. die Führungsmethodik, die das Vorgehen und Verhalten umschreibt, das zur Umsetzung des skizzierten Führungssystems erforderlich ist, insbesondere

Führungsgrundsätze

- die Kooperation innerhalb des Führungssystems, die hierzu anzuwendenden Techniken der Informationsweitergabe und -verarbeitung, der Planung und Problemlösung;
- das Verhalten der Führungskräfte gegenüber ihren MitarbeiterInnen bzw. ihr Führungsstil.

Führungsstil

Dabei könnten folgende Stichworte als Untergliederungspunkte dienen:
- Vorbildfunktion der Führungskräfte
- Führen durch Zielvereinbarung
- Delegation von Verantwortung
- Information und Kommunikation
- Förderung von Kooperation und Teamarbeit
- Beteiligung an Entscheidungen
- Kontrolle und Ergebnissicherung

4. Die Gewinnung und Sicherstellung des erforderlichen Führungspotenzials durch

Führungskräfte

- ❒ Anforderungsprofile für Führungskräfte;
- ❒ ihre Auswahl, Qualifizierung und Motivierung (durch Assessment und Nachwuchsförderung, Weiterbildung und Karriereplanung, angemessene Bezahlung und Aufstiegsmöglichkeiten etc.).

Führungskonzeption

Gliederung

I. Organisationsaufbau

1. Operationale Einheiten, zentrale Leitung und Stabsstellen, dargestellt in Form eines Organigramms
2. Verteilung der Entscheidungsbefugnisse und Verantwortung in einer Zuständigkeits- und Verantwortungsmatrix
3. Innovationssystem

II. Führungssystem

III. Führungsgrundsätze

1. Kooperation im Führungssystem
2. Führungsverhalten

IV. Führungspotenzial

1. Anforderungsprofil für Führungskräfte
2. Auswahl, Qualifizierung und Motivierung, von Führungskräften

Abb. 24: Führungskonzeption

Die Führungsgrundsätze i.e.S. werden oft auch in einem eigenen Papier in Form von Richtlinien und Anleitungen und oft mit leitbildartigen Formulierungen als „Grundsätze für Führung und Zusammenarbeit“ für die Führungskräfte niedergelegt.

Hierzu eine Gliederung als Beispiel:

Führungskonzeption

Gliederungsbeispiel

Warum und für wen Führungsgrundsätze?

Vorbild sein

Ziele vereinbaren

Aufgaben, Kompetenzen und Verantwortung übertragen

Informieren und kommunizieren

Am Entscheidungsprozess beteiligen

Ergebnisbezogen arbeiten und kontrollieren

Zusammenarbeit fördern

Abb. 25: Führungsgrundsätze – Beispiel

4. Das Verfahren der Konzeptions- und Leitbildentwicklung

Im folgenden wird von der Unternehmenskonzeption als dem umfassendsten und umfangreichsten Grundsatzdokument ausgegangen. Auf mögliche Unterschiede bei der Entwicklung eines Leitbildes wird am Ende dieses Kapitels (S. 92–98) hingewiesen.

4.1 Konzeptionsentwicklung als systemischer Prozess

Planungsprozess

Indem Konzeptionen Ziele und strategische Grundsätze für die zukünftige Orientierung einer Organisation aufstellen, vollziehen sie notwendigerweise den gedanklichen Dreischritt der jeder Planung zugrunde liegt:

- Sie stellen eine Ausgangslage fest, die sie als veränderungsbedürftig und -würdig beurteilen („Ist-Situation");
- sie formulieren Ziele und geben damit die Richtung an, in welche die Ausgangslage verändert werden soll („Soll-Vorstellungen") und
- sie entwickeln Vorschläge dazu, wie und womit diese Veränderung bewirkt werden soll („Wegbeschreibung" und „Mittel-Bestimmung").

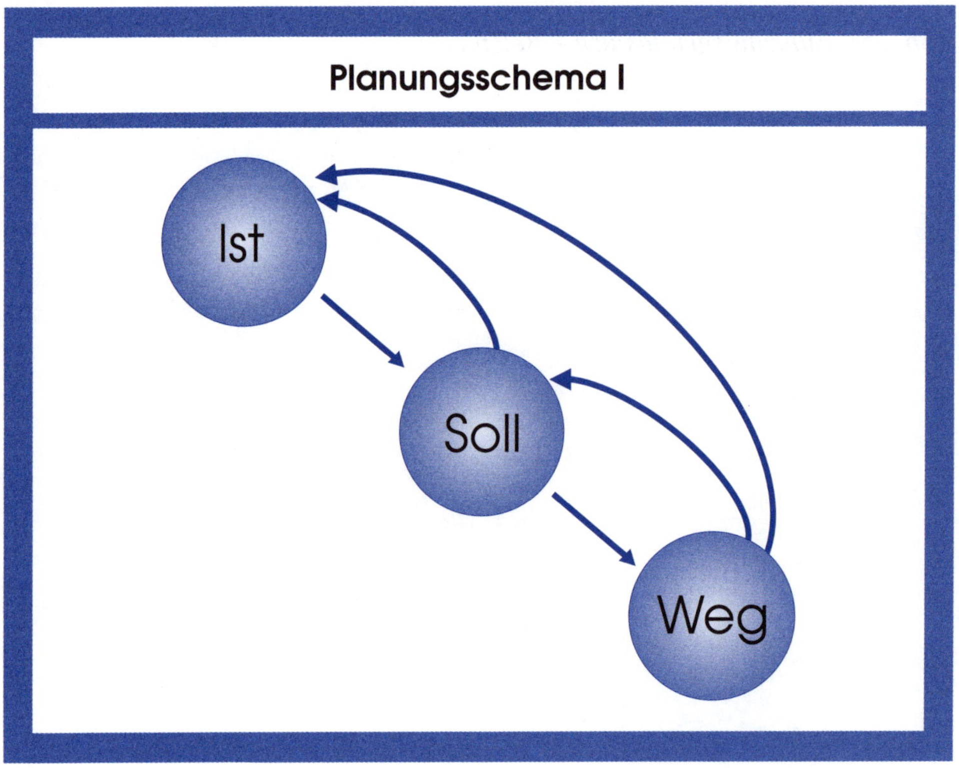

Abb. 26: Planungsschema I

– oder, wenn man die „Mittel" bzw. Ressourcen selbständig neben dem „Weg" berücksichtigt:

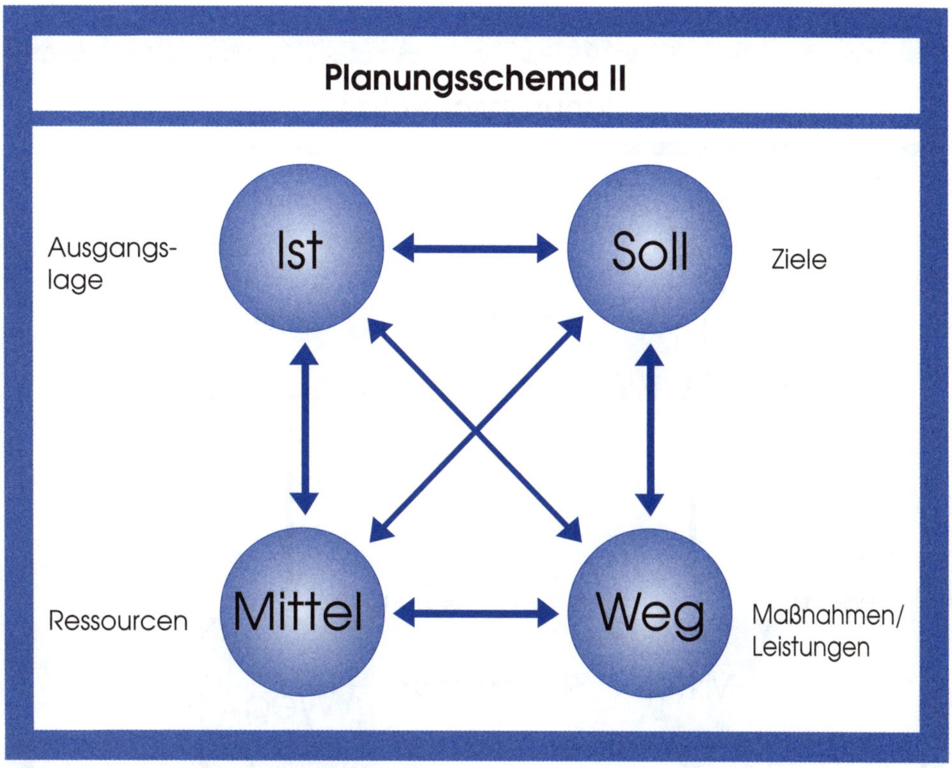

Abb. 27: Planungsschema II

Iterativer Prozess

Dieser Dreischritt von Ist – Soll – Weg bzw. der Vierschritt Ist – Soll – Weg und Mittel, kann allerdings, wie die oben stehenden Schemata zeigen, nicht als einmalige, lineare Stufenfolge ablaufen, sondern nur als sog. „iterativer Prozess", d.h. als offenes Verfahren mit ständigen Rückkoppelungen zwischen den verschiedenen Schritten und Wiederholung der Gesamtabfolge. Denn

- eine Erhebung der Ist-Situation wäre ein uferloses Unterfangen ohne eine ungefähre, vorläufige Zielbestimmung, die als erkenntnisleitendes Interesse bei der Auswahl von Information wirkt und die sich auf der anderen Seite erst aufgrund der Ergebnisse dieser Erhebung konkretisieren lässt. Und
- eine Zielbestimmung verlöre sich in utopischen Spekulationen ohne eine Rückkoppelung zur Ist-Situation einerseits sowie den Mitteln und Wegen, mit denen sie realisiert werden soll andererseits, und diese Mittel und Wege wären beliebig ohne ständige Überprüfung an den Zielen und unrealistisch und ineffektiv ohne Rückkoppelung zur Ausgangssituation.

Und diese rückgekoppelten Planungsschritte setzen sich ihrerseits jeweils aus sich gegenseitig bedingenden Elementen zusammen, wie das folgende Schema verdeutlicht:

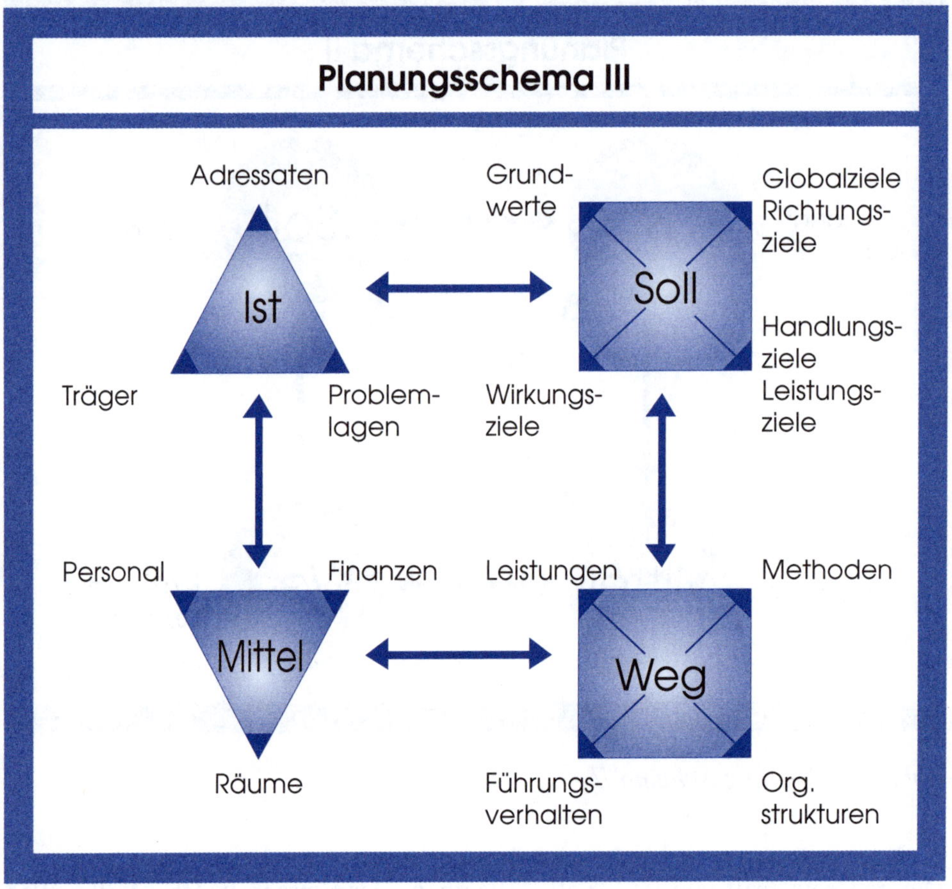

Abb. 28: Planungsschema III

Prozess der Informationsverarbeitung

So stellt sich die Konzeptionsentwicklung für ein soziales System als ein spiralförmig verlaufender Lern- und Entwicklungsprozess und damit selbst als ein dynamisches „System" dar. Und sie kann daher (wie jedes System) als ein laufender Prozess der Informationsverarbeitung und damit als ständiges Wechselspiel von Komplexitätserhöhung durch Eingang und Speicherung von Informationen auf der einen, Komplexitätsreduktion durch Entscheidung auf der anderen Seite gesehen werden: So werden aus der Summe möglicher Informationen über die Organisation und ihre Umwelt bestimmte Daten erhoben und gesammelt, aus denen ein Teil ausgewählt und als zutreffend oder geeignet beurteilt wird, um daraus Konsequenzen für die Zukunft der Organisation, ihrer Ziele und Strategien zu ziehen und diese Ergebnisse dann wieder aufgrund neuer Informationen zu korrigieren.

Phase

Auf diesem Hintergrund lassen sich folgende Phasen und Stufen einer Konzeptentwicklung unterscheiden:

I. Vorbereitung

II. Erarbeitung. Diese Phase umfasst 7 Stufen
1. Wertanalyse
2. IST-Analyse: Stärken und Schwächen
3. Umweltanalyse: Chancen und Risiken
4. Visionsentwicklung
5. SOLL-Zustand, Zielbestimmung
6. WEGE und MITTEL zur Realisierung
7. Redaktionelle Bearbeitung

II. Umsetzung

IV. Kontrolle und Fortschreibung, die wiederum (in verkürzter Form) die vorhergehenden 3 Phasen umfasst usw.

Umsetzung

Kontrolle/ Fortschreibung

Empfohlene Methoden:
Zur Erarbeitung der Stufen 2 und 3 eignen sich die Werkzeuge *Stakeholderanalyse* und SWOT-Analyse. Alternativ ermöglicht eine 2,5 tägigen *Zukunftskonferenz* die Erarbeitung der Stufen 1 bis 4 und des ersten Schritts von Stufe 5 unter Einbeziehung von bis zu 72 Personen aus der Organisation und ihrem Umfeld. *Alle drei Methoden sind in Kapitel 7 ausführlich beschrieben.*

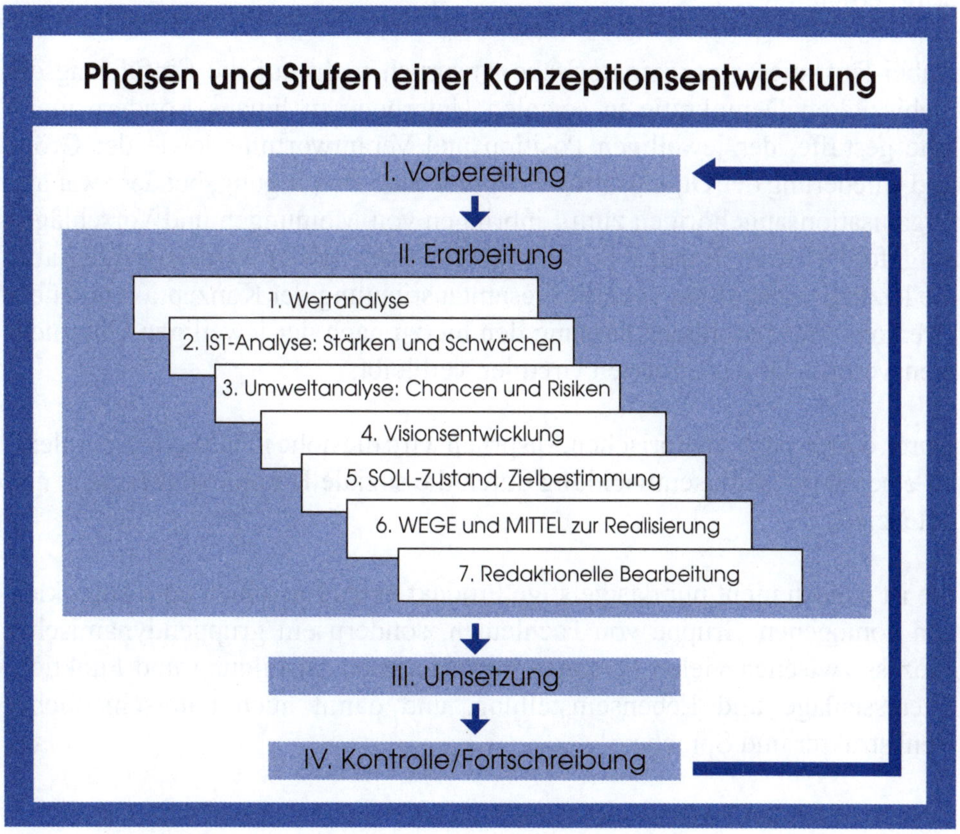

Entwicklungsphase

Anwendungsphase

Abb. 29: Phasen und Stufen einer Konzeptentwicklung

Partizipativer Prozess

Ein weiterer wesentlicher Aspekt ergibt sich nach dem hier vertretenen Systembild und dem daraus abgeleiteten Führungsverständnis aus dem Anspruch, die Konzeptionsentwicklung als partizipativen Prozess zu gestalten, an dem möglichst alle interessierten Organisationsangehörigen zu beteiligen sind, um

- einerseits möglichst vielfältige und umfassende Informationen aus der Organisation zu erhalten und
- andererseits die Organisationsangehörigen mit dem Prozess und seinen Ergebnissen zu identifizieren und für ihre Aufgabe in der Organisation zu motivieren.

Dieser Anspruch gilt in besonderem Maße für Fachkräfte in sozialen Unternehmen,

- welche eine Leistung erbringen, die sie im wesentlichen selbständig planen und gestalten,
- deren Arbeitsmotivation und Arbeitsqualität daher ganz entscheidend von ihrer Identifikation mit dieser Arbeit abhängen,
- welche wiederum in hohem Maße davon beeinflusst wird, ob sie diese Arbeit für sich als sinnvoll erleben können.

Ziele und Werte

Dies macht eine offene Diskussion über Ziele und Werte in der Organisation erforderlich.

Dabei läuft dieser partizipatorische Anspruch nicht auf die Einführung der plebiszitären Demokratie in sozialen Unternehmen hinaus, sondern meint eine gestufte, der jeweiligen Position und Verantwortung sowie der Größe und Gliederung der Organisation entsprechende Beteiligung, bei der zwar alle Organisationsangehörigen zum Einbringen von Meinungen und Vorschlägen aufgefordert werden und ihre Beiträge ernstgenommen werden, bei der aber die letzte Entscheidung über die Gesamtausrichtung der Konzeption und über ihre konkrete sprachliche Fassung den hierzu nach der jeweiligen Unternehmensverfassung legitimierten Gremien verbleibt.

Gruppendynamischer Prozess

Durch diesen partizipatorischen Anspruch wird die hohe inhaltliche Komplexität einer Konzeptionsentwicklung durch die soziale Komplexität ergänzt und potenziert:

Sie ist danach nicht nur das geistige Produkt eines Einzelnen oder einer kleinen homogenen Gruppe von Fachleuten, sondern ein gruppendynamischer Prozess zwischen vielen Personen verschiedener Ausbildung und Funktion, Interessenlage und Lebenseinstellung, und damit auch unterschiedlicher Denkstruktur und Sprache.

Daraus ergeben sich folgende Anforderungen an eine erfolgreiche Konzeptionsentwicklung:

1. Sie braucht Zeit: ein Rahmen von 1–2 Jahren dürfte je nach Größe der Organisation in der Regel erforderlich sein. *Zeit*

2. Sie muss als ein innovatives *Projekt*, als Maßnahme der Personal- und Organisationsentwicklung verstanden und angelegt werden und d.h. konkret: *Innovatives Projekt*

   - Sie braucht eine organisationsinterne „Projekt- oder Steuerungsgruppe", die möglichst repräsentativ aus allen Ebenen und Bereichen des Unternehmens zusammengesetzt ist.
   - Sie bedarf eines klaren und zugleich flexiblen didaktischen Rahmenkonzeptes, das verschiedene Arbeitsformen (wie Einzelarbeit, Klein- und Großgruppen etc.) verbindet.
   - Die MitarbeiterInnen müssen im Rahmen ihrer dienstlichen Tätigkeit, d.h. unter Anrechnung auf ihre Arbeitszeit, daran teilnehmen können.

3. Eine *Moderation* von außen durch eine(n) erfahrene(n) OrganisationsberaterIn ist zumindest sehr zu empfehlen. *Moderation*

Die folgenden inhaltlichen und methodischen Anregungen für die Steuerung eines solchen Prozesses der Konzeptionsentwicklung beziehen sich vor allem auf größere Trägerorganisationen mit mehreren Einrichtungen und Arbeitsbereichen.

4.2 Phasen und Stufen der Konzeptionsentwicklung

Einen Überblick über die Phasen und Stufen einer Konzeptionsentwicklung auf Trägerebene bietet Abb. 29 (S. 81).
Im Folgenden werden die Aufgaben in den einzelnen Phasen und mögliche methodische Vorgehensweisen ausführlich dargestellt.

4.2.1 Vorbereitungsphase

1. Aufgrund der hohen Zeit- und Arbeitsbelastung, die eine Konzeptionsentwicklung mit sich bringt, sollte ein solcher Prozess nur gestartet werden, wenn die für die Organisation Verantwortlichen voll dahinter stehen.
   Vor Beginn des Prozesses ist daher ein offizieller Auftrag für die Konzeptionsentwicklung von der dafür zuständigen Leitungsebene bzw. dem dafür zuständige Organ (Mitgliederversammlung oder Vorstand) einzuholen. *Offizieller Auftrag*

Projekt- oder Steuerungsgruppe

2. Die Arbeit der Konzeptions-oder Leitbildentwicklung sollte von einer Projekt- oder Steuerungsgruppe koordiniert werden, in der möglichst alle Bereiche der Organisation vertreten sind. Bei einer repräsentativen Auswahl wäre an Mitglieder aus folgenden Gruppen zu denken:

- ehrenamtliche Mitglieder und hauptamtliche MitarbeiterInnen,
- alle Führungs- und Mitarbeiterebenen,
- alle wichtigen Arbeitsbereiche,
- alle wesentlichen Berufs- bzw. Funktionsgruppen,
- Frauen und Männer,
- die MitarbeiterInnenvertretung

Im Interesse der Arbeitsfähigkeit sollte die Gruppe auf ca. 12 Personen beschränkt werden. Die sinnvolle Auswahl der Gruppenmitglieder ist eine Grundvoraussetzung für den Erfolg des Prozesses: Die Mitglieder der Projektgruppe sollen ja als Multiplikatoren die verschiedenen Entwürfe mit den einzelnen Mitarbeitergruppen diskutieren, deren Rückmeldungen aufnehmen und in die Projektarbeit einbringen. Wichtiger als die formale Repräsentation einer Mitarbeitergruppe ist deshalb die Eignung der einzelnen Gruppenmitglieder für solche kommunikativen Prozesse und das Vertrauen, das sie in den jeweiligen Bereichen der Organisation genießen.

kommunikative Kompetenz

Ihre Aufgabe ist eine doppelte:

- den Gesamtprozess unter Einbeziehung möglichst aller Ebenen und Bereiche der Organisation didaktisch zu steuern und hierzu die notwendigen Arbeitsformen wie Befragungen, Arbeitsgruppen, Workshops, Tagungen etc. zu organisieren;
- die inhaltliche Arbeit durch eigene Beiträge und Impulse, durch Veröffentlichung von Zwischenergebnissen, durch Erstellung entscheidungsreifer Vorlagen etc. voranzutreiben.

Grundvoraussetzungen hierfür sind:

Ausstattung

- dass die Projektgruppe einen klaren Auftrag erhält, der ihre Kompetenzen festlegt und bestimmt, wann und wie sie die obersten Entscheidungsträger der Organisation einzubeziehen haben;
- dass sie über ein Budget verfügt, welches sie selbständig verwalten und verbrauchen kann, sowie über die erforderliche Infrastruktur (Schreibkräfte, Arbeitsmaterialien, Räumlichkeiten etc.);
- dass Regelungen getroffen werden, die den Zeitaufwand für die Projektarbeit berücksichtigen, ohne dass dieser nur zu Lasten der Beteiligten oder ihrer Kollegen geht, die sie am Arbeitsplatz vertreten müssen.
- dass ihre Mitglieder die Bereitschaft und die Fähigkeit mitbringen, eine gemeinsame Sprache und eine konstruktive Streit- und Kooperationskultur zu entwickeln.

Insbesondere der letzte Punkt legt die Einbeziehung eines/einer unbeteiligten BeraterIn als ModeratorIn der Projektgruppe nahe. Optimal wären zwei BeraterInnen von denen eine(r) eher den inhaltlichen Arbeitsprozess unterstützt, während der/die andere mehr auf die Beziehungsebene und die Dynamik in der Gruppe achtet.

Als ersten Arbeitsschritt wird sich die Projektgruppe über Sinn und Zweck der Konzeptionsentwicklung verständigen und einen Projektplan erstellen. Dafür könnte als Einstieg ein strukturiertes Brainstorming in Form eines sog. „Mind-Map" hilfreich sein, etwa nach folgendem Beispiel:

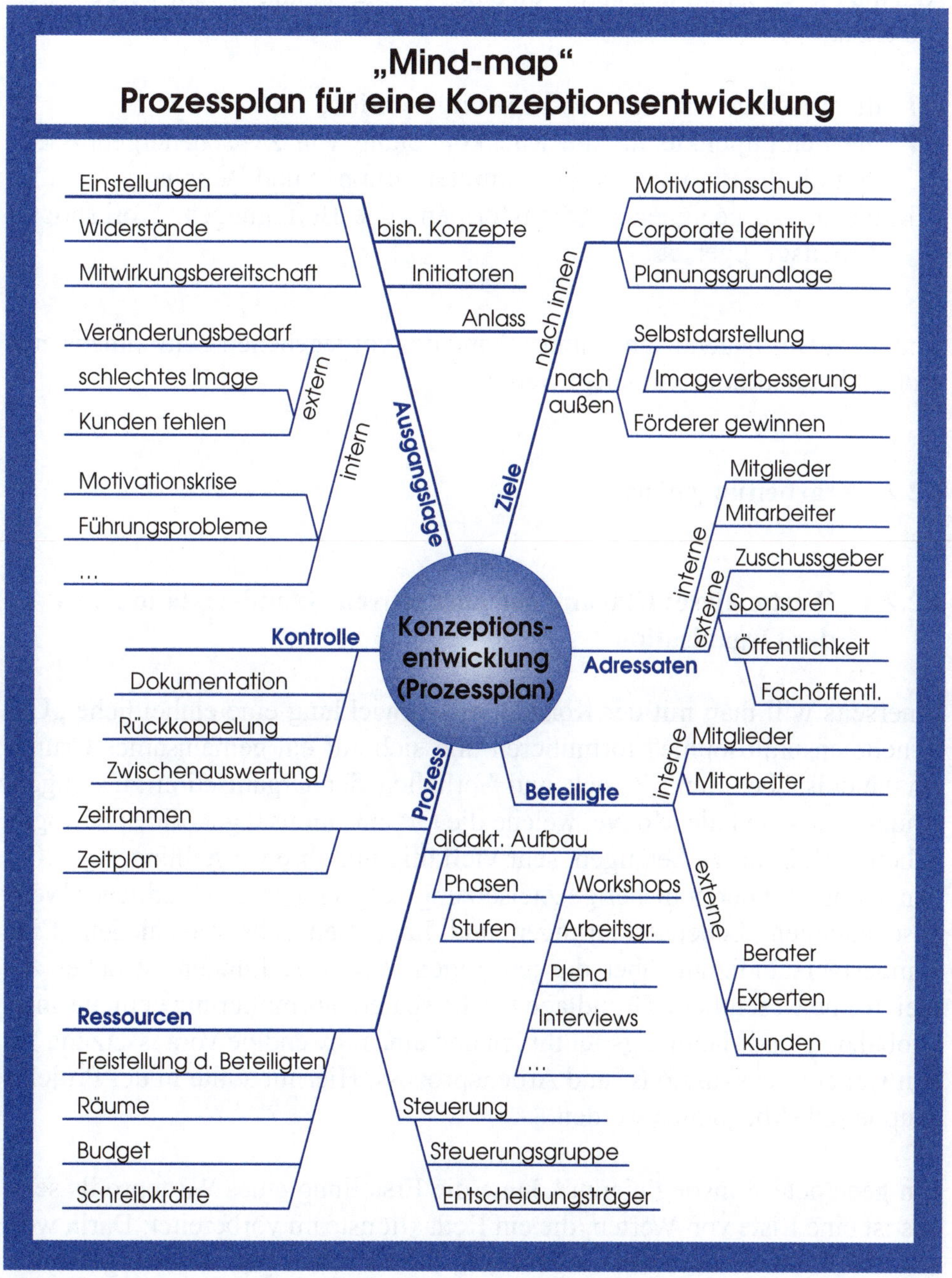

Abb. 30: „Mind-Map" – Prozessplan für eine Konzeptionsentwicklung

Mit einer „Mind-Map" einer „geistigen Landkarte" wird anhand von thematischen „Ästen" und „Zweigen" eine vorläufige, spontane Ordnung hergestellt und damit ein Überblick verschafft, ohne dabei allerdings den Anspruch an sachlogische Exaktheit in Bezug auf Unter- und Oberbegriffe, sowie Zuordnung von Begriffen zu stellen und damit die Spontaneität der Ideensammlung zu blockieren.

Ein solches Verfahren kann auch an anderen Stellen der Konzeptentwicklung immer wieder hilfreich sein.

Anhand dieser Sammlung kann nun eine Projektplanung erstellt werden, welche enthält:

- die wesentlichen Prozessphasen und -schritte,
- die Schnittpunkte für die Rückkoppelung von Zwischenergebnissen und für die Einbeziehung bestimmter Gruppen und Personen,
- die hierzu geeigneten Arbeitsformen (wie Befragungen, Workshops, Arbeitsgruppen etc.).

Und darauf aufbauend kann dann anhand des vorgegebenen Zeitrahmens eine grobe Ablaufstruktur vorgelegt werden.

4.2.2 Erarbeitungsphase

4.2.2.1 Wertanalyse: Klärung des normativen Grundverständnisses der Organisation

Wertanalyse- Klärung des normativen Grundverständnisses in der Organisation

Einerseits will man mit der Konzeptionsentwicklung eine einheitliche „Unternehmensphilosophie" formulieren und sich auf ein gemeinsames Grundverständnis über Sinn, Zweck und Verhalten der Organisation zu einigen. Andererseits sind die Motive, welche die Organisationsangehörigen bewogen haben, sich in ihr zu betätigen, sehr vielfältig und ihre Einstellungen zur Organisation und deren bisherige Zielsetzung aufgrund unterschiedlicher Weltanschauungen, Lebenserfahrungen und Interessen sehr verschieden. Eine Mindestverständigung über die jeweiligen Wertvorstellungen ist daher zugleich eine wesentliche Grundlage für die spätere Formulierung gemeinsamer Globalziele und Handlungsrichtlinien und eine notwendige Voraussetzung für den weiteren Diskussions- und Arbeitsprozess. Hiermit sollte in der Projektgruppe selbst begonnen werden.

Ein geeigneter Einstieg hierzu könnte die Erstellung eines Werteprofils sein, das ist eine Liste von Werten, die ein Redaktionsteam vorbereitet: Darin werden die Wertvorstellungen eingetragen, die in bisherigen Grundlagendokumenten, Selbstdarstellungen, Festreden u.a. als handlungsleitend für die Organisation formuliert wurden.

Die Liste wird von einem kleinen Team vorbereitet Einige Zeilen werden offen gelassen für Werte, die die Mitglieder der Steuerungsgruppe zusätzlich benennen und bewerten möchten.
Eine gemeinsame Wertebasis lässt sich nicht einfach durch Mehrheitsentscheid erreichen. Nach dem Ausfüllen des Werteprofils sollten die Beteiligten genügend Raum haben, zu beschreiben, was sie sich unter den von ihnen priorisierten Werten vorstellen und wie sich diese Werte in der Organisationen ausdrücken können.

Ein beispielhaftes Wertvorstellungsprofil könnte wie folgt aussehen:

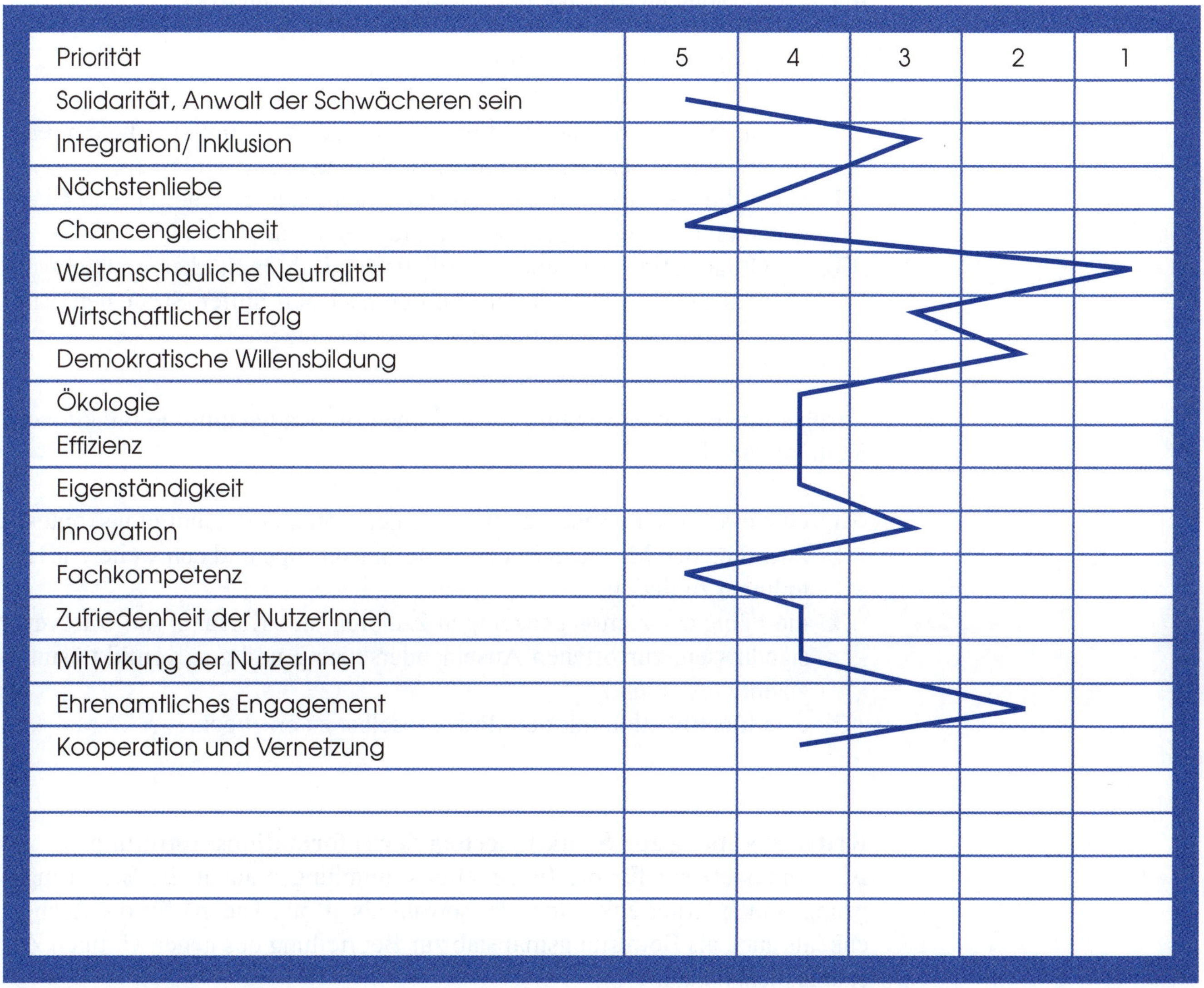

Abb. 31: Wertvorstellungsprofil

Ergebnis der Diskussion sollten die Erarbeitung eines gemeinsamen Katalogs von „Grundwerten" sein. Daran könnte sich eine Diskussion der Projektgruppe mit obersten Entscheidungsträgern über diese Grundwerte anschließen, gefolgt von einer repräsentativen MitarbeiterInnenbefragung. Die Ergebnisse werden in einem Papier „Grundwerte in unserem Unternehmen" zusammengefasst.

Für die Bewältigung der folgenden beiden Stufen eigenen sich am besten die Werkzeige „Stakeholderanalyse“ und „SWOT-Analyse“, die in Kapitel 7.1 und 7.2 (S. 145 – 173) ausführlich beschrieben und hier kurz skizziert sind.

4.2.2.2 IST-Analyse: Informationssammlung zum Erkennen der Stärken und Schwächen

Die Entwicklung eines Leitbildes oder einer Konzeption setzt beim gegenwärtigen Zustand an: Sie beginnt mit einer Situationsanalyse.

Diese Stufe dient inhaltlich dazu:

- ❒ relevante Informationen und Einschätzungen zu sammeln, die ein realistisches Bild der Organisation/Einrichtung entstehen lassen.
- ❒ dabei die Perspektiven der verschiedenen Fachbereiche, Hierarchieebenen und Anspruchsgruppen zu integrieren und
- ❒ die Organisation/Einrichtung realistisch mit ihren Stärken und Schwächen zu zeigen, damit daraus auf den nächsten Stufen Strategien, Zukunftsbilder und Ziele abgeleitet werden können.

Darüber hinaus hat diese Stufe wesentliche gruppendynamische Funktionen: Sie trägt dazu bei,

- ❒ eine einheitliche Sprache, einen gemeinsamen Verständigungskontext zwischen den Mitgliedern der Steuerungsgruppe und den weiteren Beteiligten zu finden;
- ❒ die Fähigkeit zum gegenseitigen Zuhören, zur Klärung von Missverständnissen, zur offenen Auseinandersetzung und zur Konfliktlösung zu entwickeln und
- ❒ eine Identifikation mit dem Prozess selbst zu erzeugen.

Kriterienkatalog zur Strukturierung der Informationssammlung
Als Voraussetzung für die Informationssammlung braucht die Steuerungsgruppe einen Kriterienkatalog, der sowohl als „Roter Faden“ für die Recherche, als auch als Bewertungsmaßstab zur Beurteilung des gegenwärtigen Zustands dienen kann.
Anregungen zur Erstellung eines solchen Katalogs können die strategischen Erfolgsfaktoren auf Seite 161 dienen.
Da sich die Erfolgsmerkmale je nach Branche und Organisationstyp unterscheiden, müssen die Kriterien für die eigene Organisation/Einrichtung geändert oder ergänzt werden.

Sammlung von internen Daten, Fakten und Einschätzungen
Anhand des Leitfadens sammeln die Mitglieder der Steuerungsgruppe bei den einzelnen Abteilungen und Ebenen sowie beim Management und der Zentralverwaltung Informationen, die ein möglichst genaues Bild vom gegenwärtigen Zustand der Organisation oder Einrichtung ergeben. Diese organisationsinterne Material- und Informationssammlung umfasst „harte“ Daten, angefangen von der einfachen Auflistung der zur Verfügung stehenden Ressourcen (Personal, Räume, Inventar, Methoden, EDV u.a.) bis zur Durchsicht von Vereinbarungen mit Kostenträgern und Zuwendungsgebern, Analysen aus dem Rechnungs- und Personalwesen, Zahlen der Kunden- und Leistungsstatistik, Qualitätsberichten und Evaluationsergebnissen.

Subjektive Wahrnehmungen und Einschätzungen ergeben sich aus moderierten Diskussionen oder Interviews der Multiplikatoren (Mitglieder der Steuerungsgruppe) mit Führungskräften, Vorständen und haupt- und ehrenamtlichen MitarbeiterInnen einzelner Arbeitsbereiche.

Bei großen Organisationen empfiehlt sich eine anonyme Mitarbeiter- bzw. auch Mitgliederbefragung.
Auch die Eindrücke und Einschätzungen weiterer Anspruchsgruppen, die der Organisation/Einrichtung nahe stehen (Kunden und Kostenträger), gehören zur Bestandsaufnahme; sie können durch Telefoninterviews, Befragungen oder Workshops ermittelt werden.
Der Blickwinkel von Nicht-Beteiligten aus der allgemeinen Öffentlichkeit (das sog. Fremdbild) rundet das Bild der Organisation ab.

Bewertung der Daten und Einschätzungen – Analyse der Stärken und Schwächen
Aus der Analyse der Daten, Fakten, subjektiven Einschätzungen und Befragungsergebnisse zeichnet sich ein klares Bild der Organisation mit ihren Stärken und Schwächen ab.
Durch Vergleich einzelner strategisch bedeutsamer Merkmale mit den stärksten Wettbewerbern kann die Bewertung objektiviert werden; es ist allerdings nicht leicht, Vergleichsdaten über die Wettbewerber zu eruieren.

Die Stufe der Informationssammlung und Stärken-/Schwächenanalyse ist im Kapitel 7.2 SWOT-Analyse (S. 162–169) ausführlich beschrieben

4.2.2.3 Umweltanalyse zum Erkennen von Chancen und Risiken

Danach gilt es, den Blick nach außen zu wenden und Entwicklungen und Trends wahrzunehmen, die sich auf die Organisation mit ihren Anspruchsgruppen und Leistungsangeboten auswirken könnten. Aus manchen der sich abzeichnenden Entwicklungen können sich für die Organisation Chancen oder Gefahren ergeben. Die Konzeption mit ihrer längerfristigen Gültigkeit muss dies berücksichtigen.

Die Umwelt der Organisation lässt sich differenzieren in
a) bestimmte Anspruchsträger und
b) unterschiedliche Einflusssphären

Analyse der Anspruchsgruppen oder Stakeholder
In Anlehnung an den Begriff „shareholder“ (Anteilseigner, Aktionär) fasst der Begriff **Stakeholder** alle Gruppen zusammen, die Ansprüche an das Unternehmen stellen. Stakeholder sind Akteure (Individuen/Gruppen/Institutionen), die von den Aktivitäten des Trägers betroffen sind oder sie beeinflussen können.

Da soziale Einrichtungen nicht primär auf Gewinnerzielung sondern auf die Befriedigung eines gesellschaftlichen Bedarfs ausgerichtet sind, besteht ihre Aufgabe in der Maximierung des Nutzens für die Gesellschaft, verkörpert durch die Stakeholder.

Die Stakeholder-Analyse dient der Erfassung der Bezugsgruppen, ihrer Ansprüche und Erwartungen und ihrer Bedeutung für den Erfolg der Organisation.
Darauf aufbauend kann eine sinnvolle Strategie zum Umgang mit den Stakeholdern entwickelt werden.

Die Stakeholder oder Anspruchsgruppen kann man einteilen in:

- ❐ interne Stakeholder, die für die Organisation Verantwortung tragen wie Mitglieder, Vorstand oder Gesellschafter
- ❐ primäre Stakeholder die mit der Organisation direkt in Kontakt stehen wie Mitglieder, Nutzer, haupt- und ehrenamtliche Mitarbeiter, Geldgeber/Kostenträger und Lieferanten
- ❐ sekundäre Stakeholder, die indirekt Einfluss ausüben oder beeinflusst werden,
  wie z.B. Gemeinde, Land und Bund, soweit sie nicht selbst als Geldgeber fungieren, Ausbildungsstätten, Verbände, Sozialversicherungsträger, Medien und Öffentlichkeit

Die Stakeholder-Analyse bedient sich folgender Fragen:

- ❐ Welchen Nutzen erwarten die Stakeholder von uns?
- ❐ Was brauchen wir von den Stakeholdern
- ❐ Welche Stakeholder haben am meisten Macht und Einfluss, welche das größte Interesse an unserer Arbeit
- ❐ Welche Chancen und Risiken bieten sich für uns in Kontakt mit den Stakeholdern?
- ❐ Wie können wir die wichtigsten Stakeholder einbinden?

In Kapitel 7.1., S., 145 – 158, findet sich eine detaillierte Anleitung zur Durchführung der Stakeholderanalyse.

Identifizierung der erfolgsrelevanten Umweltfaktoren

Nachdem ein deutliches Bild vom IST-Stand der Organisation mit ihren Stärkenund Schwächen und eine Analyse der Anspruchsgruppen entstanden ist, geht es jetzt darum, sich die Umweltsphären bewusst zu machen, die sich schon jetzt oder in Zukunft strategisch positiv oder negativ auf die Organisation/Einrichtung auswirken können.
Zu den für eine NPO bedeutsamen Einflussfaktoren gehören

- die soziale und gesellschaftliche Entwicklung
- der politisch-rechtliche Bereich mit dem System der sozialen Sicherung und Versorgung, auf der Grundlage der Sozialgesetzgebung
- die sozialen Problemlagen und Bedürfnisse, auf die das System reagieren soll
- die wirtschaftliche Entwicklung und
- die technische Entwicklung

Um die Komplexität all dieser umweltbezogenen Einflüsse auf ein vertretbares und praktikables Maß zu reduzieren, sollte die Arbeitsgruppe diejenigen Faktoren auswählen, die für die Zukunft des Unternehmens von besonderer Bedeutung erscheinen weil sie sich förderlich oder hinderlich auf Organisation/Einrichtung auswirken können.

Erkennen von Chancen und Risiken

Nach der Auflistung der Einflussbereiche und Faktoren kann man zum Aufspüren von Chancen z.B. fragen:

- Welche Entwicklungen oder Innovationen könnten uns neue Chancen eröffnen?
- Welche Trends und absehbaren Veränderungen können wir nutzen, um unsere Position in der Zukunft zu festigen und auszubauen?
- Wo zeichnet sich ein steigender Bedarf/eine steigende Nachfrage ab?
- Was wird in Zukunft mehr als bisher von uns erwartet?
- Welche neuen Möglichkeiten der Finanzierung gibt es?

Risiken und Gefahren werden mit folgenden Fragen erkennbar:

- Welche. Veränderungen oder Trends könnten uns gefährlich werden?
- Wo müssen wir mit Hindernissen, Verzögerungen, Verteuerungen, Engpässen u.a. rechnen?
- Bei welchen Zielgruppen und Leistungen wird der Bedarf eher sinken?
- Auf welchen Gebieten könnten uns anderer Träger Konkurrenz machen?
- Durch welche Entwicklungen könnte unsere Finanzierung gefährdet sein?

Erst aus dem Abgleich der Innen- und Außen-, Gegenwarts- und Zukunftsperspektive lassen sich geeignete Wege in die Zukunft im Sinnen von Strategieoptionen herausfiltern, wie sie für ein Leitbild oder Konzeption erforderlich sind.

In Kapitel 7.2 SWOT-Analyse (S. 169 – 174) ist die Analyse der Umweltfaktoren mit den zu erwartenden Chancen und Risiken und den Möglichkeiten der künftigen strategischen Ausrichtung ausführlich beschrieben.

4.2.2.4 Entwicklung einer Vision als Vorstufe zur Zielbestimmung

Eine Vision ist „ein (bildhaftes) Zukunftsgemälde „sie vitalisiert" … „baut ein Energiefeld auf", sie „übt einen Sog aus" und „erzeugt Lust auf Zukunft" (zur Bonsen 1994, S. 60 ff).

Zur Visionsentwicklung sollte die Projektgruppe sich außerhalb des Betriebs an einem angenehmen, ruhigen Ort in eine Klausur unter externer Moderation begeben.
Eine einleitende Meditationsübung oder eine einfache Trance-Induktion kann hilfreich sein, um die eigene Schere im Kopf zu entfernen und für Neues und Ungewohntes zu öffnen, z.B. so:

„Wir steigen in eine Zeitmaschine ein und fahren in die Zukunft. Unsere Reiseführer haben uns während der Fahrt berichtet, dass sich unsere Organisation/unsere Einrichtung seit dem Start der Zeitmaschine (heute) äußerst positiv entwickelt hat.
Wir sind eine erfolgreiche, lebendige (blühende, dynamische…) Organisation geworden. Eine große Kraft strahlt von uns aus. Die Chancen, die sich geboten haben, konnten wir nutzen und wir haben es gelernt, mit den schwierigen Entwicklungen umzugehen und dafür gute Antworten zu finden.
Jetzt im Jahr (z.B. 2025) haben wir neue Arbeitsansätze und Angebote für unsere Zielgruppen, aber auch innerhalb des Betriebs neue Arbeitsweisen gefunden. Auch räumlich hat sich vieles verändert.
Wir kommen jetzt durch einen großen, dunklen Wald und landen auf einer weiten Lichtung. Die Sonne geht auf, die Nebel lichten sich und vor uns erhebt sich ein sanfter Hügel, auf dem Umrisse sichtbar werden, hinter denen sich die Zukunft unser Organisation/unserer Einrichtung abzeichnet.
Betreten Sie das Gelände und erkunden Sie die Anlage von außen; Gehen Sie dann in das/die Gebäude hinein. Sie haben eine Tarnkappe auf und können unerkannt alles anschauen, beobachten und hören
Sei betreten den Eingangsbereich – Besprechungsräume, – Büros, – Beratungs-, Gruppen-, Unterrichts-, Therapieräume, -den Pausenraum für die MitarbeiterInnen…

Achten Sie auf das Ambiente: die Architektur, die Einrichtung, die technische Ausstattung; noch mehr aber auf die Menschen: die MitarbeiterInnen, KlientInnen bzw. KundInnen, Führungskräfte, Kooperationspartner, die hier arbeiten und sich treffen.“

- ❒ *„Wer sind die Mitarbeiter/-innen, die hier tätig sind und wie erleben sie ihre Arbeit?“*
- ❒ *„Für welche Menschen und Altersgruppen arbeiten sie? Was bedeutet die Arbeit für sie?“*
- ❒ *„Über welche Wirkungen berichten ehemalige Klienten/Klientinnen (Teilnehmer/Teilnehmerinnen)?“*
- ❒ *„Wie stehen die Geldgeber und Kostenträger zu dem, was dort geleistet wird?“*

Ab. 32: Anleitung zur Visionsentwicklung

Einzelne Bilder einer Vision, die dabei entsteht, könnten z.B. so aussehen:

- ❒ „Ehemalige Klienten, schildern wie ihr Leben mit unserer Hilfe eine positive Wende genommen hat...“
- ❒ "Kinder erzählen begeistert von ihren Erlebnissen in unseren Gruppen“
- ❒ „Angehörige sind glücklich, dass ihr Kind/ihr Vater/ihre Mutter einen Platz in unserer Einrichtung/Maßnahme hat“
- ❒ „Die besten Fachkräfte arbeiten bei uns“
- ❒ „Unsere MitarbeiterInnen
  - gehen morgens freudig zur Arbeit und abends erfüllt nach Hause“
  - werden von Berufskollegen um die guten Arbeitsbedingungen beneidet“
- ❒ „Die zuständigen Entscheidungsträger in Politik und Verwaltung wissen, was unsere Arbeit für die Adressaten bedeutet und bewilligen großzügig die benötigten Mittel“

4.2.2.5 SOLL-Zustand: Zielbestimmung

Hier ist die zentrale Stelle jeder Konzeptionsentwicklung, hier werden die entscheidenden Weichen gestellt, die Grundsatzentscheidungen für das gesamte Vorhaben getroffen.

Da „Ziele“ als anzustrebende zukünftige Zustände des Unternehmens und seiner Zielgruppen zu verstehen sind, fallen darunter auch Aussagen über zukünftige Leistungen und Einrichtungen, über das gewünschte Verhalten der Organisation gegenüber AdressatInnen, MitarbeiterInnen und anderen Anspruchsgruppen sowie über die Wirkungen, die die Organisation mit ihren Aktivitäten erzielen will.

Die Festlegung von Zielen ist zentrale Führungsaufgabe, die auch nach dem hier vertretenen partizipativen Führungsverständnis und trotz umfassender Beteiligung aller Unternehmensebenen und -bereiche letztlich nur von einer Gruppe oberster Entscheidungsträger wahrgenommen werden kann.
Daraus ergibt sich für die Projektgruppe die Notwendigkeit, diese Entscheider frühzeitig einzubeziehen.

Folgende Schrittfolge ist für das konkrete Vorgehen sinnvoll:

- ❒ Erstellen eines Erstentwurfs für einen Zielkatalog durch die Steuerungsgruppe;
- ❒ Diskussion dieses Erstentwurfs mit den obersten Entscheidern;
- ❒ Formulieren einer Vorlage für die weitere Diskussion im Unternehmen mit der Aufforderung zu einer Stellungnahme an alle MitarbeiterInnen;
- ❒ Diskussion in den verschiedenen Arbeitsbereichen/Abgabe von Stellungnahmen;
- ❒ Formulieren eines Zielkatalogs durch die Projektgruppe.

Sollten die Stellungnahmen aus dem Unternehmen jedoch wesentliche Abweichungen von der mit den obersten Entscheidern abgestimmten Vorlage enthalten, müsste eine nochmalige Diskussion mit ihnen zwischengeschaltet werden.

Mit dem Erstellen eines Zielkatalogs steht die Projektgruppe vor einer schwierigen Aufgabe: Ziele bilden selber hochkomplexe, geistige Systeme, bei denen die einzelnen Elemente in bestimmten Beziehungen zueinander stehen und dadurch bestimmte Strukturen und Ordnungen bilden:

- ❒ zum einen stehen sie in einem Verhältnis der Über- und Unterordnung und bilden somit eine Rangordnung (die sprachlich z.B. mit Begriffen wie „Globalziele“, ‚Rahmen- oder Bereichsziele“ , „Ergebnisziele“ (s. 2.2.3) gefasst werden kann;
- ❒ zum anderen wirken sie in unterschiedlicher Weise aufeinander ein, sei es dass sie sich gegenseitig ergänzen und fördern, dass sie in Konflikt zueinander stehen oder sich gegenseitig gar ausschließen oder sei es, dass sie sich neutral zueinander verhalten.

Andererseits sind diese Strukturen nicht eindeutig und objektiv, sondern kontextgebunden, abhängig von den eine Gesellschaft prägenden und durch sie geprägten Welt- und Lebensanschauungen, von dem in einer Organisation herrschenden Werte- und Normensystem, der sog. „Kultur“, aber auch von den individuellen Lebensanschauungen, Wertvorstellungen und Interessen der einzelnen Personen. Dies macht Zieldiskussionen oft so mühsam und irritierend – weswegen sie nicht selten zugunsten von einem Konsens auf der pragmatischen Handlungsebene ausgelassen werden, um dann allerdings bei den ersten ernsthaften Konflikten festzustellen, dass dieser pragmatische Konsens nicht mehr trägt, weil keine verbindliche Zielabsprache getroffen wurde!

Hier gehen wir davon aus, dass die Projektgruppe durch die bisherige Zusammenarbeit eine hohe Verständigungsbereitschaft und einen Grad der gegenseitigen Offenheit erreicht hat, durch den das größte Hemmnis für konstruktive Zieldiskussionen, das Verstecken der eigenen Interessen hinter vorgeschobenen Wert- und Zielaussagen, weitgehend beiseite geräumt ist.

Trotzdem bleibt die Zielbestimmung in einer Projektgruppe aufgrund der verschiedenen Interessenlagen und Legitimationserfordernisse der einzelnen Mitglieder, die ja immer auch Vertreter unterschiedlicher Gruppen im Unternehmen sind, ein anspruchsvolles Unterfangen.

Der Schwierigkeitsgrad dieser Stufe hängt davon ab,

- wie kontrovers oder vereinbar die bisherigen Positionen in der Gruppe und wie Konflikt- oder konsensorientiert der bisherige Kommunikationsstil war,
- wie schwer die Probleme und wie massiv die Konflikte im Unternehmen sind, die durch den bisherigen Prozess der Konzeptentwicklung deutlich wurden und
- wie grundlegend, wie radikal die Neuorientierung ist, die aufgrund der Situationsanalyse für das Unternehmen als notwendig erscheint.

Erstellen eines Zielkatalogs
Als methodisches Vorgehen kann die Erstellung und Bewertung einer Zielsammlung mittels Pinwand-Moderationstechnik gewählt werden.

Die einzelnen Arbeitsschritte sind:

- Sammeln der Ziele mit einer Kartenabfrage.
- Zusammenfassen und Ordnen durch Clusterbildung,
- Übertragen in einen Zielspeicher
- Bewertung der Ziele nach Wichtigkeit mittels Punktevergabe

Nachbearbeitung
Eine Punktebewertung mit der Moderationstechnik sollte nie als verbindliche Abstimmung sondern nur als vorläufiges Meinungsbild aufgefasst werden, das noch mit der Gruppe nachbearbeitet werden muss. Die Mitglieder der Steuerungsgruppe sollten sich daher bis zur nächsten Sitzung noch mit dem vorläufigen Ergebnis befassen und Antworten auf die Fragen geben:

- ❒ Passen die Ziele zueinander?
- ❒ Müssen Widersprüche beseitigt werden?
- ❒ Wurden vielleicht wichtige Zielbereiche vergessen?
- ❒ Ist der Zusammenhang zwischen den Rahmenzielen und den Ergebniszielen stimmig?
- ❒ Sind die Ziele spezifisch formuliert, anspruchsvoll aber dennoch realistisch, ist die Zielerreichung überprüfbar?

In einer abschließenden Sitzung der Steuerungsgruppe stellen die Mitglieder die Ergebnisse der individuellen Nachbearbeitung vor und ein Redaktionsgremium formuliert danach den gemeinsamen Zielekatalog.

Eine Ergänzung und Modifikation dieses Verfahrens erscheint notwendig, falls sich die Frage des Führungsverhaltens und des gesamten Führungssystems bei der Stärken-/Schwächenanalyse als zentrales Problem herausgestellt haben sollte. Denn dann müsste der Bearbeitung dieses Themas auch im Rahmen der Zielbestimmung ein gesonderter Raum gegeben werden.
So könnte z.B. eine eigene Zukunftswerkstatt mit Führungskräften aus allen Führungsebenen der Entwicklung eines neuen Führungsleitbildes und -systems gewidmet sein.
Ist das Thema sehr „heiß“ bzw. sind die Konflikte und die Widerstände besonders groß, müsste die Konzeptentwicklung spätestens an dieser Stelle in eine gründlichere Bearbeitung des Führungsthemas im Rahmen einer umfassenden Organisationsentwicklungsmaßnahme einmünden.

Exkurs: Einsatz der Methode „Zukunftskonferenz“ zur Leitbild- und Konzeptentwicklung

Vorbemerkung:
Eine Zukunftskonferenz beinhaltet alle bisher beschriebenen Arbeitsetappen (Stufen) der Phase II. Die Steuerungsgruppe hätte die Funktion, die Konferenz zusammen mit zwei Moderatoren vor- und nachzubereiten.

Die Großgruppenmethode „Zukunftskonferenz“, die unter 7.3 ausführlich beschrieben ist, vereinigt Elemente der bisher beschriebenen Schritte der Konzeptionsentwicklung in einem einzigen großen Event. Sie beinhaltet

- die Stärken/Schwächenanalyse
- Ansätze der Stakeholderanalyse (indem die Stakeholder in der Konferenz vertreten sind)
- die Identifizierung der erfolgsrelevanten Umweltveränderungen
- das Erkennen der Chancenund Risiken
- die Visionsentwicklung und
- die Erstellung eines gemeinsamen Zielkatalogs

In einer zweieinhalbtägigen Zukunftskonferenz kommen bis zu 72 TeilnehmerInnen, die einen repräsentativen Querschnitt der Organisation und wichtiger Stakeholder darstellen, in einem Raum zusammen. Indem sie gemeinsam – in wechselenden Gruppenformationen und mit vielfältigen Methoden –, die Situation der Organisation untersuchen, werden unterschiedliche Sichtweisen, Interessen und Standpunkte erkennbar und es entsteht gegenseitiges Verständnis und Gemeinschaftsgeist.

Durch die gemeinsame Entwicklung von Visionen, Zielen und ersten Strategieansätzen wird Energie, Motivation und Wir-Gefühl aufgebaut.
Das schafft die ideale Voraussetzung für eine Leitbild- oder Konzeptionsentwicklung als Meilenstein für eine Weiterentwicklung der Organisation.

Die Ergebnisse der Zukunftskonferenz weisen einen breiten Konsens auf. Sie müssen aber von der Steuerungs- oder Leitbildgruppe genauso weiterbearbeitet werden, wie die bisher im Wechsel von interner Gruppenarbeit und Beteiligung der MitarbeiterInnen erzielten Ergebnisse.

4.2.2.6 WEGE und MITTEL zur Realisierung der Ziele

Nach Planungsschema II und III (S. 79 und 80) sind jetzt die Wege zur Umsetzung der Ziele in das Handeln der Organisation und die dazu nötigen Mittel zu beschreiben:

WEGE auf dem Prüfstand
Eine Organisation kann ihre Ziele nur erreichen, wenn sie über eine effektive Aufbau- und Ablauforganisation verfügt und mit zielführenden Leistungen und Ablaufprozessen stetig an deren Verwirklichung arbeitet.

An dieser Stelle sollte die Steuerungsgruppe in einem ersten Schritt die vorhandenen Organisationsstrukturen auf ihre Effektivität und Störanfälligkeit hin untersuchen; dabei kann sie auf die Ergebnisse der internen Stärken-/Schwächen Analyse zurück greifen. Wenn sich Veränderungsbedarf zeigt, so sollte dieser in einer eigenen Organisationsentwicklungsgruppe erarbeitet werden.

Danach ist zu überprüfen, inwieweit die Leistungen der Organisation passgenau auf den Bedarf der Zielgruppen zugeschnitten sind und ob die fachlichen Prozesse und Methoden dem Stand der fachlichen Entwicklung entsprechen. Für diese Aufgabe kann ebenfalls auf die Ergebnisse der Stärken-/Schwächen sowie der Fremdbild-Untersuchung Chancen-/Gefahren-Analyse zurück gegriffen werden.
Ist ein zentrales Leistungsangebot auf den Prüfstand zu stellen und zu überarbeiten, so sollte dafür eine eigene Konzeptentwicklungsgruppe unter Leitung eines Mitglieds der Steuerungsgruppe eingerichtet werden.
Nötige Änderungen/Verbesserungen anderer Art können im Rahmen eines gesonderten Qualitätszirkels erarbeitete werden, sodass die Konzeptionsentwicklung dadurch nicht aufgehalten oder überbelastet wird.

MITTEL und Ressourcen
Die Beschreibung der Mittel, die zur Verfügung stehen kann von einer kleinen Redaktionsgruppe übernommen werden. Erst die Frage, ob bestimmte Ressourcen fehlen oder ob sich am Umgang mit den Ressourcen etwas ändern sollte, muss in der gesamten Steuerungsgruppe erarbeitet werden.
Abb. 32. (s.u.) veranschaulicht den Zusammenhang der wesentlichen Konzeptionselemente am Bild eines Hauses.
Dabei sind die MITTEL das feste, materielle Fundament, die WEGE das eigentliche Haus und die Ziel das Dach; darüber leichten die Werte als Leitsterne.

Abb. 32: Ziele-Wege-Mittel

4.2.2.7 Redaktionelle Bearbeitung

Wenn schließlich ein gemeinsam getragener Entwurf für die Abschnitte ZIELE-WEG-MITTEL zustande gekommen ist, so können die bis dahin erarbeiteten Elemente der Konzeption ergänzt und durch ein Redaktionsteam auch sprachlich zu einer entscheidungsreifen Vorlage für das oberste Beschlussgremium bearbeitet werden.

Für den Aufbau der Konzeptionen können die in den unten benannten Abbildungen vorgeschlagenen Gliederungen als Anregung dienen.

- Abb. 19–21 (S. 66 und 67) für ein Verbandsleitbild
- Abb. 23 (S. 73) für eine Verbandskonzeption,
- Abb. 48 und 49 (S. 138 und 140) für eine Leistungsbeschreibung und
- Abb. 37 (S. 113) für eine Einrichungskonzeption oder fachliche Konzeption und
- Abb. 39 (S. 124) für ein Projektkonzept

vorgeschlagenen Gliederungen als Anregung dienen.

Zur Erstellung der Endfassung der Konzeption ist ein ständiger Wechsel von Einzel- und Gruppenarbeit zu empfehlen, in der Weise, dass

- in der Gruppe die Grundrichtung festgelegt wird und Arbeitsaufträge verteilt werden,
- die dann von verschiedenen Mitgliedern in Einzelarbeit ausgeführt und
- der Gruppe wieder vorgelegt, dort diskutiert und falls erforderlich
- nochmals zur Überarbeitung zurückgegeben
- und schließlich gemeinsam verabschiedet werden.

Dieses eigentlich selbstverständliche Verfahren effektiver Redaktionstätigkeit wird hier wegen der gerade im Sozialbereich verbreiteten, zeitraubenden Unsitte, Texte gemeinsam in Gruppenarbeit formulieren zu wollen, ausdrücklich erwähnt.

Rückkopplung an die Gesamtorganisation

Die fertigen Vorlagen der Projektgruppe müssen dann, falls Partizipation ernsthaft gewollt wird, allen MitarbeiterInnen oder zumindest allen aktiv am bisherigen Prozess Beteiligten zugehen, mit der Aufforderung, kritische Stellungnahmen, Korrektur- und Ergänzungsvorschläge einzureichen. Und diese müssten dann von der Projektgruppe, soweit sie sie für wichtig erachtet, eingearbeitet werden, bevor diese ihr endgültiges Produkt dem obersten Entscheidungsgremium vorlegt.
Bei wesentlichen Unterschieden zwischen den Vorstellungen der Projektgruppe und wichtigen Teilen der Mitarbeiterschaft oder bei unauflösbaren Differenzen innerhalb der Projektgruppe kann es auch sinnvoll sein, zu diesen Punkten Alternativvorschläge zu formulieren.

Mit der Verabschiedung durch das zuständige Entscheidungsgremium endet die Entwicklungsphase und es beginnt die Phase der Umsetzung in die konkrete Alltagswirklichkeit des Unternehmens.

4.2.3 Umsetzungsphase

In dieser Phase entscheidet sich, ob die erarbeite und verabschiedete Konzeption – wie so häufig in der Praxis – nur vorzeigbares Papier bleibt, das man bei Festreden und Auseinandersetzungen um öffentliche Mittel zitiert, oder ob sie zur gelebten Realität einer Organisation wird.

Da Konzeptionen keine unmittelbar in Handlungen umsetzbaren Beschlüsse und Weisungen enthalten, keine direkt vollziehbaren Pläne darstellen, sondern „nur“ Handlungsrichtlinien und Planungsvorgaben, hängt ihre Umsetzung von der Einsicht, der Motivation und dem Engagement der Organisationsmitglieder auf allen Ebenen des Unternehmens ab.

An ihnen liegt es daher,

- ❒ ob die formulierten Ziele als Richtlinien in die Planung einfließen und auf diesem Wege in die konkrete Tätigkeit des Unternehmens umgesetzt werden und
- ❒ ob die aufgestellten Verhaltensregeln in das Alltagshandeln der Organisation Eingang finden und ihre Kultur prägen.

Verhalten der Führungskräfte

Eine zentrale Rolle spielen dabei das Verhalten der Führungskräfte und die Implementierung eines dezentralisierten, integrativen und partizipativen Führungssystems, das gleichzeitig selber ein wichtiges konzeptionelles Ziel und das entscheidende Mittel zur Umsetzung der Konzeption und ihrer Ziele darstellt.

Information der MitarbeiterInnen

Die Information der MitarbeiterInnen auf allen Ebenen und in allen Arbeitsbereichen über die Intentionen und Inhalte der Konzeption durch die jeweils verantwortlichen LeiterInnen und die Diskussion über deren Umsetzungsmöglichkeiten vor Ort, stellen daher den ersten wichtigen Umsetzungsschritt dar.

Gleichzeitig aber wird an dieser Stelle nochmals deutlich, dass die Chance der Verwirklichung von Konzeptionen und ihrer Umsetzung in das Alltagsleben von Organisationen desto höher ist, je stärker Führungskräfte und MitarbeiterInnen bereits bei ihrer Entwicklung mitgewirkt und dadurch die Möglichkeit erhalten haben – sozusagen im Vorgriff – neue, kommunikative Verhaltensweisen zu praktizieren und neue, partizipative Strukturen zu erproben.

4.2.4 Kontrolle und Fortschreibung

Die erstellten Konzeptionen sollten in regelmäßigen Abständen (ca. alle 2 bis 4 Jahre) im Wege der Selbstevaluation darauf hin überprüft werden,

- wie weit die Umsetzung in die Realität des Unternehmens gelungen ist und
- inwieweit sie noch den Anforderungen der Umwelt entsprechen, um daraus notwendige Ergänzungen und Korrekturen abzuleiten.

Damit wird gleichzeitig den MitarbeiterInnen und der Öffentlichkeit die Ernsthaftigkeit und Bedeutung dieser Konzeptionen für das Unternehmen verdeutlicht. Sofern das Unternehmen nicht mit schweren inneren Krisen und radikalen neuen Herausforderungen konfrontiert ist, genügt für diese Phase eine verkürzte und vereinfachte Neuauflage des beim ersten Mal praktizierten Vorgehens (Phase I–III), die in drei bis sechs Monaten abgeschlossen sein dürfte.

4.3 Die Leitbildentwicklung

4.3.1 Unterschiede zur Konzeptionsentwicklung

Knappere Formulierung

Das Leitbild beschränkt sich i.d.R., wie oben dargestellt, auf die knappe Formulierung globaler Ziele und Verhaltensrichtlinien. Es enthält daher im Unterschied zur Konzeption:

- keine Darstellung und Analyse der Ausgangslage, insbes. der Situation der Adressaten und des daraus ableitbaren Bedarfs,
- keine Operationalisierung der globalen Ziele auf die konkrete Ebene von Handlungszielen und Leistungen,
- keine theoretisch-fachliche Begründung dieser beiden Punkte.

Geringerer Aufwand

Seine Erarbeitung benötigt daher auch nicht den gleichen zeitlichen und inhaltlichen Aufwand. Trotzdem sollte mit einem Rahmen von, je nach Größe der Organisation, einen halben bis einem Jahr gerechnet werden, wenn man eine breite und aktive Beteiligung der Organisationsmitglieder erreichen will, um ihre Auseinandersetzung und Identifikation mit der Organisation, ihren Werten, Zielen und Aufgaben zu fördern, ihre Motivation für eine Mitarbeit zu erhöhen und somit wesentlich zur Entwicklung einer „Corporate Identity“ beizutragen.

Selbst- und Fremdbild

Nur eine solche „Corporate identity“, die mit dem äußeren Erscheinungsbild, dem „Corporate design“ der Organisation übereinstimmt, verschafft ihr die notwürdige Glaubwürdigkeit und Akzeptanz bei ihren verschiedenen Bezugsgruppen (Adressaten, Förderer, Kooperationspartner). Eine größtmögliche *Übereinstimmung zwischen Selbst- und Fremdbild* ist daher das zentrale Anliegen einer guten Leitbildentwicklung.

Verkürzte Einarbeitungsphase

Für den Prozess der Leitbildentwicklung gelten zwar die gleichen Phasen und Stufen, wie bei der Konzeptionsentwicklung (s. Abb. 29 auf S. 81). Die eigentliche Erarbeitungsphase lässt sich allerdings verkürzen, denn der Fokus der Leitbildentwicklung liegt auf der Orgsanisationsphilosophie, den Einstellungen und Verhaltensweisen der Mitglieder und den damit korrespondierenden Grundstrukturen sowie dem Image der Organisation in ihrem Umfeld, die durch den Prozess und sein Ergebnis positiv beeinflusst werden sollen.

Prozessorientiertes Projekt

4.3.2 Zum methodischen Vorgehen

Die Leitbildentwicklung ist ebenfalls ein prozessorientiertes Projekt und braucht daher, genauso wie die Konzeptionsentwicklung

- ❒ einen klaren zeitlichen Rahmen (hier ein halbes bis ein Jahr),
- ❒ eine Steuerungsgruppe (auch „Leitbildzirkel“ genannt),
- ❒ einen flexiblen Ablaufplan mit Rückkoppelungsschleifen,
- ❒ die notwendigen Ressourcen an Zeit, Räumen, Materialien und evtl. externen BeraterInnen.

Geeignete Schritte und Methoden sind dabei

Vorbereitung

- ❒ Bildung einer Projektgruppe („Leitbildzirkel“) wie auf Seite 83–86 ff beschrieben
- ❒ Auftaktveranstaltung mit der gesamten Belegschaft, die der Information und Einführung in das Vorhaben dient

Erarbeitung

- ❒ Erarbeitung einer Wertanalyse (s. S. 86–87), Stakeholder- und SWOT-Analyse (s. Kapitel 7.1 und 7.2) in vereinfachter Form durch die Projektgruppe
- ❒ Vorbereitung einer Zukunftskonferenz (s. Kapitel 7.3) durch die Projektgruppe und zwei externe Moderatoren
- ❒ Durchführung der 2,5 tägigen Zukunftskonferenz in der Großgruppe unter Leitung der externen Moderatoren wie in 7.3 beschrieben

Formulierung

- ❒ Arbeitsteilige Erstellung eines Leitbildentwurfs durch die Projektgruppe Gliederungsvorschläge Seite 66 und 67
- ❒ Diskussionsforen mit der Führungsebene und den einzelnen Bereichen der Organisation unter Leitung von je zwei Mitgliedern der Projektgruppe

Redaktionelle Bearbeitung

- ❒ Überarbeitung des Entwurfs unter Berücksichtigung der Ergebnisse der Diskussionsforen
- ❒ Auseinandersetzung der Leitung mit dem überarbeiteten Entwurf, ggf. nochmalige Überarbeitung durch die Steuerungsgruppe und Verabschiedung durch die oberste Leitung

Veröffentlichung

- ❒ organisationsinterne Veröffentlichung über Intranet oder E-mail-Verteiler mit der Gelegenheit zu letzten Stellungnahmen von Beteiligten
- ❒ Fertigstellung des Leitbild-Textes, ggf. grafische Aufbereitung
- ❒ Veröffentlichung nach Außen

Im Folgenden eine exemplarische Ablaufskizze:

Ablaufskizze für eine Leitbildentwicklung (am Beispiel eines Jugendverbandes)

Stufe I: Analyse und Zielfindung (9 Monate)

Sie sollte folgende 3 sich zeitlich überlappende und aufeinander rückgekoppelte Arbeitsschritte umfassen:

1. **Selbstbildanalyse/Selbstverständnis- und Zieldiskussion**

Fragestellungen:	Woher kommen wir? Wer sind wir? Wie sehen wir uns? An was glauben wir? Wo wollen wir hin?
Arbeitsweise:	Arbeitsgruppen und -kreise, Workshops, Seminare auf unterschiedlichen Ebenen und aus verschiedenen Arbeitsbereichen, moderiert von MitarbeiterInnen des Verbandes.

2. **Fremdbildanalyse**

Fragestellungen:	Wie werden wir von außen (bzw. von unseren „relevanten Umwelten" wie jugendliche Besucher, andere Verbände, Amtskirche, öffentliche Zuschussgeber etc.) wahrgenommen?
Arbeitsweise:	Interviews und/oder Gruppengespräche mit Vertretern relevanter Umwelten?

3. **Analyse des eigenen Verhaltens und der eigenen Wirkung**

Fragestellungen:	Wie kommunizieren wir nach außen? Wie treten wir auf? Wie stellen wir uns dar? Wie ist unser Erscheinungsbild? Welche Rolle spielen dabei unsere internen Kommunikationsstrukturen und -prozesse, Organisationsstrukturen und -abläufe?
Arbeitsweise:	Arbeitskreise, Workshops (auf der Grundlage vorhandener Selbstdarstellungen wie Konzeption, Logo, Folder etc. sowie der Ergebnisse der Fremdbildanalyse).
Zusammenfassung:	der Ergebnisse aller 3 Schritte auf einer 2-tägigen Klausurtagung der Projektgruppe mit Vertretern aus den verschiedenen Arbeitsgruppen und -kreisen, Workshops und Seminaren etc.

Stufe II: Leitbilderstellung (ca. 3 Monate)

Arbeitsschritte:

- ❒ Erstentwurf eines Leitbildes durch die Projektgruppe auf der Grundlage der Ergebnisse von Stufe I.
- ❒ Diskussion des Entwurfs auf den verschiedenen Ebenen, in den verschiedenen Arbeitsbereichen und Gremien des Verbandes/Formulierung von Änderungs- und Ergänzungsvorschlägen.
- ❒ Erarbeitung eines endgültigen Entwurfs durch die Projektgruppe auf der Grundlage der Änderungs- und Ergänzungsvorschläge und Zusendung dieses Entwurfes an alle Mitglieder und MitarbeiterInnen.
- ❒ Diskussion und Verabschiedung des Leitbildes durch die Mitgliederversammlung.

Abb. 33: Ablaufskizze für eine Leitbildentwicklung

Leitfragen zur Leitbilderstellung
Die folgenden zwei Leitfragen-Kataloge können sowohl für den Diskussionsprozess der Beteiligten wie für die redaktionelle Bearbeitung hilfreich sein:

Leitfragen-Katalog I zur Leitbilderstellung

Dieser Katalog orientiert sich mehr an den relevanten Inhalten eines Leitbildes (s. Abb. 13, S. 48) und ihrer eher sachlichen Darstellung

1. Welches ist der religiöse/weltanschauliche/politische Hintergrund unserer Organisation? Welches ist ihr grundlegendes Gliederungsprinzip?
2. Welchen konkreten sozialen Auftrag entnehmen wir aus unserem Hintergrund? Welchen Personen/Personengruppen wollen/müssen wir uns daher widmen? Welche oberste Zielsetzung ergibt sich daraus für die Tätigkeit unserer Organisation?
3. Auf welche sozialen Nöte/Defizite/Problemlagen wollen wir mit unserer Tätigkeit eingehen? Welchen Anliegen/Bedürfnissen/Interessen wollen wir damit entsprechen? Inwiefern gehen wir damit auf einen wichtigen gesellschaftlichen Bedarf ein?
4. a Welche handlungsleitenden Grundwerte bzw. Handlungsprinzipien entnehmen wir aus 1. und 2. für die Beziehung zu unseren Adressaten/Klientel/Leistungsempfängern?
   b Welche Prinzipien leiten uns im Umgang mit unseren MitarbeiterInnen? Was wollen wir für ihre persönliche Förderung und Weiterentwicklung, für ein gutes Betriebsklima und eine positive Unternehmenskultur tun? Welche Grundprinzipien für das Führungsverhalten sollen in unserem Unternehmen gelten?
   c Wie verstehen wir uns gegenüber anderen sozialen Organisationen, die in gleichen und verwandten Feldern tätig sind? Welches soll unser Beitrag zur Weiterentwicklung kommunaler und staatlicher Sozialpolitik sein, inwieweit und wie wollen wir uns in diese einmischen?
5. Worin bestehen unsere Kernkompetenzen?
6. Welche zentralen Leistungen erbringen wir?
7. Was tun wir, um die Qualität unseres Angebots zu sichern und weiter zu entwickeln?
8. Welches fachliche Handlungskonzept liegt unserem Leistungsangebot zugrunde?
9. Was ist das Besondere unseres Leistungsangebotes, worin es sich von anderen Angeboten unterscheidet? Wodurch es in besonders geeigneter Weise dem unter 3. festgestellten gesellschaftlichen Bedarf entsprechen kann?

Abb. 34: Leitfragen-Katalog I zur Leitbilderstellung

Leitfragen-Katalog II zur Leitbilderstellung

Dieser Katalog zielt stärker auf den Prozess der Selbstreflexion und Diskussion der Organisationsmitglieder untereinander und einer möglichst lebendigen, motivierenden Darstellung

A Vergangenheit: Wer sind wir? Wo kommen wir her? Wie sind wir geworden?

1. Mit welchen Vorstellungen, Erwartungen habe ich in der Einrichtung begonnen zu arbeiten? Welcher berufliche und biographische Weg hat mich hierher gebracht?

2. Welches waren früher zentrale Idee und Werte der Einrichtung? Wo lagen früher unsere Hauptanliegen? Was wollten wir erreichen/unbedingt vermeiden?

3. Welche Krisen und Wendepunkte traten seither auf?
   - ❒ Was waren die Auslöser?
   - ❒ Wie haben wir reagiert?
   - ❒ Was wäre ohne diese Wendepunkte gewesen?
   - ❒ Welche Alternativen (Wahlmöglichkeiten) gab es?
   - ❒ Was war bestimmend für die damals getroffenen Entscheidungen?

B Gegenwart: Wie beurteile ich meine Organisation heute? Wo stehen wir gerade?

4. Beschreibungshilfen:
   - ❒ Ein Steckbrief unserer Organisation
   - ❒ Wenn sie eine Person wäre: (Welches Geschlecht, Alter, Aussehen hat sie? In welchem Haus wohnt sie? Wie ist sie eingerichtet? Welche Art von Freunden hat sie? Ihre Essgewohnheiten, Kleidung, Hobbys? Ihre Krankheiten…?
   - ❒ Wenn ich eine Metapher wähle, wie würde ich meine Einrichtung beschreiben? (als Haus, als Pflanze, als Tier, … was bedeutet die Metapher im einzelnen?)

5. Selbstbild: Wo liegen derzeit unsere Schwächen/Probleme und wo unsere Stärken/Fähigkeiten?

6. Zufriedenheit: Was gefällt mir an meinen Arbeitsbedingungen? Was will ich auf keinen Fall verlieren? Was gefällt mir weniger/nicht: Was würde ich gerne verändern?

7. Fremdbild: Welches sind unsere Stärken und Schwächen aus der Sicht unserer Kunden/Zielgruppen? Unserer Kooperationspartner? Unserer Mitarbeiter?

8. Wie gehen wir mit Menschen und ihren Fähigkeiten, wie mit unseren Ressourcen um?

9. Welches Menschenbild leitet uns? Welches ist die gelebte „Philosophie" unserer Einrichtung? In welcher Verantwortung zu unserer Umwelt (zum geistigen, kulturellen, sozialen, politischen, wirtschaftlichen Leben) stehen wir faktisch? Welches sind die unsere Einrichtung/unser Unternehmen faktisch treibenden Motive/Ziele?

10. Was wäre, wenn es unsere Abteilung/Einrichtung nicht gäbe?
    - ❐ was wäre in Bayern/in Gemeinde/Stadt/Region XY?
    - ❐ Was wäre in der Organisation/dem Verein/dem Verband?

Leitfragen-Katalog II zur Leitbilderstellung (Fortsetzung)

C Zukunft: Wo wollen wir hin? Was wollen wir erreichen?

11. Welche gesellschaftlichen Anforderungen kommen auf uns zu? Welchen wollen/müssen wir uns stellen? Welche Ressourcen und Kompetenzen brauchen wir dazu?

12. Welches sind die Kernbedürfnisse unserer Zielgruppen heute? Wie werden sie sich in Zukunft verändern?

13. Werden unsere gegenwärtigen Ideen und Leitsätze uns auch weiterhin tragen? Welche Veränderungen/Weiterentwicklungen müssen wir vornehmen, welche wollen wir?

14. Wie wollen wir das erreichen? Wie/nach welchen Grundprinzipien wollen wir dabei mit unseren Mitarbeitern umgehen und unsere internen Verhältnisse gestalten (z.B. Führung, Organisation, Lernen, Kapital, Technik)?

15. Wie wollen wir unser Verhältnis zur Außenwelt gestalten?
    - ❐ Wie stehen wir zu maßgeblichen Trends in der Umwelt?
    - ❐ Wie verhalten wir uns zu kulturellen Fragen/Institutionen?
    - ❐ Wie verhalten wir uns zu politischen/gesellschaftlichen Fragen?
    - ❐ Wie verhalten wir uns im Wirtschaftlichen?

Quelle: Institut für Praxiserfahrung und Projektberatung 1997

Abb. 35: Leitfragen-Katalog II zur Leitbilderstellung

4.3.3 Umsetzung des Leitbildes

Ziel der Leitbildentwicklung ist weniger ein gedrucktes Stück Papier, sondern vor allem, dass alle MitarbeiterInnen

- ❐ es kennen,
- ❐ es akzeptieren,
- ❐ sich damit identifizieren und
- ❐ danach handeln!

Die folgenden Leitfragen sollen helfen, die Umsetzung des Leitbildes genauso ernst zu nehmen und zu strukturieren, wie seine Erarbeitung:

Fragen zur Umsetzung des Leitbildes

- ❐ Wie wird es offiziell „verabschiedet", „in Kraft gesetzt"?
- ❐ Wie werden die MitarbeiterInnen beteiligt/informiert?
- ❐ Wie gewinnt das Leitbild handlungsleitende Kraft?
- ❐ Wie werden Ziele aus dem Leitbild abgeleitet, wie erfolgt eine weitere Differenzierung?
- ❐ Wie wird das Leitbild gepflegt, evtl. fortgeschrieben?
- ❐ Welche Konsequenzen sollen sich aus dem Leitbild ergeben?

Quelle: Institut für Praxiserfahrung und Projektberatung 1997

Abb. 36: Fragen zur Umsetzung des Leitbildes

Und zum Schluss noch ein paar praktische Hinweise für die Umsetzung:

Methoden zur Umsetzung des Leitbildes

Besprechungen
Die Frage, wie im eigenen Arbeitsbereich bestimmte Zielvorgaben umgesetzt worden sind oder wie sie in absehbarer Zeit umgesetzt werden können, ist Gegenstand von Besprechungen auf verschiedenen Hierarchieebenen der Organisation (Gesamtleitung, Abteilungsleitung, Gruppenleitung, Gruppe/Team).

Hierbei sollten kreativitätsfördernde Moderationstechniken eingesetzt werden.

Richtschnur für Entscheidungen
Routinemäßig bei Zielkonflikten und Entscheidungen das Leitbild zu Rate ziehen.

Realisierung
Mit entsprechenden Realisierungsmaßnahmen dem Leitbild deutlich näherkommen.

Berichte
Periodische Berichterstattung über den Stand und die Umsetzungsergebnisse.

Personalentwicklung
Gezielte Personalauswahl.

Bei Mitarbeitergesprächen, Leistungs- und Eignungsbeurteilungen prüfen, inwieweit die Kollegin oder der Kollege im Sinne der Grundrichtung des Leitbildes wirkt und handelt.

Bei Ernennung und Beförderung ein Handeln im erwähnten Sinne hervorheben.

In Trainings für Führungskräfte die Ausrichtung am Leitbild einbauen.
Einführungsveranstaltungen für neue MitarbeiterInnen, BeamtenanwärterInnen.

Veranstaltungen
Bei Personalversammlungen auf das Leitbild eingehen.
Spezielle Diskussionsveranstaltungen, Workshops, Info-Markt, z.B. offene Diskussion über Verstöße gegen das Leitbild und die Führungsgrundsätze.

Einholen von Rückmeldungen
Anbringen eines Briefkastens, in den
❒ alle MitarbeiterInnen
❒ alle Kunden Rückmeldungen und Anregungen einwerfen können.
Vorher-Nachher-Befragung von Kunden und Kooperationspartnern.

Umsetzen in der Öffentlichkeitsarbeit
z.B. Kurzfassung auf Visitenkarten.

4.4 Zusammenfassung

Das hier dargestellte Verfahren der Konzeptions- und Leitbildentwicklung dürfte von seinem Umfang und Aufwand, seiner Komplexität und Gründlichkeit her manche(n) erschrecken, der/die die Vorstellung hatte, dass es sich um eine schlichte PR-Aufgabe handle, die von einem hierzu ad-hoc gebildeten kleinen Arbeitskreis oder von einem/r hierzu abgestellten MitarbeiterIn in relativ kurzer Zeit zu erledigen sei.

Dialektik von Ziel und Weg

Es dürfte jedoch deutlich geworden sein, dass eine Konzeptionsentwicklung nach dem hier vertretenen Verständnis weit mehr ist, als die Herstellung eines schön gedruckten Selbstdarstellungs- und Legitimationspapiers, nämlich gleichzeitig – im Sinne einer „Dialektik von Ziel und Weg"

- die Festlegung der Zielrichtung und der grundlegenden Handlungsprinzipien einer Organisation und
- die Weiterentwicklung dieser Organisation und ihrer Mitglieder/MitarbeiterInnen in die festzulegende Richtung.

Umfang und Aufwand

Trotzdem können Umfang und Aufwand eines solchen Vorhabens unterschiedlich sein. Das hier skizzierte Verfahren steht dabei in der Mitte zwischen zwei Extremen:

Kurzverfahren

- einem „Kurzverfahren" das sich entweder – wie bei Wirtschaftsunternehmen üblich – bei der konzeptionellen Entwicklung auf die Einbeziehung der oberen Führungsebenen beschränkt und die anderen Ebenen und MitarbeiterInnen erst nach der verbindlichen Verabschiedung einbezieht (so *Ulrich* 1978) oder das, etwa in kleinen Vereinen, bei Projekt- und Initiativgruppen, aufgrund des überschaubaren Mitarbeiterkreises und der dichten Kommunikation innerhalb derselben, einzelne der hier vorgeschlagenen Stufen und Schritte zusammenfassen, kürzen und vereinfachen kann;

Maximalverfahren

- einem „Maximalverfahren", bei dem aufgrund massiver neuer Umweltanforderungen und/oder starker interner Probleme eine umfassendere Organisationsentwicklung angesagt ist und die Konzeptionsentwicklung daher nur einen Teilaspekt eines solchen Gesamtvorhabens darstellt.

Das hier wiedergegebene Verfahren stellt dagegen die Konzeptionsentwicklung als Auftrag und Vorhaben in den Mittelpunkt, bezieht dabei aber in das Vorgehen Elemente und Aspekte von Organisations- und Personalentwicklung mit ein, um die spätere Umsetzung der Konzeption in die Alltagswirklichkeit des Unternehmens bewusst und gezielt vorzubereiten, zu fördern und modellhaft vorwegzunehmen und somit Papier und Leben, Anspruch und Wirklichkeit stärker als üblich zur Deckung zu bringen.

5. Konzeptionen für pädagogische Einrichtungen und Maßnahmen

5.1 Die Einrichtungskonzeption und fachliche Konzeption

5.1.1 Funktion

Eine Einrichtungskonzeption soll für die Mitarbeiterinnen und für Außenstehende deutlich machen, wie in der Einrichtung gearbeitet wird. Damit die Konzeption nicht nur Absichtserklärung, sondern Leitfaden für die tägliche Praxis wird, ist die gemeinsame Erarbeitung im Fachkräfteteam unerlässlich. Dabei werden die unterschiedlichen fachlichen und persönlichen Standpunkte transparent, man setzt sich mit aktuellen fachlichen Ansätzen auseinander, reflektiert die bisherige Praxis, findet zu Kompromissen und formuliert gemeinsame Aussagen.

MitarbeiterInnen und Teamentwicklung

Die gemeinsame Erarbeitung der Einrichtungskonzeption

- ❒ fördert die Offenheit und führt zur Klärung unterschiedlicher Interessen und Ziele (z.B. widersprüchlicher Klienten-, Mitarbeiter- und Trägerinteressen) anhand konkreter Alltagssituationen,
- ❒ qualifiziert die MitarbeiterInnen,
- ❒ fördert die Teamentwicklung und
- ❒ schafft konkrete Perspektiven für die Weiterarbeit.

Selbstverpflichtung und Überprüfbarkeit

Das fertige schriftliche Produkt

- ❒ macht die Arbeit nach innen und außen transparent und greifbar,
- ❒ verpflichtet alle Mitarbeiter/innen zur Realisierung der dort getroffenen Aussagen,
- ❒ ist fachliches Führungsinstrument für die Einrichtungsleitung,
- ❒ schafft für den Träger Verbindlichkeit und Überprüfbarkeit,
- ❒ hilft, bei Neueinstellungen das Anforderungsprofil an Mitarbeiter zu klären und zeigt auf, wo Fortbildungs- und Entwicklungsbedarf besteht und
- ❒ ist Grundlage für die Überprüfung der Zielerreichung und Arbeitsergebnisse.

Durch die Reflektion der fachlichen Arbeit und die kontinuierliche Weiterarbeit an einzelnen Konzeptionspunkten entsteht fachliche Qualität.
Diese Funktionen kann die Konzeption allerdings nur so lange erfüllen, als die darin enthaltenen Aussagen nicht nur Absichtserklärungen sind, sondern mit der Wirklichkeit der fachlichen Arbeit übereinstimmen.

Die Konzeption kann daher nur in Fortsetzung oder Wiederaufnahme des gemeinsamen Prozesses weiterentwickelt werden.
Als Vorlage für Kostenträger und Öffentlichkeit wird diese primär für das einrichtungs- und organisations*interne* Handeln entwickelte Konzeption gekürzt, mit Fotos versehen und in einem ansprechenden Layout aufbereitet.

Die Funktion wird auch durch den Anlass bestimmt, aus dem heraus ein Einrichtungskonzept entwickelt werden soll.
Die im Folgenden kurz angerissenen und unter auf Seite 118 und 119 näher ausgeführten typischen Anlässe prägen die Motivationslage der MitarbeiterInnen, beeinflussen die Erfolgsaussichten und erfordern ein unterschiedliches Maß an Unterstützung.

Anlässe zur Konzeptionsentwicklung

Mögliche Anlässe für die Entwicklung einer Einrichtungskonzeption oder fachlichen Konzeption:

A Wunsch der MitarbeiterInnen, die Praxis zu reflektieren und weiter zu entwickeln.
B Neuplanung der Einrichtung oder eines neuen Angebotes
C Neustart nach einer Krise
D Forderung des Kostenträgers oder Trägers, verbunden mit Kritik an der bisherigen Arbeit

5.1.2 Inhalte eines Einrichtungs- oder fachlichen Konzeptes

Soziale Einrichtungen können auf eine einzelne Leistung ausgerichtet sein wie z.B. ein Pflegheim oder ein Jugendzentrum. Sie können aber auch unterschiedliche Angebote „unter einem Dach" beinhalten: so kann an ein Jugendzentrum z.B. ein Streetwork- und ein Schulsozialarbeits-Team angegliedert sein; ein Altenheim kann z.B. aus einem Wohnbereich für rüstige Senioren, einer angegliederten Pflegeabteilung, einer Tagesbetreuung für Demenzkranke und einem Mittagessensservice für Externe bestehen. Im Fall einer solch komplexen Einrichtung sind die einzelnen Leistungsangebote mit ihrer spezifischen Fachlichkeit und Arbeitsweise gesondert zu beschreiben.

Beachtung übergeordneter konzeptionelle Vorgaben

Einrichtungen von größeren Trägern, die über ein Leitbild, eine Gesamtkonzeption oder fachliche Leitlinien verfügen, haben diese Vorgaben in ihre Einrichtungskonzeption einzubeziehen. Bei kleineren Trägern, die nur eine Einrichtung führen, werden Einrichtungs- und Trägerkonzeption zusammenfallen.

Fachliche Konzeption

Einrichtungen, die nur eines ihrer Leistungsangebote fachlich weiterentwickeln wollen, kleine Anbieter sozialer Dienste und Initiativgruppen, die ein neues Leistungsangebot planen, erstellen eine Konzeption, die je nach Arbeitsfeld in erster Linie *fachlich* ausgerichtet ist, also z.B. eine sozialpädagogische Konzeption, eine Bildungs-, Pflege- oder Beratungskonzeption.

Im Unterschied zur eher stichwortartigen Leistungsbeschreibung (s. nächstes Kapitel) erwartet man von einer Einrichtungskonzeption bzw. fachlichen Konzeption vor allem einen *ausführlicheren fachlichen Teil.*
Die Konzeption ist im Unterschied zur Leistungsbeschreibung nicht nur in Stichworten sondern in einem auch für Nicht-Fachleute gut verständlichen Text verfasst.

Der folgende Gliederungsvorschlag für eine Einrichtungskonzeption (Abb. 37) zeigt alle wesentlichen Inhalte im Überblick. Die Gliederungspunkte sind anschließend mit Stichworten weiter ausgeführt und erklärt.

Fachliche Konzeption oder fachliches Konzept

Einrichtungskonzeption

Gliederungsvorschlag

I. Rahmenbedingungen

Träger, Vorgeschichte, Anlass für die Konzeptionserstellung
Gesetzliche Grundlagen
Struktur der Einrichtung, Gebäude, Lage, Räume, Öffnungs- und Betriebszeiten, Personal, Finanzierung

II. Fachliche Konzeption

1. Zielgruppen
2. Bedarf: Qualitative und quantitative Begründung
3. Inhaltlich-fachliche Grundlagen der Arbeit
4. Ziele und angestrebte Ergebnisse
5. Umsetzung der Ziele durch fachliches Handeln
6. Arbeitsorganisation
7. Kooperation, Vernetzung, Gemeinwesenorientierung
8. Qualitätssicherung
9. Werbung, Öffentlichkeitsarbeit, Berichterstattung

III. Ressourcenbedarf

Raum- und Funktionsprogramm, Personalbedarf und-qualifikation, benötigte Ausstattung, Materialbedarf

Anlage: Organigramm

Abb. 37: Einrichtungskonzeption

III. „Ressourcenbedarf“ ist vor allem dann erforderlich, wenn es sich um die Neu- oder Umplanung einer Einrichtung handelt.
Falls die Einrichtung schon besteht und sich an der Ressourcenausstattung nichts Wesentliches ändern soll, genügt eine etwas ausführlichere Beschreibung der räumlichen, personellen und finanziellen Voraussetzungen unter 1. „Rahmendbedingungen“.

Der blau markierte Teil mit den Punkten 2–9 enthält den *fachlichen Teil der Konzeption*, also je nach Arbeitsfeld und Einrichtungstyp eine sozialpädagogische, pflegerische, therapeutische oder Bildungs-Konzeption.
Die Gliederungspunkte sind im Folgenden erläutert.

Gliederung für eine Einrichtungs- und fachliche Konzeption

I. Rahmenbedingungen

- ❒ Träger
- ❒ Gründungszeitpunkt, Organisations- und Rechtsform,
- ❒ Mitgliedschaft in Verbänden
- ❒ inhaltlich- weltanschauliche Ausrichtung
- ❒ Anzahl und Art der Einrichtungen des Trägers
- ❒ Verantwortlichkeit für die Eirichtung

Die Einrichtung/das Angebot
- ❒ Bezeichnung der Einrichtung, Auftrag und Zweckbestimmung
- ❒ Vorgeschichte, Anlass für die Konzeptionserstellung
- ❒ Gesetzliche Grundlagen
- ❒ Gebäude, Lage, Räume
- ❒ Öffnungs- und Betriebszeiten
- ❒ Personal
- ❒ Finanzierung

II. Fachliche Konzeption
1. Zielgruppen: Merkmale, Lebensverhältnisse und Unterstützungsbedarf

- ❒ Einzugsgebiet- regional oder überregional?
- ❒ Welche Zielgruppen sollen angesprochen werden?
  Beschreibung anhand von *sozialdemographischen Kriterien:* (Geschlecht; Alter und Herkunft; kultureller, schulischer, beruflicher und ökonomischer Hintergrund, Familiensituation, Status)
  Beschreibung anhand von *psychographischen Kriterien:* Lebenseinstellungen, Haltungen, kulturelle Prägung (z.B. Sinus-Milieustudien)
  Beschreibung anhand von *Verhaltensszenarien* (z.B. Essverhalten, aggressives Verhalten)
- ❒ Wie leben diese Zielgruppen in ihrem regionalen Umfeld, wodurch sind die Lebensverhältnisse geprägt? (Sozialstruktur, Wohnverhältnisse, soziale Bindungen, Arbeitsplätze, Infrastruktur, Einkommen, Freizeit- und Konsumverhalten u.a.)
- ❒ Ausgangslage (IST): Wo stehen die Zielgruppen? Welche Probleme, welcher Lern- und Entwicklungsbedarf, welche kollektiven und individuellen Bedürfnisse liegen vor?
- ❒ Gibt es bestimmt Zugangs-/und Ausschlusskriterien?

2. Bedarf: Qualitative und quantitative Begründung

- ❒ Gibt es von Seiten der Gesetzgebung, Politik, Verwaltung oder von fachlicher Seite Vorgaben, die den Unterstützungsbedarf quantitativ und/oder qualitativ definieren? (z.B. auch Sozialplanung, Jugendhilfeplanung)
- ❒ Versorgungsgrad/Versorgungslücken: Was gibt es im räumlichen Umfeld bereits, was fehlt?
- ❒ Wie lässt sich der Bedarf belegen? (Sozialberichterstattung, Bevölkerungs- und Zielgruppenstatistik, Nachfrage aus der Zielgruppe, Erhebungen und Berichte in Publikationen, Zielgruppenbefragung)

3. Theoretisch-fachliche Grundlagen der Arbeit

- ❒ Auf welche wissenschaftlichen Erkenntnisse, Theorien, Forschungsergebnisse, Studien, fachlich-methodischen Konzepte oder modellhafte Praxisansätze stützt sich die Einrichtungskonzeption?
- ❒ Welche Leitlinien/fachlichen Standards sind für die Arbeitsweise bestimmend?

4. Ziele und angestrebte Ergebnisse
Achtung: Die Erarbeitung der Ziele ist ein Kernstück der Konzeption, (s. dazu „Ziele als zentrale Steuerungs- und Konzeptionselemente“ S. 48 ff).

Ausgangspunkt für die Zielentwicklung ist die Beschreibung des IST-Zustands

- ❒ Welche Zielvorgaben sind zu berücksichtigen? (Sozialgesetzgebung, Trägerziele, allgemeine Leistungsziele)
- ❒ Wirkungsziele: Was will die Einrichtung, ausgehend vom IST-Zustand, bei der Zielgruppe (oder im Gemeinwesen) erreichen?
- ❒ Quantitative Ziele: Welche Auslastung, welche Teilnehmerzahlen wollen wir erreichen
- ❒ Wie lassen sich die Ziele inhaltlich bündeln und zeitlich gliedern?

5. Umsetzung der Ziele und Leistungsspektrum

- ❒ *Handlungsziele:* Durch welche Gestaltungselemente (z.B. Milieugestaltung), Angebotsformen, Prozesse und Maßnahmen soll die Erreichung der Wirkungsziele gefördert werden?
- ❒ *Leistungsspektrum/Angebotsstruktur,* evtl. differenziert nach Nutzergruppen: Was soll mit wem, wann, wie oft, wie lange und in welcher Form stattfinden? (Platzzahl, Gruppengröße, Angebotszeiten, Zahl und Dauer der einzelnen Angebotseinheiten, Betreuungsdauer, Betriebs- und Öffnungszeiten; bei stationären Einrichtungen: Regelleistungen und Zusatzleistungen)
- ❒ *Arbeitsprozess* (Betreuungs-, Pflege- und Bildungsprozess) ggf. Aufnahmeverfahren, Krisenintervention, Beendigung des Unterstützungsprozesses, Besonderheiten im Umgang mit den Nutzern
- ❒ *Mitwirkung* der Nutzer/innen
- ❒ *Je nach Einrichtung: Eltern- und Angehörigenarbeit*
- ❒ *Zusammenarbeit mit Ehrenamtlichen*

6. Arbeitsorganisation

- ❒ Organigramm
- ❒ Darstellung der Verantwortung und Kompetenzen
- ❒ Information und Kommunikation
- ❒ Personaleinsatzplanung/Dienstplangestaltung
- ❒ Dokumentationssystem
- ❒ ggf. Hauswirtschaft
- ❒ Hygiene
- ❒ Verwaltung
- ❒ Haustechnik
- ❒ Mitarbeitervertretung

7. Kooperation, Vernetzung, Gemeinwesenorientierung

Welche Partner brauchen wir zur Zielerreichung? Welche Institutionen brauchen uns als Partner? Wie arbeiten wir mit ihnen zusammen?

- ❒ An welchen externen Gremien beteiligen wir uns?
- ❒ Können Gruppen aus dem Umfeld (über die Zielgruppen hinaus) bestimmte Angebote oder Einrichtungen des Hauses mit nutzen?

8. Qualitätssicherung

- ❒ Selbstkontrolle: Wie überprüfen wir die Zielerreichung? (Dokumentation, Formen der Selbstevaluation, Teilnehmer- und Leistungsstatistik)
- ❒ Risikomanagement
- ❒ Beschwerdemanagement
- ❒ Mitarbeiterqualifikation, Fort- und Weiterbildung
- ❒ Einarbeitung neuer MitarbeiterInnen
- ❒ Sonstige Instrumente der Qualitätsentwicklung

9. Werbung, Öffentlichkeitsarbeit und Berichterstattung

- ❒ Wie machen wir die Zielgruppen auf die Einrichtung/das Angebot aufmerksam? (Internet, Multiplikatoren, Programmversand, Flyer, Presse u.a.)
- ❒ In welche Form und Frequenz informieren wir Zielgruppen, Angehörige, Multiplikatoren, Politik und interessierte Öffentlichkeit (z.B. Aushänge, Newsletter, Lokalpresse u.a.)
- ❒ In welcher Form berichten wir nach außen über die Ergebnisse unserer Arbeit? (z.B. Verwendungsnachweis, Jahresbericht u.a.)

III. Ressourcenbedarf

Dieser Abschnitt ist nur im Zuge der Neuplanung einer Einrichtung oder aus Anlass von Finanzierungsverhandlungen erforderlich, ansonsten genügen die Angaben unter I. „Rahmenbedingungen.

- ❒ *Raumbedarf:* Anforderungen an die Lage der Einrichtung und an das Gebäude; evtl. aufgrund von Rechtsvorschriften oder Normen; Spezifizierung des Raumbedarfs durch ein „Raum- und Funktionsprogramm“: Ableitung der Notwendigkeit bestimmter Räume aus dem vorgesehenen Leistungsangebot bzw. der geplanten Programmstruktur.
- ❒ *Personalbedarf:* Ableitung des Personalbedarfs aus dem geplanten Leistungsangebot, den vorgesehenen Arbeitsformen und den Angebotszeiten. (Bedarf pro MitarbeiterIn mit Qualifikation, Vergütungsgrundlage und Beschäftigungsumfang; auch für Verwaltung, Reinigung und ggf. Hauswirtschaft sowie Haustechnik)
- ❒ *Ausstattung:* Für die einzelnen Räume ist die nötige Inneneinrichtung, zu planen, dazu kommen Geräte, die EDV mit Hard- und Software, Fahrzeuge u.a.
- ❒ *Arbeitsmaterial:* Für die fachliche Arbeit sind laufende und projektbezogene Ressourcen erforderlich.
- ❒ *Finanzbedarf:* Zur Planung des neuen Projekts gehört eine Tabelle mit einer nachvollziehbaren Kalkulation des Finanzbedarfs oder ein (Kosten- und) Finanzierungsplan wie in Abb. 40 (S. 125)

5.1.3 Verfahren

Die Bedeutung des gemeinsamen Entwicklungsprozesses

Ergebnis intensiver Teamarbeit

Die Entwicklung einer Einrichtungs- bzw. fachlichen Konzeption ist *wie unter 5.1.1 ausgeführt*, nur in einem partizipativen Prozess mit den MitarbeiterInnen erfolgversprechend, denn genau diese MitarbeiterInnen müssen die Konzeption anschließend selbst umsetzen und tragen.
Der Prozess beinhaltet eine gemeinsame Auseinandersetzung mit den fachlichen Grundlagen der Arbeit, die intensive; selbstkritische Reflexion der zurückliegenden Praxis und eine Einigung auf konkrete, überprüfbare Ziele und Arbeitsformen.

Unterschiedliche Ausgangslagen

Konzeptentwicklung geht jeweils von unterschiedlichen Anlässen und Auftragslagen aus und es ist wichtig, diese unterschiedlichen Voraussetzungen bei der Planung und Gestaltung zu bedenken.
Je nach Ausgangslage werden zur Konzeptentwicklung unterschiedliche Formen der Unterstützung nötig. Diese können von punktuellen fachlichen Inputs bis zur kontinuierlichen Fachberatung, Prozesssteuerung und Begleitung der Teamentwicklung reichen.
Im Folgenden werden einige typische Ausgangslagen umrissen:

Praxisentwicklung auf Initiative des Teams

Im Fall A wollen Leitung und Fachkräfte einer bestehenden Einrichtung aus eigenem Antrieb mit Hilfe einer Konzeptionsentwicklung die bisherige Arbeit reflektieren, in Theorie und Praxis weiterentwickeln und so eine (neue) gemeinsame fachliche Grundlage schaffen. Dazu kann der Wunsch kommen, die eigene Arbeit nach außen besser darzustellen und zu begründen.
Diese Ausgangslage ist optimal, sofern das Team aus fachlich qualifizierten und interessierten MitarbeiterInnen besteht, gut zusammenarbeitet und nicht durch verfestigte Konflikte belastet ist. Einrichtungsleitung und Team können den Prozess der Konzeptionsentwicklung im Idealfall (unter punktueller Hinzuziehung von Experten und unter Abstimmung mit der nächsthöheren Hierarchieebene) weitgehend selbständig gestalten.

Neu- oder Umplanung einer Einrichtung

Im Fall B **wird** eine Einrichtung neu geplant oder nach einer Umbauphase neu eröffnet. Der Träger hat im Zuge der Vorbereitung, Planung und Finanzierung bereits ein Rahmenkonzept erstellt, das nach Einstellung der MitarbeiterInnen in fachlicher Hinsicht ausgestaltet werden soll.
Bei dieser Ausgangslage treffen i.d.R. neue MitarbeiterInnen aufeinander, die zwar auf erste Vorgaben verpflichtet wurden, sich in ihrem beruflichen Selbstverständnis und der Gestaltung der Arbeitsprozesse aber erst auf einander zu bewegen müssen. Eine externe Prozessbegleitung und eine Projektsteuerung durch den Träger können in diesem Fall die Konzeptionsentwicklung wesentlich erleichtern.

Neustart nach einer Krise

Im Fall C soll eine bestehende Einrichtung nach einer Krise mit verändertem Praxisansatz starten. Das Mitarbeiterteam ist entweder konstant geblieben oder hat sich aufgrund von Kündigungen verändert.
Bei dieser Ausgangslage müssen in einem kurzen Zeitraum (meist während einer zeitweiligen Schließung oder bei laufendem Betrieb aber reduzierten Öffnungszeiten), neue konzeptionelle Grundlagen erarbeitet werden. Hier geht es darum, unter verantwortlicher Mitarbeit des Trägers die Vorgeschichte und krisenhafte Entwicklung zu reflektieren und eine neue Ausrichtung der Einrichtung oder des Leistungsangebotes zu entwickeln.
Die Ausgestaltung der fachlichen Konzeption geht auch in diesem Fall mit einem intensiven Teamentwicklungsprozess einher und sollte deshalb durch Beratung und Prozessteuerung von außen unterstützt werden.

Konzept als Anforderung von außen

Im Fall D arbeitet eine Einrichtung schon seit geraumer Zeit ohne Konzeption und wird vom Träger oder Kostenträger aufgefordert, eine Konzeption vorzulegen.
Diese Ausgangslage kann als Kritik an der bisherigen Arbeit verstanden werden, Widerstand wecken und das Team in die Defensive drängen.
Sie erfordert vordringlich eine Klärung der konkreten Ansprüche und Erwartungen der beauftragenden Instanz und ggf. die Aufarbeitung eines dahinter liegenden Konflikts. Danach muss im Team ein offener Austausch über Befürchtungen, persönliche Festlegungen, Interessen und Hoffnungen erfolgen. Erst nachdem diese Phase mit externer Begleitung konstruktiv bewältigt ist, wird genügend Offenheit und Energie für eine Neuplanung freigesetzt werden.

Phasen und Stufen des Arbeitsprozesses

5.1.3.1 Vorbereitungsphase

Das folgende Schema ist dem Beitrag von Eichner, A. *„Konzeptentwicklung als Prozess im Mitarbeiterteam“* in: Deinet/Sturzenhecker 1996 und 2001 entnommen.
Der Beitrag gibt eine sehr detaillierte Anleitung für den Prozess der Konzept(ions)entwicklung im Team am Beispiel der Offenen Jugendarbeit.

In der Vorbereitungsphase ist die jeweilige Ausgangslage zu reflektieren, zu klären, welche Funktion das Konzept erfüllen soll und der Prozess zu organisieren. Die Hauptarbeit ist jedoch die Beschaffung, Erarbeitung und gemeinsam Auswahl neuer Informationen.

Aufgaben in der Vorbereitungsphase

1. Ausgangslage klären

- Interessen
- Erwartungen
- Befürchtungen,
- „Auflagen"

2. Charakter des zu entwickelnden Konzepts festlegen

- Typus
- Funktion
- Ziel

3. Informations-beschaffung organisieren

3.1 Informationen eruieren und beschaffen

Mögliche Informationsquellen

- demographische und sozialökologische Daten,
- gesellschaftstheoretische Analysen
- fachliche Theorien und Diskussionen
- Zielgruppenanalysen
- Fachliteratur
- Praxisberichte
- Besichtigung vorbildlicher Einrichtungen, ggf. Hospitation
- Expertenbefragung
- Zielgruppenbefragung

3.3 Informationen aufbereiten und diskussionsfähig machen

- Exzerpte
- Thesen
- Statistiken

3.3 Informationen in Hinblick auf das Konzept auswählen

- strukturierte Diskussion über die Vorlagen anhand von Kriterien
- festlegen, welche Informationen aufgenommen werden sollen

4. Organisatorische Planung

4.1 Zeitplanung

- ❒ Wie viel Zeit kann angesichts anderer Aufgaben in die Konzeptentwicklung investiert werden?
- ❒ Wie nutzen wir die Zeit möglichst ökonomisch?

4.2 Budgetplanung

Ein Budget für Fachliteratur, externe Fachberatung, Exkursionen u.a. sollte schon im vorhergehenden Haushaltsjahr eingeplant worden sein. Es ist jetzt nach Absprache im Team einzuteilen.

4.2 Arbeitsplanung Kooperation

- ❒ Wer tut
- ❒ was
- ❒ mit wem
- ❒ bis wann?
- ❒ Kontrolle?

Abb. 38: Aufgaben der Vorbereitungsphase nach A. Eichner

5.1.3.2 Erarbeitungsphase

Besonders im Falle der oben beschriebenen Ausgangslagen C *(Neustart nach einer Krise)* und D *(Konzeption als Anforderung von Außen)* kann der strukturierte und gleichzeitig emotionale Prozess einer Zukunftswerkstatt ein guter Rahmen sein, um die Aufarbeitung der Vorgeschichte, die Orientierung in Gegenwart und die Motivation zur Gestaltung der Zukunft zu fördern. (Eine Zukunftswerkstatt verläuft in kleinerer Besetzung aber nach einem ähnlichen Schema wie die in 7.3 beschriebene Zukunftskonferenz.)

Prinzipiell sind alle im Kapitel 7 beschriebenen Methoden (Stakeholderanalyse, SWOT-Analyse und Zukunftskonferenz/Zukunftswerkstatt) auch für die Entwicklung der Einrichtungskonzeption von Nutzen.

Falls es „nur“ damit geht, die bisherige gute Praxis zu reflektieren und nach der obigen oder einer vorgegebenen Gliederung zu beschreiben, kann auf diese Methoden verzichtet werden. Es geht dann nur darum, die Inhalte in einem logisch aufgebauten Prozess nacheinander zu erarbeiten.

5.1.3.3 Anwendungsphase

Nach der Fertigstellung und Genehmigung der Konzeption durch die zuständigen Entscheider und nach der Veröffentlichung geht es jetzt darum, die formulierten Ziele und geplanten Aktivitäten in der Praxis zu „leben“ und gemeinsam zu reflektieren, inwieweit das gelingt. Es ist daher notwendig, eine Phase der Überprüfung und Weiterentwicklung einzuplanen; auch dafür sind zeitliche Ressourcen nötig und Beratung von außen hilfreich.

Es ist empfehlenswert, einen Zeitraum von mindestens einem Jahr zu vereinbaren, in dem Konzept und gelebte Praxis regelmäßig im Team gegenüber gestellt werden. Zuvor ist festzulegen welche Aspekte der Konzeption eine besondere Herausforderung für das Team darstellen und deshalb in der Praxis überprüft werden sollen. Anhand von Praxisprotokollen und anderen Instrumenten der Selbstevaluation werden Erfahrungen dokumentiert und können auf dieser Grundlage qualifiziert und systematisch im Team ausgewertet werden.

5.2 Konzepte für (neue) Projekte und Angebote

Finanzierung sichern

„Konzepte“ sind nach der hier vorgeschlagenen Terminologie Überlegungen zu Zielen, Wegen und Mitteln, die weniger verbindlich und umfassend sind als „Konzeptionen“. Eine in der sozialen Arbeit besonders verbreitete Form solcher Konzepte, sind Entwürfe für zukünftige Maßnahmen, die vor allem verfasst werden, um ihre Finanzierung zu sichern bzw. die hierzu erforderlichen Mittel zu beschaffen.

Solche Konzepte gibt es meist unter zwei Voraussetzungen:

- ❒ Eine bereits bestehende Trägerorganisation plant ein neues Vorhaben, eine Ausweitung ihrer bisherigen Tätigkeit.
- ❒ Eine Gruppe oder Initiative hat sich um ein gemeinsames soziales Anliegen gesammelt hat und will dieses konkretisieren und umsetzen.

Hier soll im folgenden von der zweiten Alternative ausgegangen und anschließend kurz auf Unterschiede bei der ersten hingewiesen werden.

5.2.1 Funktion

Gerade im sozialen Bereich finden und konstituieren sich unterschiedliche Initiativgruppen, wie Selbsthilfegruppen, Nachbarschaftshilfen, sozialpolitische, humanitäre und ökologische Initiativen etc. über ein mehr oder minder ausgereiftes und konkretes Vorhaben oder „Projekt“.

Die Funktion eines Konzeptes ist dabei für solche Gruppen in der Regel eine doppelte:

- Förderer und Zuschussgeber anzusprechen und zu gewinnen und ganz konkret als Grundlage für Zuschussanträge an öffentliche Stellen (Ministerien, Kommunalverwaltungen etc.) und private Sponsoren zu dienen.
- Der Gruppe selbst eine Möglichkeit zu bieten, ihr Selbstverständnis zu klären und ihre Ziele zu präzisieren. Denn gerade solche spontan um ein Anliegen herum gebildeten Gruppen stehen, wenn die Verwirklichung ihrer Absichten in einem konkreten Projekt anstehen, oft vor schwierigen internen Klärungsprozessen, die jedoch unverzichtbar sind, will die Gruppe als zukünftiger Träger einer sozialen Maßnahme handlungsfähig sein.

Förderer ansprechen

Selbstverständnis klären

5.2.2 Inhalte

Seine wesentlichen Inhalte lassen sich recht anschaulich an einer Checkliste bestehend aus 9 „W's" festmachen:

Checkliste

Die 9 „W's"

1. Wer sind wir?
   Wie setzen wir uns zusammen?
   Welche Rechtsform und Organisationsstruktur haben wir bzw. wollen wir uns als Projektträger geben?

2. Warum wollen wir etwas tun?
   Welche Notlagen/Probleme/Missstände fordern uns heraus?
   Welchen Bedarf wollen wir abdecken?

3. Für wen bzw. mit wem wollen wir etwas tun?
   Wer sind die AdressatInnen unseres Vorhabens?

4. Wozu wollen wir etwas tun?
   Was ist unser Ziel?
   Was wollen wir erreichen?

5. Was wollen wir tun?
   Welche Leistungen wollen wir erbringen, welche Einrichtungen schaffen, welche Veranstaltungen durchführen bzw. welche Programme anbieten?

6. Wie wollen wir arbeiten?
   Mit welchen Arbeitsformen/Methoden/Vorgehensweisen?

7. Wo soll unsere Arbeit stattfinden?
   An welchem Standort und für welches Umfeld?
   In welchen Räumen?

8. Durch wen soll die Arbeit geschehen?
   Welches Personal brauchen wir?
   Was soll die Aufgabe der einzelnen MitarbeiterInnen sein?

9. Womit wollen wir arbeiten?
   Welche sachlichen und finanziellen Mittel brauchen wir?

Check-Liste für das Konzept eines Projektes / einer neuen Maßnahme

Wer?	→	Antragsteller/Projektträger
Warum?	→	Ausgangs- und Problemlage/Bedarf
Für wen?	→	Zielgruppen
Wozu?	→	Ziele
Was?	→	Leistungen/Angebote
Wie?	→	Methoden/Arbeitsformen
Wo?	→	Standort/Raumbedarf
Durch wen?	→	Personalbedarf
Womit?	→	Sachmittel/Finanzierung

Abb. 39: Check-Liste für das Konzept eines Projektes/einer neuen Maßnahme

Diese neun Punkte ergeben bereits eine Grobgliederung für ein Konzept. Eine genauere Gliederung hier vorzuschlagen würde wenig Sinn machen, da die zuschussgebenden Stellen jeweils unterschiedliche Anforderungen stellen und Gliederungen auf vorgedruckten oder Online-Formularen vorgeben.

Notwendig ist jedoch auf jeden Fall eine genaue Beschreibung der für die Umsetzung des Konzepts benötigten Ressourcen:

- ❒ Raumbedarf anhand eines Raum- und Funktionsprogramms
- ❒ Personalbedarf mit Qualifikation, Arbeitszeit und Vergütung
- ❒ Ausstattung
- ❒ Arbeitsmaterial

Finanzierungsplan

Die vorgesehene Finanzierung muss in einem Finanzierungsplan dargestellt werden, der in etwa folgende Posten enthält:

Raster Finanzierungsplan

1	**Ausgaben**
1.1	Laufende Ausgaben
1.1.1	Personalkosten incl. Sozialabgaben
1.1.2	Sachkosten
	❒ Miete und Mietnebenkosten
	❒ Kommunikationskosten (Telefon,Internet)
	❒ Verwaltungskosten
	❒ Maßnahmekosten (z.B. Fahrtkosten, Öffentlichkeitsarbeit, Spielmaterial etc.)
	❒ Beiträge zu Verbänden, Versicherungen
	❒ Fachliteratur, Fortbildung, Beratung
	❒ Kapitalkosten
1.2	Einmalige Investitionen (z.B. Einrichtung, EDV-Hard- und Software, Medienausstattung)
	Summe Ausgaben
2	**Einnahmen**
2.1	Zur Deckung laufender Ausgaben
2.1.1	Zuwendungen aus öffentlichen Mitteln, insbesondere
2.1.2	Einnahmen aus Fundraising (Spenden, Bußgeld, Vermächtnisse, Stiftungen)
2.1.3	Eigenmittel
	❒ Mitgliedsbeiträge
	❒ Einnahmen aus Vermietung und Verpachtung
	❒ Einnahmen aus Maßnahmen (z.B. Kostenbeiträge, Verkaufserlöse)
	❒ Eigenleistung
2.2	Für einmalige Anschaffungen
	❒ Investitionsförderung des Landes
	❒ Investitionsförderung aus Stiftungsmitteln (Herkunft angeben)
	❒ Kapitalmarktmittel/Kredite
	Summe Einnahmen
	Deckungslücke und beantragter Betrag

Abb. 40: Raster Finanzierungsplan

5.2.3 Verfahren

Planungaprozess

Die Konzeptentwicklung für ein neues Projekt ist ebenso ein gedanklicher Planungsprozess, wie die Erarbeitung einer Verbands- oder Einrichtungskonzeption, und besteht damit genauso in der gegenseitigen Zuordnung von Ist-Situation, Zielen, Mitteln und Wegen.

Da es sich hierbei aber stärker als bei der Konzeptionsentwicklung, um eine „freischwebende" Planung handelt, die sozusagen „bei Null" beginnt und bei der daher alle Konzeptelemente noch (mehr oder minder) offen sind, erscheint es besonders wichtig, von einem gedanklichen Schema auszugehen, das

- ❒ zwischen vorgegebenen, von der Projektgruppe nicht oder jedenfalls nicht kurzfristig veränderbaren Rahmenbedingungen und den von ihr zu gestaltenden Elementen unterscheidet und
- ❒ die gegenseitige Abhängigkeit dieser Elemente von einander sowie von den Rahmenbedingungen deutlich macht. Hierbei wird von den neun „W's" der obigen Checkliste ausgegangen:

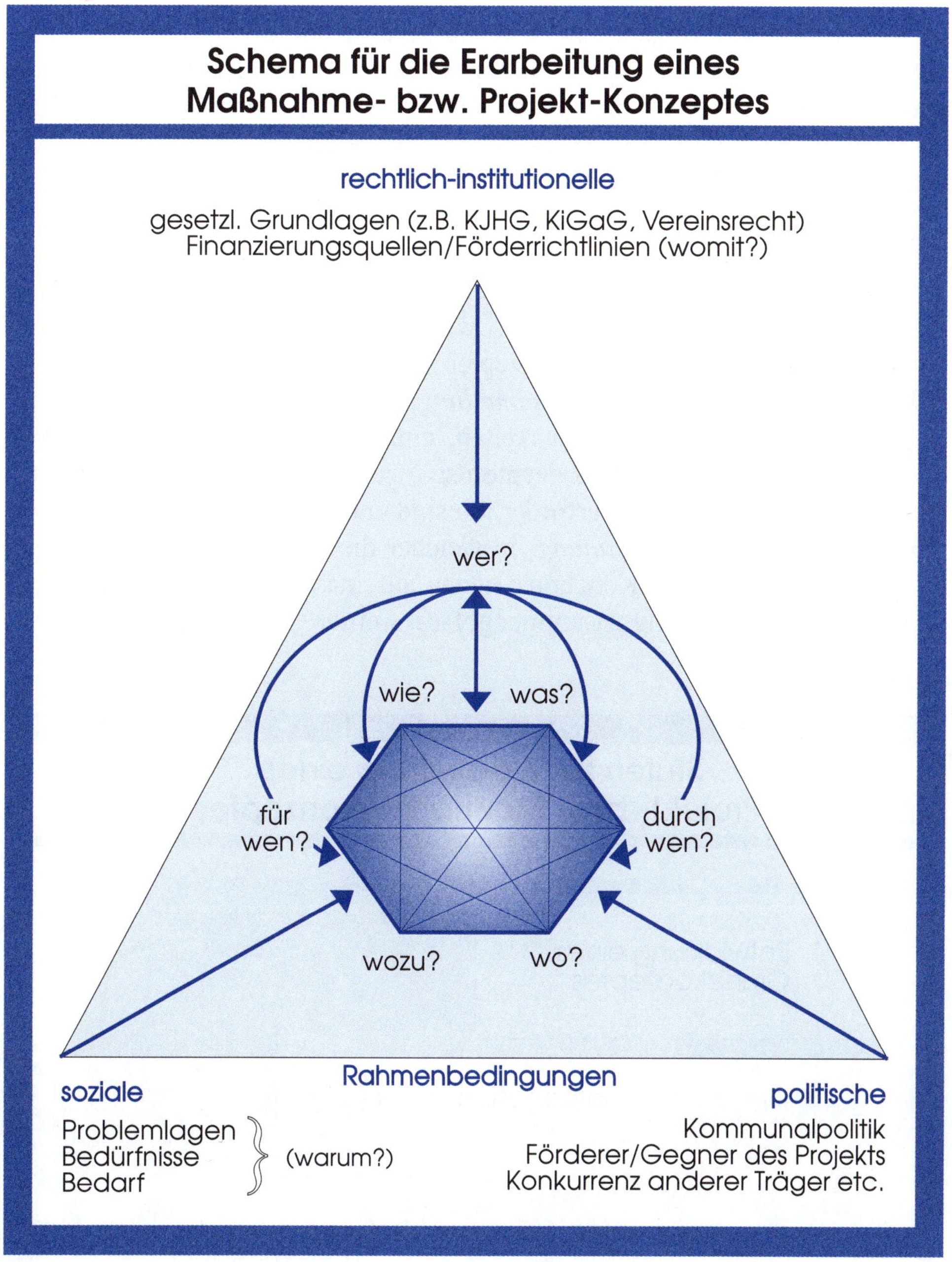

Abb. 41: Eckpunkte eines Maßnahme- bzw. Projekt-Konzeptes

Konzeptelemente optimal kombinieren

Aufgabe der Konzeptentwicklung ist es nun, die Konzeptelemente des Sechsecks, die selbständig aber nicht beliebig kombinierbar sind, da sie sich gegenseitig bedingen und beeinflussen, unter Berücksichtigung der äußeren Rahmenbedingungen einerseits, sowie der eigenen Potenziale und der Organisationsstruktur als zukünftiger Projektträger andererseits, möglichst optimal und d.h. möglichst stimmig und wirksam zu kombinieren.

Beteiligt sein sollten an diesem Arbeitsprozess möglichst alle aktiven Gruppenmitglieder, wobei einige mit der organisatorischen Vorbereitung und Steuerung des Prozesses beauftragt werden sollten.

Da es beim Projektkonzept nur einer Informationssammlung und Problemanalysebedarf, die auf das konkrete Vorhaben der Projektgruppe bezogen ist, und da der Prozess der Konzeptentwicklung mit der Formulierung entsprechender Förderungsanträge abgeschlossen ist, erscheint ein einfacheres Ablaufschema mit folgenden drei sich überlappenden Stufen angebracht:

Grundkonzept entwickeln

- Eine erste Stufe, die dazu dient, ein *Grundkonzept* zu entwickeln, welches die grundlegende Zielrichtung und die Grundstruktur des beabsichtigten Projektes festlegt, sowie die Schritte für eine weitere Konkretisierung dieses Grundkonzeptes zu planen.

Informationssammlung

- Eine Stufe der *Informationssammlung*, welche alle notwendigen Daten (z.B. über Zuschussmöglichkeiten, einzuhaltende rechtliche Bestimmungen, methodische Konzepte usw.) zusammenträgt, die zur Präzisierung des Konzeptes erforderlich sind und

Feinplanung/ Endformulierung

- Eine Stufe der *Feinplanung*, in welcher die verschiedenen Bausteine bzw. Elemente des Konzeptes genau aufeinander abgestimmt und zu endgültigen Fassung zusammengefasst werden

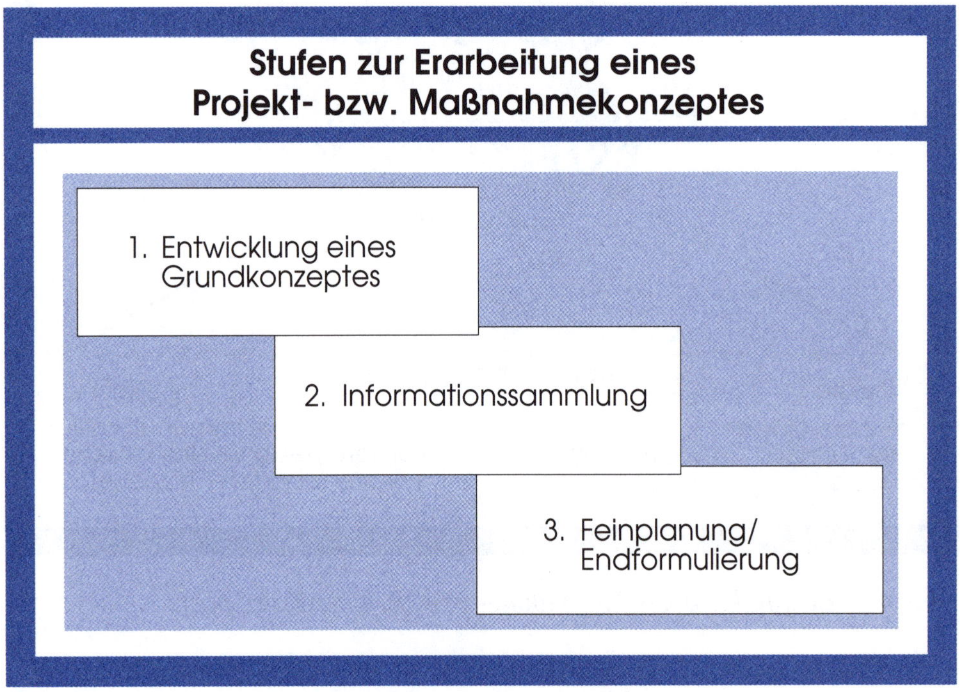

Abb. 42: Stufen zur Erarbeitung eines Projekt- bzw. Maßnahmekonzepts

1. Stufe: Entwicklung eines Grundkonzeptes

Am Ende dieser Stufe sollte ein zwar noch nicht sehr detaillierter, aber doch schon eindeutiger „realutopischer" Entwurf für das beabsichtigte Projekt stehen, welcher zumindest auf die Fragen nach dem was? wozu? und für wen? bereits eine klare Anwort gibt. Ein gewünschter Nebeneffekt könnte die sachlich-inhaltliche und gruppendynamisch-emotionale Integration der Projektgruppe sein.

Zukunftswerkstatt

Beide Anliegen lassen sich am besten in einer Zukunftswerkstatt verbinden, die auf dem Stand der Gruppe zugeschnitten ist:

Präzisierung der Projektidee

- Bei der Präzisierung der Arbeitsgrundlage zu Beginn der Kritikphase ist darauf zu achten, ob die Gruppe bereits eine relativ klare Grundidee von einem Projekt hat, die sie nur noch konkretisieren und strategisch umsetzen möchte, oder ob sie bisher nur ein allgemeines Anliegen vertritt und noch auf der Suche nach einer Projektidee ist. Die Zukunftswerkstatt ist für beide Fälle geeignet, wird aber jeweils unterschiedlich aufzubauen und durchzuführen sein.

Sammlung der Problemlagen

- Bei der Kritiksammlung sollten genauso die sozialen Missstände und Problemlagen gesammelt werden, bei welchen die Projektgruppe ansetzen möchte, wie die Defizite des bisherigen etablierten Systems sozialer Versorgung, zu dem sie eine Alternative entwickeln möchte.
- Die Realisierungsphase wird, je nachdem wie konkret die Ausgangsidee war und wie fundiert die vorhandenen Informationen in der Gruppe sind (z.B. über die Situation bestimmter Zielgruppen, über methodische Ansätze oder über Finanzierungsmöglichkeiten), zu desto konkreteren Ergebnissen führen.
  Auf jeden Fall ist am Ende dieser Phase festzuhalten,

Präzisierung des Konzepts

  - welche Informationen für die Präzisierung des Konzeptes noch erforderlich sind,
  - wie und wo sie zu beschaffen sind und
  - wer diese Aufgaben übernimmt.

Rechtsform und Organisationsstruktur

Vor Beginn der nächsten Stufe soll noch ein Thema besprochen werden, das in der Zukunftswerkstatt voraussichtlich nicht zur Sprache kommt, das aber für die Zukunft des Projektes von zentraler Bedeutung ist, nämlich die Rechtsform und Organisationsstruktur des vorgesehenen Projektträgers. Hierbei geht es insbesondere um Fragen wie die Aufgaben- und Kompetenzverteilung zwischen ehrenamtlichen Mitgliedern und hauptamtlichen MitarbeiterInnen (die oft selbst aus dem Kreis der InitiatorInnen kommen).

Führungs- und Kontrollfunktionen

Solche Fragen werden gerade von alternativen Gruppen gerne aus einem antiautoritären Affekt heraus als „unanständig" ausgeklammert oder unter einem radikal-demokratischen Anspruch als überflüssig abgetan.

Spannungsverhältnis Demokratie – Effektivität

Dabei wäre es gerade in solchen Gruppen dringend erforderlich, eine Auseinandersetzung über das unvermeidliche Spannungsverhältnis zwischen Demokratie und Effektivität, zwischen individuellen Freiräumen und kollektiver Disziplin zu führen, um eine Struktur zu finden, die weder die basisdemokratischen Ideale und die Visionen der InitiatorInnen von selbstbestimmten und solidarischen Arbeitsformen übergeht, noch die Realisierbarkeit des Projektes gefährdet und seine Effizienz erheblich beeinträchtigt.

Klare Strukturen und Regeln

Denn dort, wo diese Effizienz bei alternativen Gruppen und Initiativen gefährdet ist, liegt es nicht – wie so häufig im öffentlichen Dienst – an zu starren und formalisierten Strukturen und an einer gestörten Arbeitsmotivation, sondern viel eher an Konflikten, die aus ungeklärten Kompetenzen erwachsen, sowie an Machtkämpfen, die Mangels klarer Willensbildungs- und Entscheidungsstrukturen nicht in fairer, geregelter Form ausgetragen werden können.

Daher wäre es, um solche späteren Konflikte zu vermeiden oder wenigstens zu vermindern, sehr zu empfehlen, bereits bei der Konzeptentwicklung an diesem Thema zu arbeiten. Dabei müsste eine Arbeitsform gefunden werden, in der sachliche und persönliche, inhaltliche und gruppendynamische Aspekte in ihrer Wechselwirkung gesehen und reflektiert werden können.

2. Stufe: Informationssammlung

Auf die Werkstatt, die mit einem mehr oder minder genauen Grundkonzept für ein konkretes Projekt endet, sowie eine eventuell anschließende Diskussion über die Struktur des zukünftigen Trägers, folgt eine Phase der Informationssammlung (z.B. über genaue Daten zu den vorgesehenen Zielgruppen, über Rechtsgrundlagen sowie Förderrichtlinien und -töpfe, über Eingruppierungsmerkmale und Gehaltsstufen etc.), die am besten von arbeitsteiligen Untergruppen vorgenommen wird.

3. Stufe: Feinplanung und Endformulierung

Auf der Grundlage der eingeholten Informationen muss die endgültige Struktur des Projektvorhabens entwickelt, müssen seine einzelnen Elemente genau aufeinander abgestimmt werden, was unter Umständen notwendige Korrekturen am Grundkonzept zur Folge haben kann, die dann nochmals in der Gesamtgruppe diskutiert werden müssen.

Endformulierung

Schließlich sollte eine kleine Redaktionsgruppe mit einer Endformulierung des Konzeptes sowie der erforderlichen Zuschussanträge beauftragt werden.

Vor der endgültigen Formulierung dieser Anträge ist es sinnvoll, sich mit den zuständigen Stellen über Zuschussvoraussetzungen, Chancen des Projektes etc. kurzzuschließen und über hilfreiche Begründungen informieren zu lassen.

5.3 Kleinere Alltagskonzepte

5.3.1 Funktion

In der Praxis sozialer Arbeit sind neben den dargestellten umfassenden Konzepten und Konzeptionen häufig „kleinere" Konzepte für Einzelmaßnahmen und konkrete Arbeitsschritte im beruflichen Alltag gefragt, wie z.B. für die Durchführung einer Veranstaltung oder einer Ferienfahrt, für die Leitung einer Helferkonferenz oder die Neugestaltung eines Gruppenraums.

Professionelle Haltung

Das Erstellen von Konzepten für solche beruflichen Alltagssituationen ist Ausdruck einer professionellen Haltung, die sich nicht nur auf Intuition und spontane Eingebung in der konkreten Handlungssituation verlässt, ohne dabei andererseits das eigene Handeln in das enge Korsett eines detaillierten, rigiden Planes zu zwängen, sondern sich einen offenen Handlungsrahmen, eben ein „Konzept" erarbeitet, das eine gute Balance zwischen zielgerichteter Planung und situationsangemessener Flexibilität ermöglicht.

Solche Konzepte werden entweder von dem/r einzelnen MitarbeiterIn für ihre individuelle Aufgabe, oder im Team für ein gemeinsames Vorhaben erstellt, und je nach Bedeutung und Funktion nur im Kopf gespeichert oder auf einem „Spickzettel" notiert, in einer Protokollnotiz festgehalten oder in eine Ausschreibung gegossen.

5.3.2 Inhalte

Das Schema für die Erarbeitung solcher Konzepte variiert je nach Gegenstand und Thema, immer aber wird es darum gehen,

- ❐ eine bestimmte Ausgangssituation, insbesondere in Bezug auf bestimmte Adressaten,
- ❐ die zu erreichenden Ziele,
- ❐ die hierzu geeigneten Inhalte/Arbeitsformen/Methoden
- ❐ und die erforderlichen Mittel bzw. Ressourcen

unter Berücksichtigung der jeweiligen Rahmenbedingungen auf ein gewünschtes Ergebnis hin zueinander in Beziehung setzen.

5.3.3 Verfahren

Als konkretes Vorgehen der Konzeptentwicklung empfiehlt sich

Erfolgsfrage

- mit der „Erfolgsfrage“ zu beginnen: Woran kann ich am Ende der Veranstaltung, des Gesprächs etc. feststellen, dass sie für mich ein Erfolg war? In Teams kann es dabei hilfreich sein, um unterschiedliche Sichtweisen nicht vorschnell zu harmonisieren, sondern als Ressource zu nutzen, dass jedes Mitglied seine/ihre Erfolgskriterien für sich formuliert (z.B. auf Moderatorenkärtchen) und sie erst dann miteinander diskutiert werden;
- anschließend im „brain-storming“ Gesichtspunkte und Ideen zu den verschiedenen relevanten Bestimmungsfaktoren zu sammeln, z.B. nach folgendem Raster:

Abb. 43: „Brainstorming“ für ein Alltagskonzept

- und schließlich die Aussagen jedes Feldes zu sortieren, zu bündeln und dabei sowohl die Rahmenbedingungen, wie die Wechselbeziehungen zu den anderen Faktoren zu berücksichtigen, was nochmals zu Ergänzungen und Modifikationen führen kann.

6. Leistungsbeschreibung als Grundlage für Vereinbarungen und Verträge mit den Öffentlichen Trägern

6.1 Die Leistungsbeschreibung als Grundlage für eine Leistungsvereinbarung

6.1.1 Die Begriffe „Leistung“ und „Produkt“

Begriff

Unter dem Begriff „Leistung“ wird in Anlehnung an die Kommunale Gemeinschaftsstelle (KGSt-Bericht 9/94) primär „jedes Arbeitsergebnis einer Organisationseinheit verstanden, das zur Erfüllung einer Aufgabe erzeugt wird und für das außerhalb der Organisation ein Bedarf besteht“ (Daneben werden allerdings im Binnenbereich von Organisationen auch interne Leistungen erbracht).

Gründe für die Einführung von „Leistungsbeschreibungen“

Öffentliche Träger verwenden in Anlehnung an die KGSt. den Begriff „Produkt“, wo ein zu einer Gesamtleistung kombiniertes Bündel von Leistungen gemeint ist. Im Folgenden wird meist der Begriff „Leistung“ vorgezogen, da dieser dem prozesshaften Charakter sozialer Dienstleistung besser gerecht wird

6.1.2 Warum Leistungsbeschreibungen?

Nach fast zwei Jahrzehnten des intensiven Ausbaus sozialstaatlicher Hilfsangebote geriet die soziale Arbeit seit dem Beginn der 90er Jahre zunehmend unter Legitimationsdruck: Erhebliche Finanzierungsprobleme in öffentlichen Haushalten lassen den Sozialbereich heute als einen massiven Kostenfaktor erscheinen, dessen Notwendigkeit, Wirksamkeit und Effizienz hinterfragt wird.

Ergebnisorientierung

Als Antwort auf Finanzkrise ist unter dem Begriff der „output-orientierten Steuerung“ in vielen Kommunen ein Konzept der Verwaltungsmodernisierung eingeführt worden, das die Ergebnisse des Verwaltungshandelns, nämlich die Erbringung bedarfsgerechter und kostengünstiger Leistungen für die Bürger, zum zentralen Steuerungsfaktor macht. Die „Produkte“, die – auf gesetzlicher Grundlage und/oder als *Ergebnis* von Planungsprozessen (z.B. der Jugendhilfeplanung) – von einer Kommune bereitgestellt werden, sind in einem „Produktplan“ dargestellt.

Leistungsbezogene Entgelte

Eine verstärkte Ziel- und *Leistungsorientierung* ist aber auch auf Veränderungen bei der Finanzierung Sozialer Arbeit durch die Pflegeversicherung zurückzuführen, sowie auf die Reform des Sozialhilfe- und Jugendhilferechts (Novellierung des §93 BSHG und des §78 SGB VIII/KJHG). *Leistungsbezogene Entgelte* für Angebote der Sozialen Arbeit sind ein Ausdruck dieser Entwicklung. Freie Träger können einzelfallbezogene stationäre und teilstationäre

Dienstleistungen im Bereich der Jugend- oder Sozialhilfe mit dem Öffentlichen Täger neuerdings nur noch unter der Bedingung abrechnen, dass zwischen ihnen eine Leistungs- und Entgeltvereinbarung ausgehandelt wurde.

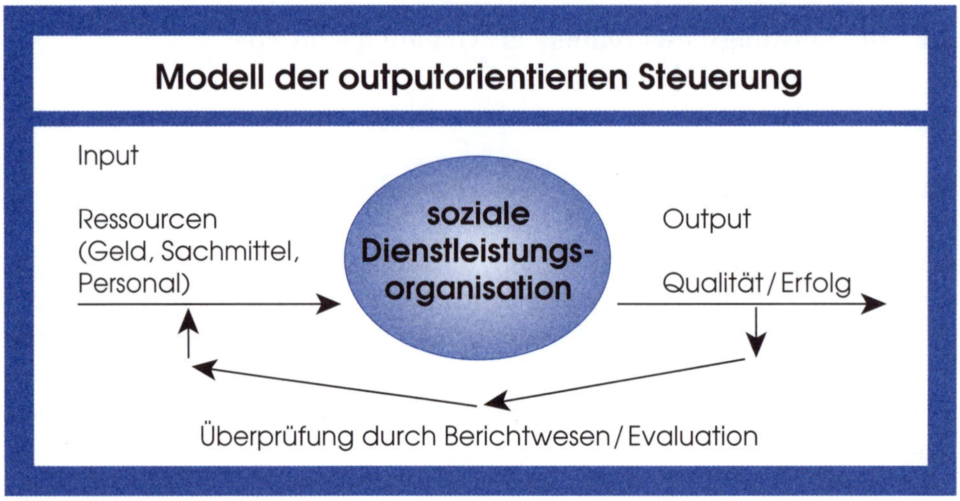

Abb. 44: Modell der outputorientierten Steuerung

Leistungsverträge

Aber nicht nur die Betreuung einzelner Leistungsberechtigter, z.B. im Rahmen der „Hilfen zur Erziehung“ (§27 ff des SGB VIII) wird in Zukunft über vertraglich geregelte Leistungsentgelte finanziert, auch Einrichtungen mit einer „Gesamtleistung“, z.B. eine Beratungsstelle oder ein Jugendzentrum können in Zukunft Partner von Leistungsverträgen mit der Kommune werden. Das bisherige Prinzip der „Bezuschussung“ sozialer Einrichtungen über (jährliche) Zuwendungsbescheide wird damit zunehmend vom Prinzip längerfristiger Leistungsverträge mit Budgetierung abgelöst werden.

6.1.3 Leistungen und Produkte als Organisations- und Steuerungsprinzip

Nach dem „Neuen Steuerungsmodell“ werden in Behörden zukünftig Leistungen bzw. Leistungsbündel zu „Produkten“ zusammengefasst, Produkte zu Produktgruppen und Produktgruppen zu Produktbereichen. (KGSt-Bericht 9/94). Diese Form der *„Produktgruppenorganisation“* oder Organisation nach *„Leistungszentren“,* die in vielen Wirtschaftsunternehmen und auch Wohlfahrtsverbänden längst eingeführt ist, schafft fachlich-inhaltlich und betriebswirtschaftlich sinnvolle Organisationseinheiten. Sie gewährleistet, dass die einzelnen Organisationseinheiten als Bezugspunkt für eine dezentrale Fach- und Ressourcenverantwortung, für Kontrakte und für ein Controllingsystem dienen können.

Über eine interne Budgetierung, die Beschreibung und Optimierung von Arbeitsprozessen im Rahmen eines Qualitätsmanagement-Systems, eine Leistungsstatistik und unterschiedliche Formen der Kostenrechnung, können die einzelnen Einheiten und das gesamte Unternehmen sinnvoll gesteuert werden. Die nachfolgende Grafik zeigt in einer nach der „Produktlogik" aufgebauten Sozialbehörde die Schnittstelle zu den Produkten/Leistungen, deren Erbringung an Freie Träger delegiert ist.

Produktpyramide

Vierstufige Produktgruppenorganisation einer Sozialbehörde in großen Kommunen. Die kleinere Pyramide links unten stellt die Leistungserbringung durch freie Träger dar.

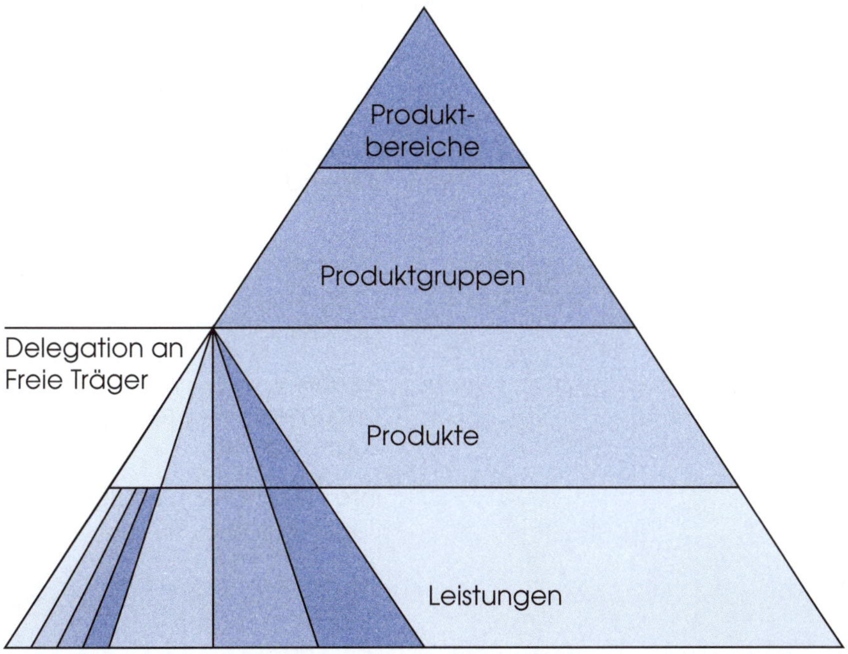

Quelle: nach KGSt-Bericht 9/94

Abb. 45: Produktpyramide

6.1.4 Der Leistungs- oder Produktkatalog – die erste Stufe zur Erstellung einer Leistungsbeschreibung

Als erste Stufe zur Gliederung von Leistungen/Produkten empfiehlt sich die Erstellung einer tabellarischen Übersicht über die Vielfalt der unterschiedlichen Angebotsformen.

Abbildung 46 zeigt ein Beispiel für einen solchen Katalog, auch „Produktplan" genannt. Die Verfasser haben – in Anlehnung an das Outputorientierte Steuerungsmodell der Kommunen den Produktbegriff zugrundegelegt.

Beispiel „Produktplan"

Poduktbereich	Produktgruppe	Produktträger	Produktstätte	Produkte	Angebote
Kinder- und Jugendarbeit	Offene Kinder- und Jugendarbeit	Jugendverbände	Jugendverband	außerschulische Bildung	Ferienfreizeit
	mitgliederorientierte Kinder- und Jugendarbeit	Kirchengemeinden/ Bistümer	Jugendfreizeiteinrichtungen	Spiel, Sport, Geselligkeit	Hausaufgabenbetreuung
	gemeinwesenorientierte Kinder- und Jugendarbeit	andere katholische Träger	Pfarrgemeinde	arbeitswelt bezogene Jugendarbeit	Gruppenstunden
			Jugendbildungsstätte	schulbezogene Jugendarbeit	Seminare
				familienbezogene Jugendarbeit	Orientierungstage
				internationale Jugendarbeit	Zeltlager
				Jugendberatung	u.s.w.
				Allgemeine Förderung von Erziehung	
				Förderung	
				von Selbstorganisationsprozessen	
				geschlechterspezifische Arbeit	

Abb. 46: Beispiel „Produktplan" eines Trägers der kirchlichen Jugendarbeit

Beispiel „Leistungskatalog"

Leistungen	Inhalte/Zielgruppen	Ziele	Methoden
Beratung und Therapie bei…	Erziehungsfragen und Erziehungsschwierigkeiten seelischen Problemen Verhaltensauffälligkeiten familiären Krisen Trennung und Scheidung	❒ Klärung und Bewältigung individueller und familiärer Probleme und Konflikte ❒ Vermeiden der Verfestigung und Verschlimmerung von Problemlagen ❒ Mobilisierung von familiären Ressourcen und Selbsthilfepotenzialen	❒ psychosoziale und psychologische Diagnostik ❒ Informatorische Beratung ❒ Soziale und psychologische Beratung sowie ❒ psychotherapeutische Interventionen ❒ Arbeit mit dem sozialen Umfeld ❒ Pädagogische Hilfen
Präventive Angebote	insbesonder für Eltern, Kinder und Jugendliche, die sich nicht in der EB anmelden	❒ Stärkung der Erziehungskompetenz ❒ Förderung angemessener individueller und sozialer Entwicklung, Eigenständigkeit und Eigenverantwortung von Kindern und Jugendlichen ❒ Erleichterung des Zugangs zur Erziehungsberatung	❒ Vorträge ❒ Gruppen ❒ Elternabende ❒ Unterrichtseinheiten ❒ Projekte und Seminare ❒ Öffentlichkeitswirksame Aktivitäten z.B.: Zeitungsartikel, Infostände, Veröffentlichungen
Vernetzungsaktivitäten	Zusammenarbeit mit Diensten, Einrichtungen und Initiativen aus den Bereichen Jugendhilfe, Schule und Gesundheitswesen	❒ Erhöhung der Fachkompetenz im Hilfesystem ❒ Weiterentwicklung eines bedarfsgerechten regionalen Hilfesystems ❒ Fachliche Weiterentwicklung der Erziehungsberatung	❒ Mitwirkung in Gremien, Arbeitskreisen und Verbänden ❒ Fachberatung, Supervision und Fortbildung ❒ Hilfeplanung für erzieherische Hilfen

Abb. 47: Beispiel „Leistungskatalog" einer Erziehungsberatungsstelle

6.1.5 Funktion der Leistungsbeschreibung

Grundlage für einen Kontrakt mit dem Kostenträger.

Die Leistungsbeschreibung ist eine Art stichwortartiger „Steckbrief" der Einrichtung und ihrer Leistungsangebote. Sie ist knapper, übersichtlicher und verbindlicher als eine Einrichtungskonzeption oder fachlichen Konzeption Leistungsbeschreibungen sollen den Öffentlichen Träger oder Privatkunden instand setzen, die Leistungen verschiedener Anbieter nach bestimmten Kriterien miteinander zu vergleichen. Die Kostenträger der Hilfen zur Erziehung haben in den einzelnen Bundesländern (meist in Zusammenarbeit mit Freien Trägern) Rahmenvereinbarungen entwickelt, die qualitative und quantitative Leistungsstandards und Kalkulationsgrößen vorgeben.
Innerhalb dieser Rahmenvorgaben haben gemeinnützige und z.T. auch privatwirtschaftliche Träger der Sozialwirtschaft Spielräume, das Profil der eigenen Angebote auszuarbeiten und darzustellen, die Kosten zu verhandeln und auf dieser Grundlage Kontrakte mit den Öffentlichen Trägern zu schließen.

6.1.6 Inhalte einer Leistungsbeschreibung

Für die differenzierte Beschreibung von Leistungen (mancherorts bevorzugen die Öffentlichen Träger den Begriff „Produkte") haben viele Öffentliche Kostenträger, Verbände und freie Träger Gliederungsvorschläge und Arbeitshilfen entwickelt.

Eine Leistungsbeschreibung enthält üblicherweise folgende Teile:

- ❒ Überblick über die Gesamteinrichtung
- ❒ Detaillierte Leistungsbeschreibung für die in der Einrichtung vorhandenen Leistungen oder Angebote (siehe Tabelle unten)
- ❒ Qualitätsentwicklungsbeschreibung

Überblick über die Gesamteinrichtung

Überblick über den Anbieter – die (Gesamt-)Einrichtung
Die Gesamteinrichtung bildet den Kontext für die einzelne Leistung, die vereinbart werden soll. Sie gibt auf 1 – 3 Seiten einen kurzen Überblick über die Einrichtung und den Träger und enthält folgende Angaben:

Bezeichnung des Einrichtungstyps, Trägerorganisation, Rechtsform, Beschreibung von Selbstverständnis und Profil der Einrichtung und tabellarischer Überblick über die Leistungspalette der Einrichtung mit Zielgruppe und Platzzahl

Differenzierte Beschreibungen der einzelnen Leistungen/individuelle Leistungsbeschreibungen

Individuelle Leistungsbeschreibungen

Für jeden Angebotstyp der Einrichtung ist eine eigene Leistungsbeschreibung zu erstellen. Die Vorgaben und Gliederungsbeispiele für die Leistungsbeschreibung können sich je nach Arbeitsfeld (z.B. Alten-, Behinderten-, Jugendhilfe, Pflege, Therapie, Bildung) und je nach Bundesland und Kostenträger etwas unterscheiden, bestehen aber meist aus folgenden Elementen:

Schema für die differenzierte Beschreibung eines Leistungsangebots

1. Bezeichnung der Leistung	Kurze Benennung der Leistung (z.B.: heilpädagogische Wohngruppe
2. Rechtsgrundlagen	z.B. SGB VIII, § 27 i.V. m. §§34, 35a, 41
3. Zielgruppen und Ausschlusskriterien	Für welche Personengruppen (z.B. Alter, Geschlecht, Probleme und Hilfebedarf/Indikation) ist das Leistungsangebot geeignet, für welche nicht?
4. Ziele	Was soll bei den Klienten und ggf. deren Eltern/Angehörigen erreicht werden? (Grundaussagen/Leit- und Rahmenziele)
5. methodische Grundlagen	Darstellung der Methoden und Handlungsansätze, mit denen die Ziele erreicht werden sollen
6. Platzzahl	Gruppengröße, Platzzahl
7. Dauer der Leistung	Wie lange bleiben die Klienten in der Einrichtung?
8. Leistungsinhalte und L.- Umfang	Beschreibung der Regelleistungen (s.u. am Bsp. eines heilpäd. Heimes) • verbindliche Betreuungszeiten • Päd.-therapeutische Leistungen • Versorgungsleistungen • Leistungen von Leitung und Verwaltung • Raumangebot
9. Individuelle Zusatzleistungen	Leistungen, die außerhalb der Leistungsvereinbarung mit fachlicher Begründung im Wege des Hilfeplanverfahrens ergänzend eingesetzt werden können
10. Personelle Ausstattung	Anzahl der Stellen, Funktion, Qualifikation und Anzahl der Wochenstunden, dargestellt in einer Tabelle
11. ggf. Vernetzung	Zusammenarbeit mit Partnern
12. Supervision, Beratung, Fortbildung	Darstellung der Angebote zur Reflexion, Beratung und Qualifizierung
13. Dokumentation und Evaluation	Wie wird die Arbeit dokumentiert und ausgewertet?

Abb. 48: Schema für die differenzierte Beschreibung eines Leistungsangebots

Leistungsinhalte am Bsp. der stationären Jugendhilfe

Wie umfassend die *Leistungsinhalte* (s. Punkt 8 der differenzierten Leistungsbeschreibung) aufgegliedert werden, zeigt exemplarisch die „Arbeitshilfe Leistungsbeschreibung der regionalen Kinder- und Jugendhilfekommissionen Franken und Südbayern" mit folgenden Stichworten:

Pädagogisch-therapeutische Regelleistungen:

- ❒ Mitwirkung am Hilfeplanverfahren und Zusammenarbeit mit dem Jugendamt
- ❒ Aufnahmeverfahren
- ❒ Anamneseverfahren
- ❒ Personlichkeits- und Leistungsdiagnostik
- ❒ Förder- Erziehungs- und Therapieplanung; Fallbesprechungen, fachliche und organisatorische Besprechungen
- ❒ Tägliche Betreuungszeiten und Anzahl der Betreuer/innen

Inhalte der Betreuung:

- ❒ Ganzheitliche und gezielte Förderung im leiblichen, emotionalen, sozialen und kognitiven und lebenspraktischen Bereich
- ❒ Orientierung und Hilfen zur Entwicklung von Handlungskompetenzen für Schule, Ausbildung, Beruf und Freizeit
- ❒ freizeitpädagogische Maßnahmen
- ❒ Hilfen zur Krisenbewältigung
- ❒ Eltern- und Familienarbeit; Kooperation mit Vormund
- ❒ Gestaltung des Ablöseprozesses

Versorgungsleistungen:

- ❒ Verpflegung
- ❒ Reinigung
- ❒ Fahrdienste
- ❒ technische Dienste
- ❒ Ärztliche Versorgung

Zu jedem dieser Stichworte muss der Anbieter ausführen, wie bei ihm diese Leistungsinhalte gestaltet sind.

Qualitätsentwicklungsbeschreibung
Hier legt der Anbieter die Qualitätsmerkmale offen und macht deutlich, mit welchen Methoden die Qualität gesichert und weiterentwickelt wird.
Die Qualitätsentwicklungsbeschreibung wird üblicherweise nach den drei Qualitätsdimensionen gegliedert. (s. dazu auch – Exkurs zur Qualitäts- und Erfolgskontrolle S. 29 ff).

Beschreibung der Qualitätsmerkmale der Leistung(en)

- **Strukturqualität:**
  Gebäudezustand, Ausstattung, Leitbild, Konzeption, Personalausstattung und Qualifizierung, Finanz- und Personalmanagement, Kooperation und Vernetzung, evtl. vorhandenes Qualitätsmanagementsystem.

- **Prozessqualität**
  Kernprozesse sind: Aufnahmeverfahren, Hilfeplanverfahren, Erziehungsplanung, Einbeziehung der Eltern/Sorgeberechtigten, Beteiligung von Kindern und Jugendlichen, Teamgespräche, Supervision, Fortbildung. Die Prozesse werden kurz beschrieben und es wird ausgeführt, wie die Verantwortlichkeiten organisiert sind.

- **Ergebnisqualität**
  Die Ergebnisqualität wird u.a. sichtbar gemacht durch Evaluationsmethoden und -instrumente zur Überprüfung der Zielerreichung, den Abschlussbericht, Kontakte zu Ehemaligen.
  Es wird dargestellt, wie die Institution auf Ergebnisorientierung achtet und die Ergebnisse auswertet.

6.1.7 Verfahren der Entwicklung einer Leistungsbeschreibung

Leistungsbeschreibungen werden in größeren Einrichtungen meist von einer Arbeitsgruppe, bestehend aus der Gesamtleitung, der Verwaltungsleitung und den Bereichsleitungen entwickelt. Die Punkte 1, 2, 6, 7, 10, 12 des o.g. Schemas können direkt in der Arbeitsgruppe entwickelt und abgestimmt werden, denn die Inhalte sind relativ klar.

An der Erarbeitung der Punkte 3, 4, 5, 8, 9 und 13 sollten über die Bereichsleitungen jeweils einige Fachkräfte beteiligt werden, da hier vermutlich noch Klärungs- und Einigungsbedarf auf Bereichsebene besteht.

Die in den einzelnen Leistungsbereichen vervollständigten Entwürfe werden in der Arbeitsgruppe verabschiedet und danach allen Fachkräften zur Kenntnis gegeben, verbunden mit der Bitte um Rückmeldungen, Ergänzungen oder Änderungsvorschläge.
Die Arbeitsgruppe prüft die Rückmeldungen und arbeitet sinnvolle Beiträge ein.
Das in diesem Verfahren erarbeitete Dokument (Übersicht über die Gesamteinrichtung, die einzelnen Leistungsbeschreibungen und die Ausführungen zur Qualitätsentwicklung) wird der Gesamtleitung zur Freigabe und Unter-

zeichnung vorgelegt und dient dann als Verhandlungsgrundlage mit Kostenträgern. Eventuelle Änderungswünsche von Seiten der Kostenträger sollten in der Arbeitsgruppe abgestimmt werden, sofern es um wichtige Inhalte geht.

Das Ergebnis der Verhandlungen wird allen beteiligten Mitarbeitern zusammen mit der Endfassung zugänglich gemacht.

6.2 Leistungsbeschreibung im Rahmen von Ausschreibungen als Grundlage für den Abschluss eines Leistungsvertrages

Im Zusammenhang mit dem Kontraktmanagement nach dem Neuen Steuerungsmodell (NStM) wurden Freie Träger z.B. der Jugendberufshilfe Ende der neunziger Jahre erstmals mit dem Verfahren einer öffentlichen Ausschreibung konfrontiert und mussten sich mit ihren Berufsorientierungsmaßnahmen der Konkurrenz mit anderen Anbietern stellen.

Rechtliche Grundlage ist die Vergabe- und Vertragsordnung für Leistungen (VOL), welche das Verfahren der Ausschreibung und der Vergabe von Aufträgen der Öffentlichen Hand für Einkäufe von Sachwerten und Dienstleitungen regelt. (Für Bauaufträge gilt die VOB.)

Der Öffentliche Träger, der im Rahmen des Sicherstellungsauftrags sonst selbst tätig werden müsste, steuert die Bedarfsdeckung in diesem Fall nicht über das ansonsten geltende sozialrechtliche Dreiecksverhältnis mit dem Abschluss von Leistungsvereinbarungen, sondern mit dem Einkauf von Leistungen bei gemeinnützigen oder privatgewerblichen Träger und über Leistungsverträge.

Verstärkte Markt- und Wettbewerbsorientierung
Mit der Öffentlichen Ausschreibung soll eine gewisse Wettbewerbs- und Marktorientierung, eine größere Trägervielfalt und gleichzeitig eine Gleichbehandlung der Bewerber erreicht werden. Dabei ist der Öffentliche Träger verpflichtet, die Angebote ausschließlich nach Effizienzkriterien (Preis-/Leistungsverhältnis) zu bewerten. Den Zuschlag soll grundsätzlich der wirtschaftlichste, nicht der kostengünstigste Anbieter erhalten.

Das Verfahren de Ausschreibung wurde in den ersten Jahren nach seiner Einführung von den etablierten Trägem stark kritisiert: Sie sahen dadurch ihre Position im sozialrechtlichen Dreiecksverhältnis und das Wunsch- und Wahlrecht der Hilfeberechtigten gefährdet und befürchteten, dass gewerbliche und Billiganbieter (womöglich sogar europaweit) den Markt der Leistungsverträge beherrschen und damit einen starken Preis- und Lohndruck ausüben könnten. Die Befürchtungen hinsichtlich der Trägerlandschaft haben sich nicht bestätigt; der Preisdruck hat aber doch aus Sicht der Träger und der Beschäftigten zu einer gewissen Deregulierung der Arbeitsverhältnisse und in manchen Bereichen zu einer Abwanderung besonders qualifizierter und erfahrener Fachkräfte geführt, was sich auf die Qualität und Nachhaltigkeit der Maßnahmen auswirkt.

Inzwischen ist das Verfahren der Ausschreibung nicht nur bei der Agentur für Arbeit etabliert; auch Forschungsprojekte des Bundesministeriums für Familie, Frauen, Senioren und Jugend, Maßnahmen des Bundesamtes für Integration und Flüchtlinge, Projekte aus den EU Fonds; von der Stadt München soll in Zukunft auch die Vergabe von Trägerschaften für neue kommunale Sozialeinrichtungen wie z.B. Krippen oder Jugendzentren über Ausschreibungen vorgenommen werden.

Verfahren

Am Beispiel des Einkaufszentrums der Agentur für Arbeit soll das Verfahren kurz skizziert werden: Die Ausschreibungsunterlagen enthalten bereits als Vorgabe eine detaillierte Beschreibung der gewünschten Leistung mit ihren einzelnen Bestandteilen (Modulen) sowie den dazu geltenden Ergebniszielen, Qualitätsstandards und Evaluationskriterien. Auch die Anforderungen an das Personal, die Räume und die Ausstattung sind genau beschrieben.
Bei Berufsorientierungsmaßnahmen z.B. hat der Bewerber ein fachlich fundiertes Konzept vorzulegen, das die geplanten „Strategieansätze zur Verbesserung der Vermittlungschancen und die Vorgehensweise beim konsequenten Coaching zur persönlichen Stabilisierung" beschreibt.
Voraussetzung für die Bewerbung ist der Nachweis der nötigen Fachkunde, Leistungsfähigkeit und Zuverlässigkeit durch den Bieter.

Die eingereichten Angebote werden je nach Aussagekraft und Schlüssigkeit mit Leistungspunkten bewertet. Den Zuschlag bekommt der Bieter, der die höchste Leistungspunktezahl mit dem günstigsten Preis erreicht. Der nach diesem Vorgehen wirtschaftlichste Bieter erhält den Zuschlag und wird damit Vertragspartner.
Mit dem ausgewählten Anbieter schließt der Öffentliche Träger einen Leistungsvertrag ab, d.h. er kauft eine sehr genau definierte Leistung ein.
Das verpflichtet ihn im Sinne des verantwortlichen Umgangs mit Öffentlichen Mitteln, die Ausführung und das Ergebnis genau zu kontrollieren und ggf. Verstöße gegen den Leistungsvertrag zu sanktionieren.

Fazit

Eine erfolgreiche Bewerbung auf eine Öffentliche Ausschreibung erfordert erhebliche fachliche und betriebswirtschaftliche Kenntnisse und einen hohen Zeitaufwand für das Studium der ausführlichen Ausschreibungsunterlagen, das Ausfüllen der detaillierten – teilweise elektronischen – Bewerbungsformulare und die Erstellung eines anspruchsvollen fachlichen Konzepts.
Wer den Zuschlag für eine Maßnahme erhält, muss genaue Durchführungsvorschriften einhalten, eng mit dem Auftraggeber kooperieren und am Ende mit der Evaluation den Erfolg der Maßnahme nachweisen.
Wegen der hohen Anforderungen bei gleichzeitig engem wirtschaftlichen Spielraum muss ein Träger intern sehr genau prüfen, mit welchen Angeboten er sich einem solchen Ausschreibungsverfahren unterziehen kann und will.

7. Instrumente zur Konzeptentwicklung

7.1 Stakeholder-Analyse

In Anlehnung an den Begriff „shareholder“ (Anteilseigner, Aktionär) fasst der Begriff **Stakeholder** alle Akteure (Individuen/Gruppen/Institutionen) zusammen, die von den Aktivitäten des Trägers betroffen sind oder sie beeinflussen können.
Da soziale Einrichtungen nicht primär auf Gewinnerzielung sondern auf die Befriedigung eines gesellschaftlichen Bedarfs ausgerichtet sind, besteht ihre Aufgabe in der Maximierung des Nutzens für die Gesellschaft, verkörpert durch die Stakeholder.

Die Stakeholder-Analyse dient der Erfassung der Bezugsgruppen, ihrer Ansprüche und Erwartungen und ihrer Bedeutung für den Erfolg der Organisation. Darauf aufbauend kann eine sinnvolle Strategie zum Umgang mit den Stakeholdern entwickelt werden.

7.1.1 Sammeln: Wer sind unsere Stakeholder?

Auf einer Pinwand – mit Karten oder in Form einer Mind Map – werden alle Anspruchsgruppen erfasst. Dabei kann man unterscheiden in

- *interne* Stakeholder, die für die Organisation Verantwortung tragen wie Mitglieder, Vorstand oder Gesellschafter
- *primäre* Stakeholder die mit der Organisation direkt in Kontakt stehen wie, Nutzer, haupt- und ehrenamtliche Mitarbeiter, Geldgeber/Kostenträger und Lieferanten
- *sekundäre* Stakeholder, die indirekt Einfluss ausüben oder beeinflusst werden, wie z.B. Gemeinde, Land und Bund, soweit sie nicht selbst als Geldgeber fungieren, Ausbildungsstätten, Verbände, Sozialversicherungsträger, Medien und Öffentlichkeit

Abb. 49: Sammlung von Stakeholdern

7.1.2 Untersuchung: Was erwarten die Anspruchsgruppen von uns?

Die Stakeholderanalyse ist ein Baustein der Umfeldanalyse. Sinn und Zweck der Umfeld- und Stakeholderanalyse ist es, „über den Tellerrand" hinauszuschauen, die Erwartungen der Interessengruppen zu kennen und vorausschauend Chancen und Gefahren zu identifizieren, die sich für die Organisation, die Einrichtung oder das Leistungsangebot ergeben könnten.

Die Stakeholderanalyse leitet zu einer systematischen Auseinandersetzung mit den Erwartungen der Anspruchsträger an; wo keine Informationen „aus erster Hand" vorliegen, gilt es, sich durch Gespräche, Befragungen oder Kundenkonferenzen kundig zu machen. Viele soziale Einrichtungen führen deshalb regelmäßige Kundenbefragungen durch; große Unternehmen lassen durch externe Institute die Zufriedenheit ihrer Mitarbeiter ermitteln und Verbände holen Feedback von ihren Mitgliedern ein.

Im folgenden Beispiel der Stakeholderanalyse einer KiTa wird untersucht:

- ❒ Welchen Nutzen erwarten die einzelnen Anspruchsgruppen?
- ❒ Was braucht die KiTa von ihnen?
- ❒ Welche Chancen und Gefahren können von ihnen für die Entwicklung und den Fortbestand der KiTa ausgehen?

Beispiel „Stakeholderanalyse einer KiTa"

Stakeholder unsererKiTa	Welchen Nutzen erwarten sie?	Was brauchen wir von ihnen?	Welche Chancen und Gefahren zeichnen sich für uns als KiTa ab?
Kinder	• Freunde • Spielsachen • Platz • Anregung • Zuwendung	• Interesse • Beziehungsfähigkeit • Beteiligung an den Angeboten • Fähigkeit zur Anpassung an Regeln	Gefahren: • ansteckende Krankheiten • steigende Zahl der Kinder mit Problemverhalten
Eltern	• Hilfe bei der Eingewöhnung • Zuverlässigkeit • bedarfsgerechte Angebotszeiten • mäßige Kosten • positive Entwicklung des Kindes	• Kostenbeitrag • Besuch der Elternabende • Mithilfe bei Aktionen und Veranstaltungen • Vertretung im Elternbeirat	Chancen • Bedarf ist höher als das Angebot, hohe Nachfrage Gefahren • Angebotszeiten entsprechen nicht den Bedürfnissen der Eltern
MitarbeiterInnen	• Angemessene Personalausstattung und Vergütung, Sonderzahlungen • gutes Betriebsklima durch qualifizierte Mitarbeiterführung und kollegiale Zusammenarbeit • Fortbildung	• Qualitätsbewusstes Arbeiten nach dem aktuellen Stand Fachlichkeit • Engagement • Bindung an den Arbeitgeber	Gefahren • wegen Fachkräftemangels Schließung von Gruppen, oder Einschränkung der Angebotszeiten Chancen • durch sehr gute Kontakte zur Ausbildungsstätte XY bevorzugte Bewerbung seitens BerufsanfängerInnen

Stakeholder unsererKiTa	Welchen Nutzen erwarten sie?	Was brauchen wir von ihnen?	Welche Chancen und Gefahren zeichnen sich für uns als KiTa ab?
Kommune	• Erfüllung des Anspruchs auf einen KiTa Platz • Einhaltung der gesetzlichen Bestimmungen • bedarfsgerechte Angebotszeiten • positive Rückmeldungen von Eltern • Nachweis über die ordnungsgemäße Verwendung der Mittel	• Erteilung der Betriebsträger-schaft • Möglichst komplette Finanzierung der verbleibenden Betriebskosten nach Abzug der Einnahmen • Werbung für die KiTa	Chancen Rechtsanspruch der Eltern von Ein-bis Dreijährigen ab 8/2013 Gefahren • Sinkender Fianzierungsanteil im Falle schlechter Haushaltslage • Entzug der Betriebsträgerschaft bei Verstößen gegen den Trägervertrag
Träger	• Verwirklichung der trägereigenen Werte • qualifizierte pädagogische Arbeit • Imagegewinn für den Träger • Niedriger Bedarf an Eigenmitteln	• Mit-Finanzierung aus Eigenmitteln • Gute Ausstattung der KiTa • Professionelles Management • Fachliche Beratung und Unterstützung	Chancen • Erfahrung als Träger von Kindertagesstätten • trägereigenes Qualitätsmanagement • trägereigene Dienstwohnungen Gefahren • Sinkender Anteil an Eigenmitteln • Managementfehler • Einstellen des Leistungsangebotes KiTa
Bund und Länder	• Unterstützung des Ausbaus • Sicherung und weitere Verbesserung der Qualität durch Förderprogramme	Gesetze und Rahmenbedingungen die eine qualitätvolle und bedarfsgerechte Versorgung mit KiTaplätzen Sicherstellen.	Chancen • Rechtsanspruch der Eltern auf Betreuungsplatz für Ein-bis Dreijährige ab 8/2013 sichert den Bedarf Gefahr • Aufweichung der infrastrukturellen Standards wegen aktueller Versorgungsengpässe

Abb. 50: Stakeholderanalyse einer KiTa in Anlehnung an Kortendieck (2009) S. 60

Besondere Stellung der Adressaten und NutzerInnen als Stakeholder

Kundenanalyse

Die Analyse der angestrebten Zielgruppe in ihrer Gesamtheit einerseits und der tatsächlichen Nutzer andererseits ist ein zentraler Baustein der Stakeholderanalyse und bedarf besonderer Aufmerksamkeit.
Zur Analyse des Bestandes an tatsächlichen NutzerInnen ist bei größeren Einrichtungen eine Datenbank erforderlich, die eine Auswertung nach verschiedenen Merkmalen und Merkmalskombinationen ermöglicht. Welche Merkmale der NutzerInnen für die Kundenanalyse relevant sind, hängt vom jeweiligen Leistungsangebot ab.

- ❒ Welche Anliegen, Problemlagen oder Interessen haben die Person zu uns geführt?
- ❒ Welche(s) unserer Angebote nutzt die Person – seit wann/wie oft – in welchem Umfang?
- ❒ Demographische Merkmale der Personen, soweit der Charakter der Arbeitsbeziehung deren Erfassung zulässt: Alter , Geschlecht, Nationalität, Wohnort oder Stadtteil, Familiengröße, Einkommenssituation und Bildungsabschluss.

Kundensegmentierung

Durch Korrelation von Merkmalen lassen sich aus dieser Teilnehmerstatistik typische Nutzergruppen (in der Marketingsprache „Kundensegmente“) bilden. Jetzt können wir auf Grund von zuverlässigen Daten die Fragen beantworten:

- ❒ Welche Kundentypen sind bei uns hauptsächlich vertreten?
- ❒ Welche Bedürfnissen, Probleme und Interessen haben sie?
- ❒ Inwieweit wird unsere Institution/ unser Leistungsangebot den Bedürfnissen und Erwartungen dieser NutzerInnen gerecht?

Am Beispiel KiTa (s.o.) könnten u.a. folgende Merkmale der Kundengruppe „Eltern“ dazu beitragen, die Kundenstruktur zu segmentieren:

- ❒ beide Eltern berufstätig
- ❒ haupterziehender Elternteil berufstätig
- ❒ haupterziehender Elternteil nicht berufstätig

und/oder

- ❒ Berufstätige mit Arbeitszeiten zwischen 7.30–17.30 Uhr (Öffnungs- und Bereitschaftszeiten der KiTa.)
- ❒ Berufstätige mit Arbeitszeiten über die Öffnungszeiten der KiTa hinaus (frühmorgens, abends, nachts, Wochenende)

und/oder

- ❒ Eltern(teile) mit Migrationshintergrund und geringen Deutschkenntnissen
- ❒ Eltern(teile) aus bildungsfernem Milieu
- ❒ Eltern(teile) mit guter Schulbildung

Das ermöglicht, die ganz spezifischen (oft auch divergierenden) Bedürfnisse der unterschiedlichen Kundensegmente zu erkennen und zu klären, ob man sie erfüllen kann und will. Das kann auch bedeuten, ein bestimmtes Kundensegment nicht mehr zu „bedienen", weil man mit den gegenwärtigen Ressourcen ihre Bedürfnisse nicht befriedigen kann.

Vergleich Zielkunden – tatsächliche Kunden

Im Zuge der Konzeptionsentwicklung gilt es auch zu prüfen:
„Erreichen wir tatsächlich diejenigen Menschen für die unser Angebot konzipiert ist?"
Manchmal klafft eine Lücke zwischen den im Konzept angegebenen Adressaten/ Zielkunden und den tatsächlichen Nutzern; dies wird erst durch einen Vergleich der tatsächlichen Nutzer mit den Merkmalen der Gesamtzielgruppe deutlich.

So sind z.B. Erziehungsberatungsstellen und Jugendzentren lt. Konzept und Förderrichtlinien in der Regel für alle Familien bzw. alle Jugendlichen des Einzugsgebietes da. De facto nutzen oftmals fast ausschließlich Familien aus der Mittelschicht die Beratungsstellen, während Unterschichts- und Migrantenfamilien keineswegs entsprechend ihrem Anteil an der Bevölkerung erreicht werden.
In Jugendzentren dominieren oftmals männliche Jugendliche mit Migrationshintergrund und niedrigem Bildungsabschluss, während Mädchen aus demselben Milieu sowie Realschüler und Gymnasiasten beiderlei Geschlechts als Nutzer fehlen.

Zielgruppenbezogene Studien als Informationsquelle

Um zwischen aktueller Klientel und Gesamtheit der jeweiligen Zielgruppe Bezüge herzustellen, können Studien nützlich sein, wie z.B. die Shell-Jugendstudien, die Studien von Sinus-Sociovision (z.B. Sinus-Milieustudien U27 „Wie ticken Jugendliche" und „Migranten-Milieus in Deutschland") oder auch die Berichterstattung im Auftrag von Ministerien und Kommunen (Jugendbericht, Armutsbericht, Alterssurvey, Gesundheitsbericht u.a.).

Das folgende Beispiel einer Zielgruppensegmentierung im Rahmen einer Sinus-Milieu-Studie umreißt unterschiedliche Typen der Zielgruppe „Migranten". Daraus wird erkennbar, dass eine Einrichtung mit dem Auftrag „Ausländerarbeit" nur dann auf die spezifischen Bedürfnisse eingehen kann, wenn sie sich auf ein oder zwei Segmente der Zielgruppe konzentriert.

Zielgruppensegmentierung am Beispiel von Migranten

Migranten-Milieus in Deutschland 2007		
Sinus A3	Religiös-verwurzeltes Milieu	Archaisches, bäuerlich geprägtes Milieu, verhaftet in den sozialen und religiösen Traditionen der Herkunftsregion.
Sinus A23	Traditionelles Gastarbeitermilieu	Traditionelles Blue Collar-Milieu der Arbeitsmigranten, das den Traum einer Rückkehr in die Heimat aufgegeben hat.
Sinus B2	Statusorientiertes Milieu	Klassisch aufstiegsorientiertes Milieu, das – aus kleinen Verhältnissen kommend – für sich und seine Kinder etwas Besseres erreichen will.
Sinus B3	Entwurzeltes Milieu	Sozial und kulturell entwurzeltes (traumatisiertes) Flüchtlingsmilieu – stark materialistisch geprägt und ohne Integrationsperspektive.
Sinus B12	Intellektuell-kosmopolitisches Milieu	Aufgeklärtes, nach Selbstverwirklichung strebendes Bildungsmilieu mit einer weltoffen-toleranten Grundhaltung und vielfältigen intellektuellen Interessen.
Sinus B23	Adaptives Integrationsmilieu	Die pragmatische moderne Mitte der Migrantenpopulation, die nach sozialer Integration und einem harmonischen Leben in gesicherten Verhältnissen strebt.
Sinus BC2	Multikulturelles Performermilieu	Junges, flexibles und leistungsorientiertes Milieu mit bi- bzw. multikulturellem Selbstbewusstsein, das nach Autonomie, beruflichem Erfolg und intensivem Leben strebt.
Sinus BC3	Hedonistisch – subkulturelles Milieu	Die unangepasste zweite Generation mit defizitärer Identität und Perspektive, die Spaß haben will und sich den Erwartungen der Mehrheitsgesellschaft verweigert.

Abb. 51: Migranten-Milieus in Deutschland 2007 (1) (Sinus-Sociovision 2007)

Nachdem klar geworden ist, welchem Segmant der Gesamtzielgruppe die tatsächlichen NutzerInnen angehören, ist eine bewusste Entscheidung zu treffen, auf welche Segmente der Zielgruppe man sich konzentrieren will oder (aufgrund des Auftrags) muss.

Folgende Fragen können zur Entscheidungsfindung beitragen:

- Welches Kundensegment will der Kostenträger/Zuwendungsgeber mit dem Leistungsangebot erreicht wissen?
- Mit welchen Segmenten der Zielgruppe können wir aufgrund unserer Ressourcen und Kompetenzen besonders gut arbeiten?
- Welchem Kundensegment steht unser Träger von seinem weltanschaulichen Hintergrund her nahe?
- Welche Segmente überwiegen in unserem Einzugsgebiet/im Sozialraum?
- Welches Kundensegment ist für uns ökonomisch interessant bzw. problematisch?

Daraus ist dann ein Fazit zu ziehen mit der Frage:
„Stimmt unsere Nutzerstruktur oder sollten wir unsere Zielgruppe verändern?"
Mögliche Strategien zur künftigen Bestimmung der Zielgruppe könnten sein:

Zielgruppe festlegen

- ein bisher unterrepräsentiertes Kundensegment als Nutzer gewinnen;
- aus pädagogischen Gründen diversifizieren (d.h. statt der bisher homogenen Nutzerstruktur eine größere Vielfalt oder Mischung von Nutzertypen anstreben);
- sich bewusst beschränken auf ein (homogenes) Kundensegment statt der bisherigen Mischung;
- Umbau der NutzerInnenstruktur, z.B. Verjüngung durch Ansprechen eines neuen oder jüngeren Zielgruppensegments und Ablösung der bisherigen NutzerInnen oder
- Änderung des Angebotsprofils (z.B. Umstellung von einer heilpädagogischen auf eine therapeutische Einrichtung) mit Umbau der Zielgruppe.

Nach der Auseinandersetzung mit der Stakeholdergruppe „Kunden" wenden wir uns nun wieder der Gesamtheit der Stakeholder zu.

7.1.3 Bewertung: Welche Stakeholder haben für uns Priorität?

Soziale Organisationen und Einrichtungen können es nicht allen Anspruchsgruppen gleichermaßen recht machen! Bei begrenzten Kapazitäten gilt es, Prioritäten zu setzen: Wie maßgeblich sind die Erwartungen und Ansprüche der einzelnen Stakeholder für uns? Welche müssen wir erfüllen, um unsere Ziele zu erreichen; welchen messen wir geringere Bedeutung bei?
Kortendieck weist daraufhin, dass mit den Stakeholdern sensibel umzugehen sei, Ihre Wünsche aber auch nicht überbewertet werden sollten.
„Nicht alles, was die Einrichtung für die Stakeholder tut, ist gleichermaßen notwendig oder wird honoriert. Auch muss zwischen berechtigten und unberechtigten oder überzogenen Wunschvorstellungen unterschieden werden, besonders wenn Zielkonflikte vorliegen." (Kortendieck 2009, Seite 64)

Analyse der Stakeholder nach dem Grad von Macht und Einfluss auf die Organisation oder das Leistungsangebot

Um bei der Vielzahl von Akteuren diejenigen heraus zu finden, die für die Organisation von großer strategischer Bedeutung sind, kann man sie nach der Art und dem Grad von Macht und Einfluss bewerten, die sie gegenüber der Organisation oder der Einrichtung haben; dabei lassen sich verschiedene Arten von Macht und Einfluss unterscheiden:

Entscheidungsmacht

Das Kriterium, ob sich ein Stakeholder für unsere Institution entscheidet oder uns „links liegen“ lässt, kann man insbesondere auf AdressatInnen und vermittelnde Stellen anwenden, z.B. wenn es darum geht:

- ❒ Kommen die Jugendlichen in unser Jugendzentrum?
- ❒ Melden die Eltern ihr Kind in unserem Kindergarten an?
- ❒ Belegen die Jugendämter unsere Einrichtung?
- ❒ Bringen die Sanitäter den Unfallpatienten in unsere Klinik?

Über Entscheidungsmacht verfügen auch MitarbeiterInnen bei der Wahl ihrer Arbeitsstelle und beim Wechsel des Arbeitsplatzes. Wenn in einer bestimmten Berufsgruppe Personalmangel herrscht (wie zur Zeit in der Altenpflege und bei ErzieherInnen), so senkt sich die Waagschale der Macht zugunsten der MitarbeiterInnen, die in diesem Fall ebenso wie die NutzerInnen „mit den Füßen abstimmen“ können. Gibt es dagegen auf dem Arbeitsmarkt der benötigten Berufsgruppe nur wenige freie Stellen und viele BewerberInnen, so neigt sich die Waagschale der Entscheidungsmacht auf die Seite der Arbeitgeber.

wirtschaftliche Macht

Oft ist die Macht durch Abstimmung/Entscheidungsverhalten gekoppelt mit der Macht, wirtschaftlichen Druck auszuüben z.B. wenn es um die Zuteilung von Fördermitteln, das Aushandeln von Leistungsentgelten, die Übertragung von Trägerschaften, den Zuschlag bei öffentlichen Ausschreibungen oder die Vermittlung von Heimplätzen und ambulanten Diensten geht.

Macht durch wirtschaftlichen Druck können z.B. ausüben:

- ❒ politische Entscheidungsgremien auf Bundes-, Landes- und kommunaler Ebene, die z.T. die Rahmenbedingungen für die Finanzierung sozialer Einrichtungen und Dienste definieren;
- ❒ Sachbearbeiter in den Behörden, die über die Gewährung von personenbezogenen ambulanten oder stationären Leistungen entscheiden;
- ❒ eine Entgeltkommission, die die Höhe eines Pflegesatzes oder eines Leistungsentgeltes festsetzt
- ❒ Unternehmen oder vermögende Einzelpersonen, die als Sponsoren oder Erblasser auswählen können, was und wen sie fördern.

Kunden, die eine Leistung selbst „einkaufen“ und bezahlen, verfügen ebenfalls über Entscheidungs- und wirtschaftliche Macht, z.B. Senioren als Selbstzahler im Altenheim oder Eltern, die für ihr Kind einen Ferienkurs buchen.

Politische Macht

Politische Macht kann ausgeübt werden durch Gesetze, Verordnungen und Ausführungsbestimmungen, die von politischen Entscheidungsträgern beschlossen werden. Politische Macht kann wiederum kombiniert sein mit Entscheidungsmacht und wirtschaftliche Macht (s.o.).
Durch außerparlamentarische Initiativen, Protestaktionen und öffentlichkeitswirksame Kampagnen kann aber auch eine Gruppe von „machtlosen“ Bürgern einen gewissen politischen Einfluss aufbauen, um Projekte zu verhindern oder Forderungen durchzusetzen.

Macht durch Meinungsbildung

Macht und Einfluss durch Meinungsbildung entsteht durch Berichterstattung in den Medien; so haben z.B. Berichte über Missstände und problematische Vorfälle, aber auch über positive Ereignisse und Beispiele erhebliche Auswirkungen auf das Image einer Organisation.
Multiplikatoren, die wichtigen Entscheidern nahe stehen, können als Meinungsbildner für die Organisation förderlich oder schädlich sein, je nachdem, welche Meinung sie über den Verband oder die Einrichtung verbreiten.
Ebenso wie Wirtschaftsunternehmen versuchen auch Verbände und Organisationen durch Lobbyarbeit Einfluss auf politische Entscheidungsträger zu nehmen.

Die Bewertung von Macht und Einfluss der unterschiedlichen Stakeholder sollte an eine konkrete Fragestellung geknüpft werden. Es macht einen Unterschied, ob die Frage lautet:

Bewertungsfrage

Wie schätzen Sie die Macht/den Einfluss der verschiedenen Anspruchsgruppen
- ❒ für den Fortbestand unseres Verbandes, unserer Einrichung oder unseres Leistungsangebotes
  oder
- ❒ für die Erreichung unserer fachlichen Ziele ein?

Bewertung des vermuteten Umfangs von Macht und Einfluss der Stakeholder am Beispiel eines kommunalen Jugendzentrums

Wie schätzen Sie den Einfluss der einzelnen Anspruchsgruppen auf das Fortbestehen des Jugendzentrums in seiner gegenwärtigen Form ein?
Bewertung mittels einer Skala von 0 bis 5 (0= kein Einfluss, 5= sehr großer Einfluss)

	Macht durch...				
	Entscheidung	Wirtschaftlichen Druck	Politische Macht	Meinungsbildung	**Summe**
Vereinsvorstand	3	0	0	2	**5**
Vereinsmitglieder	1	0	0	1	**2**
Zuwendungsgeber Kommune	2	5	5	3	**15**
NutzerInnen	2	0	3	2	**6**
Eltern	1	0	0	1	**2**
Schulen	0	0	0	2	**2**
Lokalzeitung	1	0	0	5	**6**
Zielgruppe, (Noch-) Nicht-Nutzer	3	0	0	2	**5**

Abb. 52: Bewertung von Macht und Einfluss der Stakeholder am Beispiel eines Jugendzentrums

Die oben dargestellte Tabelle zeigt, wie der Konzeptzirkel eines Jugendzentrums (nach erfolgter Einzelbewertung und anschließenden Diskussion) Macht und Einfluss seiner Stakeholder einschätzt.
An einigen Beispielen soll erläutert werden, welche Überlegungen hinter der jeweiligen Punktevergabe stehen:

- Der Vereinsvorstand könnte zurücktreten oder mit Zustimmung der Mitglieder den Verein auflösen. Die Arbeitsgruppe bewertet seine Entscheidungsmacht mit 3 weil die Kommune die Trägerschaft nach einer eventuellen Auflösung des Vereins auch einem anderen Träger übergeben könnte.
  Da ein Vorstandsmitglied im Gemeinderat (allerdings Minderheitspartei) sitzt, wird der Einfluss des Vorstands auf die Meinungsbildung mit 2 bewertet.
- Die derzeitigen NutzerInnen/BesucherInnen (das sind etwa 15 % der gesamten Zielgrupe der 10-18Jährigen der Gemeinde) könnten wegbleiben. Für das Fortbestehen ist ihre Teilnahme aber nicht zwingend erforderlich, da es noch 85 % andere potentielle Nutzer der Zielgruppe gibt, die (mit anderen Angeboten) als BesucherInnen gewonnen werden könnten; deshalb bewertet der Konzept-Zirkel die Entscheidungsmacht der derzeitigen Besucher mit 2.

Hinter der Bewertung der politischen Macht mit 3 steht der Gedanke, die jetzigen BesucherInnen könnten mit öffentlichkeitswirksamen Aktionen Druck auf den Gemeinderat ausüben, falls der Fortbestand des Jugendzentrums gefährdet wäre. Als Meinungsbildner für das Image des Jugendzentrums werden sie nicht stärker eingeschätzt als die Nicht-Nutzer, da sie bisher Mund-zu Mund-Propaganda für das Jugendzentrum nur in ihrer eigenen Clique gemacht haben.

Die Nicht-Nutzer stehen dem Jugendzentrum in der bisherigen Form uninteressiert bis ablehnend gegenüber, obwohl sie es nur vom Hörensagen kennen; sie haben dies auch in einer Jugendbefragung der Kommune geäußert, die vom Gemeinerat recht ernst genommen wird; deshalb wird ihr Einfluss auf die Meinungsbildung der Entscheider und der Öffentlichkeit nicht höher bewertet als der der NutzerInnen.

Analyse der Stakeholder nach deren Interesse an der Organisation oder dem Leistungsangebot

Um zu bestimmen, welche Stakeholder für die Organisation/die Einrichtung besonders wichtig sind, kann nicht nur deren Macht eine Rolle spielen; bedeutsam ist auch, wie groß das Interesse des jeweiligen Stakeholders an der Organisation, der Einrichtung oder dem Leistungsangebot ist.
Das Interesse zeigt sich z.B. an der Kontakthäufigkeit, den Nachfragen und Rückmeldungen, der Resonanz (z.B. Klick auf die Homepage, Rücklaufquote bei Befragungen), an der Beteiligung an Aktionen, am Besuch von Veranstaltungen oder der praktischen Mithilfe.

Die folgende Abbildung zeigt die Stakeholderanalyse des Anbieters eines Anti-Agressivitätstrainings-Kurses für Jugendliche und junge Erwachsene, die bereits polizeilich erfasst wurden.
Das Interesse der Stakeholder wird hier bewertet anhand der Anzahl von Nachfragen und Zuweisungen der Stakeholder, sowie einer stichprobenartigen Befragung von Personen der direkten Zielgruppe, die noch nicht an einem Training teilgenommen haben.

Einschätzung des Interesse der einzelnen Anspruchsgruppen am Angebot eines Antiaggressivitätstrainings für Jugendliche und junge Erwachsene	
Interesse der jeweiligen Stakeholder am AAT	Bewertung (0= kein Interesse 5= starkes Interesse)
Junge Menschen, die wegen gewalttätigen Verhaltens bei der Polizeit bekannt wurden. wurden (Zielgruppe allgemein)	**2**
Eltern von jungen Menschen, die bereits auffällig wurden	**3**
Richter	**4**
Jugendämter-Jugendgerichtshilfe	**4**
Bewährungshelfer	**5**

Abb. 53: Bewertung der Stakeholder nach dem gezeigten Interesse am Leistungsangebot

7.1.4 Entwicklung einer Einbindungsstrategie im Sinne eines Stakeholder-Relationship-Managements

Keine Organisation kann alle Anspruchsgruppen in ihrer Vielfalt und mit ihren z.T. divergierenden Interessen gleichermaßen umwerben, einbeziehen und beteiligen. Auch Sozialorganisationen mit ihren knappen Ressourcen müssen Prioritäten setzen und dabei diejenigen Stakeholder in den Mittelpunkt rücken, die über Macht und Einfluss verfügen und gleichzeitig großes Interesse an der Organisation oder dem Leistungsangebot zeigen.
Wirtschaftsunternehmen konzentrieren sich auf die sog. Schlüsselkunden, das sind diejenigen Kunden, mit denen man den größten Umsatz macht.

Für Träger der Jugend- oder Behindertenhilfe sind die in den jeweiligen Behörden zuständigen Fachkräfte *Schlüsselkunden* oder *Key Player*, da sie die Entscheidung über Gewährung von Hilfen sowie die Hilfeform treffen und den Sorgeberechtigten entsprechende Anbieter empfehlen. Ebenfalls hohe Priorität haben die Anspruchsberechtigten selbst als Endkunden: Sie können bei der Auswahl der Institution ihr Wunsch- und Wahlrecht ausüben und im Rahmen des Aufenthaltsbestimmungsrechtes auch über den weiteren Verbleib ihres Kindes in der Maßnahme entscheiden.
Stakeholder, deren Einfluss und Macht gering ist und die gleichzeitig wenig Interesse an der Organisation bzw. dem Leitungsangebot zeigen, müssen korrekt behandelt aber nicht mit großem Aufwand betreut werden.

Die Darstellung in Form einer Matrix bzw. Portfolio-Analyse ermöglicht eine Zusammenschau der Perspektiven „Macht/Einfluss“ und „Interesse“.

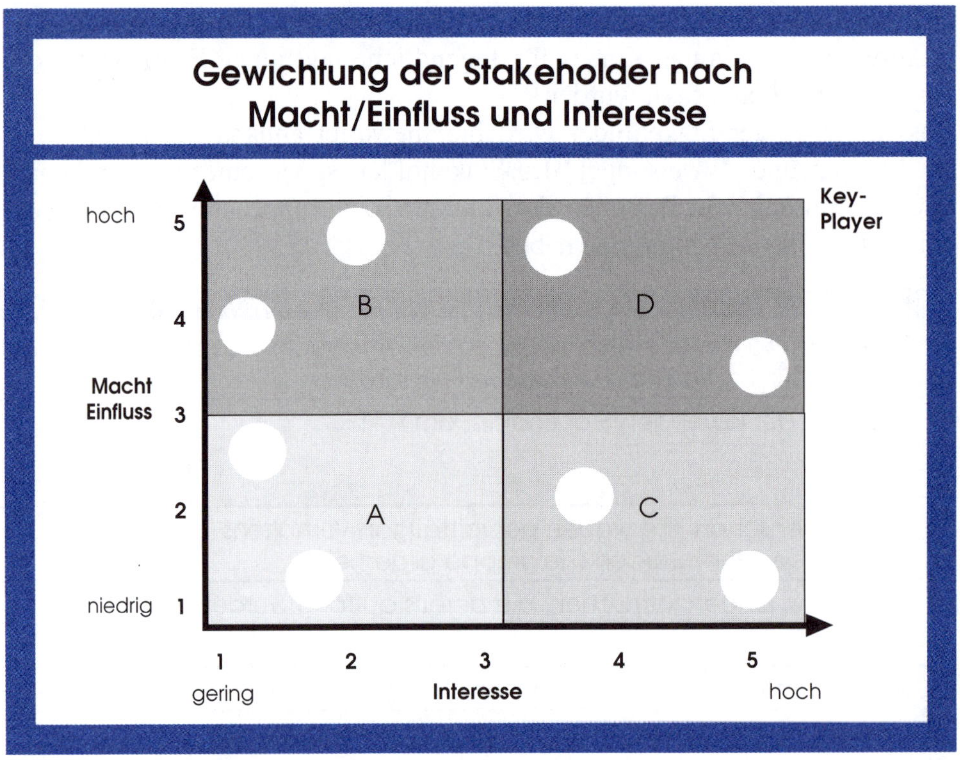

Abb. 54: Gewichtung der Stakeholder nach Macht/Einfluss und Interesse

In den einzelnen Feldern der Matrix werden die verschiedenen Stakeholder mit einem Kürzel positioniert, je nachdem wie sie auf der waagrechten (Interesse) und senkrechten Skala (Macht/Einfluss) nach Schritt 3 bewertet wurden.

Optimale Einbindungsstrategie

Die optimale Einbindungsstrategie hängt nach dem Prinzip des ökonomischen Mitteleinsatzes von der Priorität ab, die die vorige Bewertung der Akteure in den Dimensionen „Einfluss/Macht" und „Interesse" ergeben hat

Position	Bewertung		Strategie
	Macht und Einfluss	Interesse	
A	gering	gering	beobachten
B	Hoch	gering	konsultieren
C	gering	hoch	informieren
D	**Hoch**	**Hoch**	**beteiligen**

Abb. 55: Strategien für die Kommunikation mit den Stakeholdern

Anmerkung:
Durch Koalitionsbildung zwischen einzelnen Stakeholdern können sich die Machtverhältnisse verschieben.

Entwicklung eines Maßnahmeplans

Die folgende Übersicht zeigt einen Maßnahmeplan für die Einbindung und Betreuung der Stakeholder als Bestandteil der Einrichtungskonzeption am Beispiel eines Jugendzentrums

Maßnahmeplan zur Einbindung der Stakeholder am Beispiel eines Jugendzentrums

Stakeholder	Maßnahme	Zeitaufwand für die Fachkräfte
Trägerverein	• Teilnahme der Pädagogen an den Vorstandssitzungen • Gespräch und Zusammenarbeit mit 1. Vorsitzender/m	• 1x monatlich 2 Std. • wöchentlich ca. 2 Std.
Jugendliche Besucher	• Plenum • Aktualisierung der Homepage (Feedback von Besucherinnen, Ankündigungen und Fotos von Veranstaltungen und Aktionen) • Kontakt über soziale Netzwerke im Internet, E-Mail und SMS • Aktivierung von Freiwilligen z.B. für Thekenverkauf, Technik, als Ordner , als „Paten" für den Übergang Schule-Beruf.	• 1x wöchentlich 2 Std. • Wöchentlich 1 Std. • täglich 30 Min. • monatlich ca. 8 Treffen und laufende Betreuung (insg. ca.16 Std.)

Gemeinderat	• Bericht und Vortrag im Gemeinderat • Kontakt zum/zur Jugendbeauftragten	• 2x jährlich ca. 30-40 Min. + Vorbereitung einer Präsentation • ca. 4x jährlich und Einladung zu passenden Veranstaltungen
Kooperationspartner Schulsozialarbeit	• Zusammenarbeit bei Berufsfindungswoche und Bewerbungstraining • Gemeinsame Klassenparties • Austausch und Gespräche mit KollegInnen	• Jährlich 5 Tage + Vorbereitung • ca. 8 x jährlich 4 Std. • wöchentlich 1 Std.
AK „Jugend"	• Austausch mit Jugendarbeit der Kirchen, Jugendpolizei, Streetwork, Vertreter des Kreisjugendamtes	• Vierteljährlich 2 Std.
Lokalpresse	• Ankündigung von Programmangeboten • Kontakt mit Lokalredakteur • Zusendung von Pressemeldungen	• Veranstaltungskalender 1x wöchentlich • 2x jährlich und bei Anfragen • ca.10x jährlich
Nachbarn	• Einladung der Nachbarn • Entschuldigungsbesuch mit Vertretern der Jugendlichen nach Beschwerden	• 1x pro Jahr • Je nach Vorfall
Gesamt-Zielgruppe (Noch-) Nicht-BesucherInnen)	• Vorstellung in Schulen • Homepage • Preisausschreiben zur Gewinnung von Mailadressen • Newsletter • Ermittlung von Interessen und geeigneter Angebotszeiten. Aufbau von Testangeboten	• 8 Schulstunden pro Jahr und Kooperation mit Schulsozialarbeit (s.o.) • Monatlich ca. 10 Stunden zur Ansprache bisher unterrepräsentierter Zielgruppensegmente • Monatlich 10 Stunden

Abb. 56: Maßnahmaplan zur Einbindung der Stakeholder

7.2 Die SWOT-Analyse

Die SWOT-Analyse ist ein Werkzeug des strategischen Managements, das sich für die Leitbild- und Konzeptionsentwicklung sehr gut eignet.
Sie kann auf die Gesamtorganisation ebenso wie auf einzelne Einrichtungen oder Leistungsbereiche angewendet werden.
Das Akronym SWOT leitet sich von den Begriffen **S**trengths – **W**eaknesses (Stärken- Schwächen) und **O**pportunities – **T**hreats (Chancen und Risiken/ Gefahren) ab.

Eine SWOT-Analyse besteht also aus der Untersuchung
a) der organisationsinternen gegenwärtigen Stärken und Schwächen,
b) der organisationsexternen Umweltbedingungen mit den zu erwartenden Chancen und Risiken und
c) der Ableitung von Möglichkeiten der künftigen strategischen Ausrichtung.

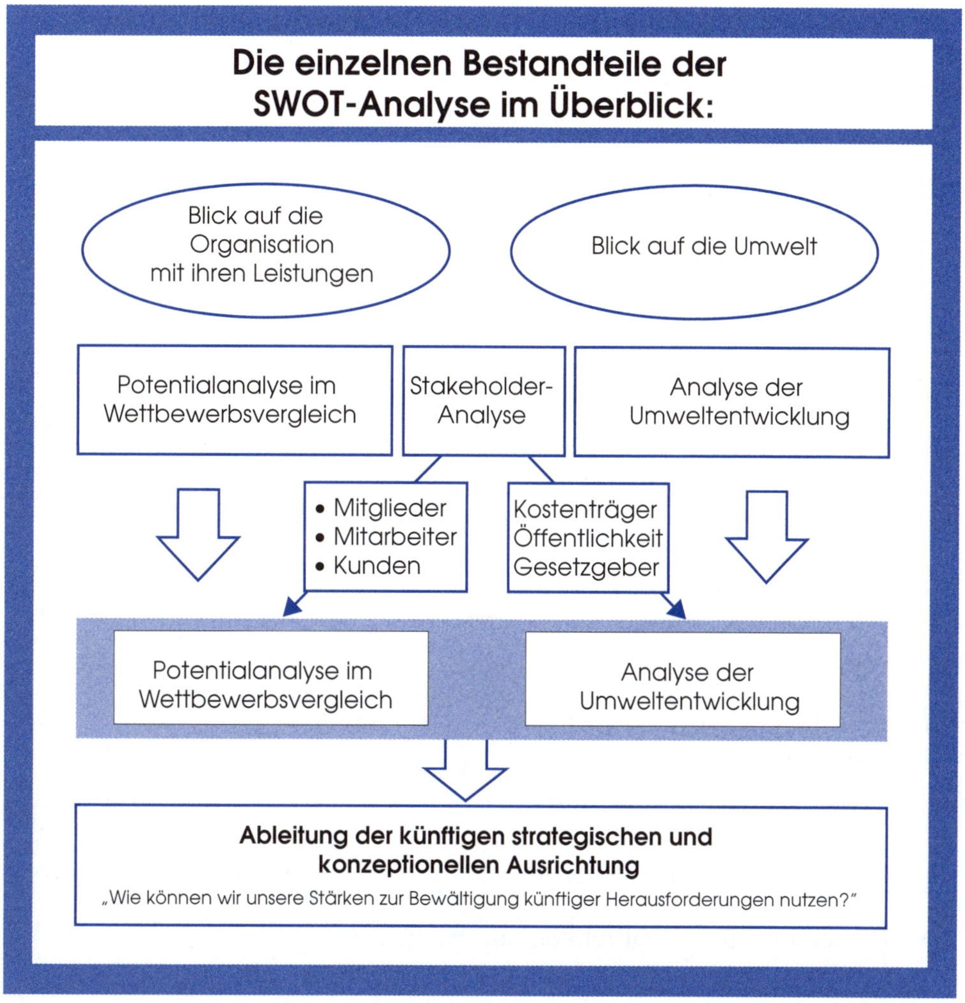

Abb. 57: Die einzelnen Bestandteile der SWOT-Analyse im Überblick

7.2.1 Analyse der organisationsinternen Stärken und Schwächen

7.2.1.1 Festlegen von Bewertungskriterien

In einem ersten Schritt sind die Kriterien festzulegen, an denen der gegenwärtige Zustand der Organisation gemessen werden soll. Ein solcher Kriterienkatalog muss auf die Erfolgsfaktoren des Arbeitsfeldes (Jugend-, Behinderten-, Alten-, Gesundheitshilfe, Bildungsbereich u.a.) und des Einrichtungstyps (offene, ambulante, teilstationäre oder stationäre Einrichtung) hin entwickelt werden.
Der Kriterienkatalog dient im nächsten Schritt als Roter Faden für die folgende Informationssammlung.
Anhaltspunkte zur Erstellung eines solchen Kriterienkatalogs liefert G.Beck (1998).

Strategische Erfolgsfaktoren für Einrichtungen der Wohlfahrtspflege

I. ‚Kapital' und Kosten

1. viele stille Reserven*(s.u.)	/	wenig stille Reserven
*2. gute Räumlichkeiten in stabilem Besitzverhältnissen.	/	schlechte Räuml., gemietet
3. Gute Ausstattung mit notwendiger Technologie	/	schlechte Ausstattung
4. Mehrere verschiedenartige Finanzierungsquellen	/	nur eine Finanzierungsquelle
5. Hohe Kapazitätsauslastung (räuml./pers.)	/	niedrige Kapazitätsauslastung
6. Hohe Nachfrage nach den Angeboten	/	niedrige Nachfrage
7. Hohe betriebswirtschaftliche Transparenz	/	niedrige Transparenz
8. Hohe Fixkostenbelastung (Kosten d. Leistungsbereitschaft)	/	niedrige Fixkostenbelastung
9. ...		

II. Personal

1. Geringe Fluktuation	/	hohe Fluktuation
2. Leichte Personalbeschaffung	/	schwere Personalbeschaffung
3. Stellvertretungen und Nachfolge geregelt	/	Stv. u. Nf nicht geregelt
4. Qualifizierter Nachwuchs vorhanden	/	fehlender qualif. Nachwuchs
5. Gleichmäßige (Dienst-/) Altersverteilung	/	ungleichmäßige Altersvert.
6. Konstruktive Kooperation mit Betriebs-/Personalrat	/	konfliktgeladene Koop.
7. Fachliche/persönliche Konflikte sind handlebar	/	verhärtete Fronten
8. Freiwillige soziale Leistungen als ‚Kostenreserven'	/	Tariferhöhung = Kostenerhöhung
9. Modern ausgestattete Arbeitsplätze	/	rückständige Arbeitsplätze
10. Innovationsideen v. MAInnen, die durchdringen	/	keine Ideen /dringen nicht durch
11. Funktionierende Selbstevaluation bei der Leistungserbr.	/	keine Selbst- bzw. nur Fremdeval.
12. Geregelte Fort-/Weiterbildungs-/Supervisionsmöglichk.	/	FWB/Sup. nicht geregelt
13. Personal ist ausgelastet	/	Teile des Pers. unter-/überlastet
14. Relativ niedrige Fehlzeiten	/	relativ hohe Fehlzeiten
15. ...		

III. Beziehung zu den NutzerInnen

1. Eher guter Ruf bei NutzerInnen	/	eher schlechter Ruf
2. Hohe Bekanntheit der Einr. bei (potentiellen) NutzerInnen	/	eher niedriger Bekanntheitsgrad
3. Gute örtliche Erreichbarkeit für NutzerInnen	/	schlechte Erreichbarkeit
4. Gute zeitliche Erreichbarkeit	/	schlechte Erreichbarkeit
5. Gute technische Erreichbarkeit	/	schlechte Erreichbarkeit
6. Kontakt/Information der Angehörigen ist geregelt	/	ungeregelter Angehörigenkontakt
7. ...		

IV. Beziehung zur Öffentlichkeit und Fachbasis

1. Eher guter Ruf in der Öffentlichkeit	/	eher schlechter Ruf
2. Hohe Bekanntheit der Einrichtung in der Öffentlichkeit	/	eher niedriger Bekanntheitsgrad
3. Bekanntheit von Konzept u. Angeboten i.d. Öffentlichkeit	/	Konzept / Angebote nicht bekannt
4. Gute Kooperation im Stadtteil	/	keine Koop. im Stadtteil
5. Gute Präsenz in Öff./Nachbarschaft (Tag.d.off.Tür, Feste.)	/	schlechte Präsenz
6. PraktikantInnenplätze, Betreuung v. Diplomarbeiten usw.	/	Kein Kontakt zu Ausbildungs-Inst.
7. Lesen/Verteilung von Fachpresse ist geregelt	/	Ungeregelter Umgang mit Fachpr.
8. Besuch/Beteiligg. in Fachgremien / Kongressen/... geregelt	/	Ungereg. Kontakt m. Fachbasis
9. ...		

V. ...

Abb. 58: Beck, G (1998): Strategische Erfolgsfaktoren für Einrichtungen der Wohlfahrtspflege

*‚Stille Reserve' sind Vermögen oder Vermögensteile, die niedriger als ihr eigentlicher Wert oder gar nicht im Jahresabschluß ausgewiesen werden (müssen). Stille Reserven entstehen v.a. dadurch, daß für Anlagegüter in der Bilanz bzw. buchmäßig ein Wert angesetzt wird oder werden darf, der deutlich niedriger ist als dessen tatsächlicher Wert, oder daß ein Anlagegut besteht, das wertmäßig aktiviert wqurde, weil es z.B. gestückelt angeschafft wurde.

7.2.1.2 Informationssammlung

Wie in 4.2 beschrieben, ist es Aufgabe der für die Konzeptions- oder Leitbildentwicklung zuständigen Steuerungsgruppe, die SWOT-Analyse vorzubereiten. Die aus der Analyse folgenden strategischen Entscheidungen muss dann die entsprechende Leitungsebene treffen.

a) Sammlung von internen Daten, Fakten und Einschätzungen
Anhand des Leitfadens sammeln die Mitglieder der Steuerungsgruppe bei den einzelnen Abteilungen und Ebenen sowie beim Management und der Zentralverwaltung Informationen, die ein möglichst genaues Bild vom gegenwärtigen Zustand der Organisation oder Einrichtung ergeben. Dabei sind objektive Daten und Fakten ebenso von Bedeutung wie subjektive Wahrnehmungen und Einschätzungen.

Diese organisationsinterne Material- und Informationssammlung umfasst „harte „Daten, angefangen von der einfachen Auflistung der zur Verfügung stehenden Ressourcen (Personal, Räume, Inventar, Methoden, EDV u.a.) bis zur Durchsicht von Vereinbarungen mit Kostenträgern und Zuwendungsgebern, Analysen aus dem Rechnungswesen und Controlling, aus dem Personalwesen, Zahlen der Kunden- und Leistungsstatistik, Qualitätsberichten und Evaluationsergebnissen.

Subjektive Wahrnehmungen und Einschätzungen ergeben sich aus moderierten Diskussionen der Multiplikatoren (Mitglieder der Steuerungsgruppe) mit Führungskräften und MitarbeiterInnen aus einzelnen Arbeitsbereichen und aus Befragungen.

Diskussion in den Arbeitsbereichen

Folgende Fragen könnten in den einzelnen Bereichen zur Diskussion gestellt werden:
Welche Stärken hat unsere Organisation oder Einrichtung im Vergleich mit den Mitanbietern?

- ❒ Worauf können wir als Organisation oder Einrichtung stolz sein?
- ❒ In welchen Bereichen kommen uns evtl. günstige Voraussetzungen zugute?
- ❒ Welche Arbeitsabläufe sind sehr gut eingespielt und effizient?
- ❒ Was schätzen unsere (internen und externen) Kunden besonders an uns?
- ❒ Was machen wir besser als vergleichbare Organisationen/Einrichtungen? Woran liegt das und wie können wir diese Stärken erhalten?

Wo liegen die Schwächen unserer Organisation oder Einrichtung?

- ❒ In welchen Bereichen haben wir ggf. schlechtere Voraussetzungen als unsere Wettbewerber?
- ❒ Was läuft im betrieblichen Alltag nicht so gut wie es könnte oder sollte?
  Woran liegt das und was sollte da getan oder verändert werden?
- ❒ Womit sind Kunden, Kooperationspartner, Kostenträger oder vermittelnde Einrichtungen und Dienste nicht (ganz) zufrieden?
- ❒ Worin sind andere Organisationen/Einrichtungen besser und welche Faktoren sind dafür verantwortlich?

b) Zwischen Innen und Außen: Wie sehen interne Stakeholder die Organisation oder Einrichtung?

Mitgliederbefragung

Große Verbände, die sich wesentlich über Mitgliedsbeiträge finanzieren und deren Daseinszweck die Interessenvertretung ihrer Mitglieder ist, wie z.B. Gewerkschaften, Berufsverbände und Sozialverbände wie der Vdk, müssen sich von Zeit zu Zeit vergewissern, was die Mitglieder vom Verband erwarten und inwieweit sie mit der Interessenvertretung und den Leistungen zufrieden sind.
Will man im Zuge einer Leitbild- oder Konzeptionsentwicklung wissen, wie die Mitglieder den Verband sehen, so ist eine breit angelegte Mitgliederbefragung das Mittel der Wahl.
Für die Vorbereitung, Durchführung und Auswertung einer solchen großen Befragungsaktion ist professionelle Unterstützung erforderlich.

MitarbeiterInnen-Befragung

Organisationen, die in größerem Umfang Personal beschäftigen, sollten in gewissen Abständen eine Mitarbeiterbefragung durchführen.

- ❒ Sie ermöglicht einen Einblick in die Zufriedenheit der MitarbeiterInnen mit dem Arbeitsplatz und der Führung.
- ❒ Sie lässt darüber hinaus erkennen, was die MitarbeiterInnen motiviert bzw. demotiviert, und wo sie im eigenen Arbeitsbereich und im Unternehmen Stärken, Schwächen und Verbesserungspotential sehen.

Informationen und Anregungen zum Thema Mitarbeiterbefragung sind in der Literatur und im Internet zu finden; z.B. bietet der Internetauftritt der Firma „2ask“ einen ausführlichen Leitfaden für die Planung einer Mitarbeiterbefragung. Voraussetzung für eine offene Meinungsäußerung der MitarbeiterInnen ist die Sicherstellung der Anonymität.

Mit der Planung, Durchführung und Auswertung einer Mitarbeiterbefragung sollte schon aus diesem Grund ein vertrauenswürdiges externes Institut beauftragt werden.
Das Feedback von MitarbeiterInnen an Büroarbeitsplätzen kann effektiv, zeitsparend und mit einer hohen Rücklaufquote durch eine Online-Befragung eingeholt werden. MitarbeiterInnen aus der Reinigung oder Küche, die evtl. nicht über einen Internetzugang verfügen, sollten von einem externen Interviewer oder ggf. von einer Person ihres Vertrauens aus der Steuerungsgruppe befragt werden.

Befragung ehemaliger MitarbeiterInnnen

Eine interessante Variante, Rückmeldungen aus Arbeitnehmersicht einzuholen, ist die Befragung ausgeschiedener MitarbeiterInnen zur nachträglichen Einschätzung ihres früheren Arbeitsplatzes. Die folgenden Fragen sind an ehemalige MitarbeiterInnen und Führungskräfte gerichtet, die den Arbeitgeber gewechselt haben. Natürlich können auch MitarbeiterInnen, die in den Ruhestand verabschiedet wurden, wichtige Einschätzungen zu den Stärken und Schwächen der Organisation geben.

- ❒ Was war für Sie der Grund, unser Unternehmen zu verlassen?
- ❒ Was hätte Sie dazu gebracht, im Unternehmen zu bleiben?
- ❒ Was hat Ihnen den Abschied schwer/leicht gemacht?
- ❒ Welche Besonderheiten unseres Unternehmens würden Sie gern in Ihr jetziges Tätigkeitsfeld übernehmen, welche nicht?
- ❒ Was wird Ihnen von unserem Unternehmen am meisten in Erinnerung bleiben?
  Mit der Frage:
- ❒ Was könnte unsere Organisation/Einrichtung von dem Unternehmen lernen, bei dem sie jetzt angestellt sind?
  wäre auch gleich ein Vergleichsaspekt zu einem Wettbewerber enthalten.

NutzerInnen-Befragung

Die NutzerInnen gehören zu den wichtigsten internen Stakeholdern. Ihr Feedback wird- ebenso wie das der Mitglieder und MitarbeiterInnen- noch zur Binnensicht der Organisation und nicht zum Fremdbild gerechnet; maßgeblich dafür ist, dass sich diese Gruppen im direkten Einflussbereich der Organisation befinden.

Rückmeldungen von Seiten der NutzerInnen können über einen kurzen Feedback-Bogen, eine Online-Befragung, über Interviews, Gruppengespräche, moderierte Kundenkonferenzen oder bei jungen Nutzern evtl. über soziale Netzwerke erhoben werden.

c) Fremdbild-Erkundung. Wie sehen externe Stakeholder die Organisation?

Zur Bewertung der Stärken und Schwächen der eigenen Organisation reicht die interne Perspektive allein nicht aus. Um zu erfahren, Inwieweit die Organisation oder Einrichtung bekannt und wie ihr Image ist, braucht man auch Rückmeldungen derer, die zwar zur Gruppe der Adressaten gehören, entsprechende Angebote aber nicht nutzen oder ihren Bedarf anderswo decken.

Öffentlichkeit

Ein methodischer Vorschlag zur Erhebung des Fremdbildes für ein Jugendzentrum stammt von Deinet (2008) Er empfiehlt, an belebten Orten in der näheren Umgebung einer Jugendeinrichtung (Geschäftsstraße, Einkaufszentrum, Busstation, Park) Passanten mit der Bitte um ein kurzes Interview anzusprechen. Die Antworten sollen mit dem Mikrophon aufgenommen oder von einer Begleitperson notiert werden.

Als mögliche Fragestellungen nennt Deinet:

- ❐ Wissen Sie, wo das Jugendhaus ist?
- ❐ Wer geht dorthin?
- ❐ Was passiert dort?
- ❐ Wer arbeitet dort?
- ❐ Kennen Sie jemand, der ins Jugendhaus geht? Was berichtet der-/diejenige?
- ❐ Was halten Sie selbst vom Jugendhaus?

Eine Fremdbilderkundung lässt sich auch am Rande einer gut besuchten Veranstaltung realisieren, z.B. bei einem ein Sommerfest, einem Jubiläum, einem Tag der Offenen Tür, einem Open-air-Konzert u.a.

Presse

Zur Fremdbildanalyse gehört auch die Durchsicht der Presse- und Medienberichte über die Organisation, denn diese prägen das Bild der Organisation in der Öffentlichkeit.

Kostenträger

Sehr bedeutsam ist auch das Bild, das die Vertreter der Kostenträger von der Organisation haben: Zuschuss-Sachbearbeiter, Mitarbeiter in den Ämtern, die über die Hilfeanträge zu entscheiden haben, ggf. Mitglieder des Kommunalparlaments oder Jugendhilfeausschusses, Förderer und Sponsoren. Und trotz gelegentlicher Kontakte mit diesen Personen kann es sein, dass in der Organisation nicht bekannt ist, was diese Anspruchsgruppen von der Organisation wissen und über sie denken.

7.2.1.3 Bewertung

Um aus den gesammelten Informationen die Stärken und Schwächen herauszufiltern, ist eine „Messlatte“ erforderlich. Da es keine allgemein gültigen Bewertungskriterien oder Kennzahlen für Soziale Organisationen und Unternehmen und keine öffentlich zugänglichen Datenbanken über die Branche gibt, bleibt nur der Weg, selbst Kriterien zu entwickeln, um Antworten auf die Frage zu finden:

- ❒ Wie steht unsere Organisation oder Einrichtung im Vergleich mit Wettbewerbern da?
- ❒ Wo sind wir besser, wo schlechter als andere?

Vergleich mit Wettbewerbern

Für die SWOT-Analyse hat sich der Vergleich mit den stärksten Wettbewerbern als Bewertungsmaßstab bewährt. Dabei zeigt sich, wo die eigene Organisation mithalten kann und wo sie stärker oder schwächer ist als der Wettbewerber. Der „Haken“ liegt allerdings auch hier in der Schwierigkeit, Informationen über die Wettbewerber zu sensiblen Bereichen wie Finanzen, Kundenstruktur, Mitarbeiterzufriedenheit u.a. zu beschaffen.

Benchmarking

Anmerkung
Das Prinzip des Vergleichs liegt auch dem sog. Benchmarking zu Grunde; das ist ein Verfahren, bei sich dem sich Unternehmen oder Kommunen auf freiwilliger Basis zusammenschließen, um sich über mehrere Jahre in vorher vereinbarten, erfolgsrelevanten Bereichen miteinander zu vergleichen. Dabei will man den jeweiligen „Klassenbesten“ ermitteln, um von ihm zu lernen.

Benchmarking-Clubs gibt es im Sozialbereich bereits zwischen Einrichtungen derselben Branche und desselben Typs unter dem gemeinsamen Dach eines Trägerverbandes (z.B. Altenheime, Bildungsstätten); Behördenvergleiche verschiedener Kommunen führt die Kommunale Gemeinschaftsstelle für Verwaltungsmanagement (KGSt) durch.

Im dritten Schritt geht es bei der SWOT-Analyse jetzt also darum, die gesammelten „harten Daten“ und die aus den Befragungen und Diskussionen gewonnenen Sichtweisen der Stakeholder anhand von Bewertungskriterien zu verdichten.

Am folgenden Beispiel einer Bildungseinrichtung (A) wird eine solche Bewertung vorgestellt:
Die Bewertung der Vergleichseinrichtung (B) ist hier blau gekennzeichnet.

Potenzialanalyse einer kirchlichen Landvolkshochschule (A) im Vergleich mit dem stärksten Wettbewerbern in der Region (B)

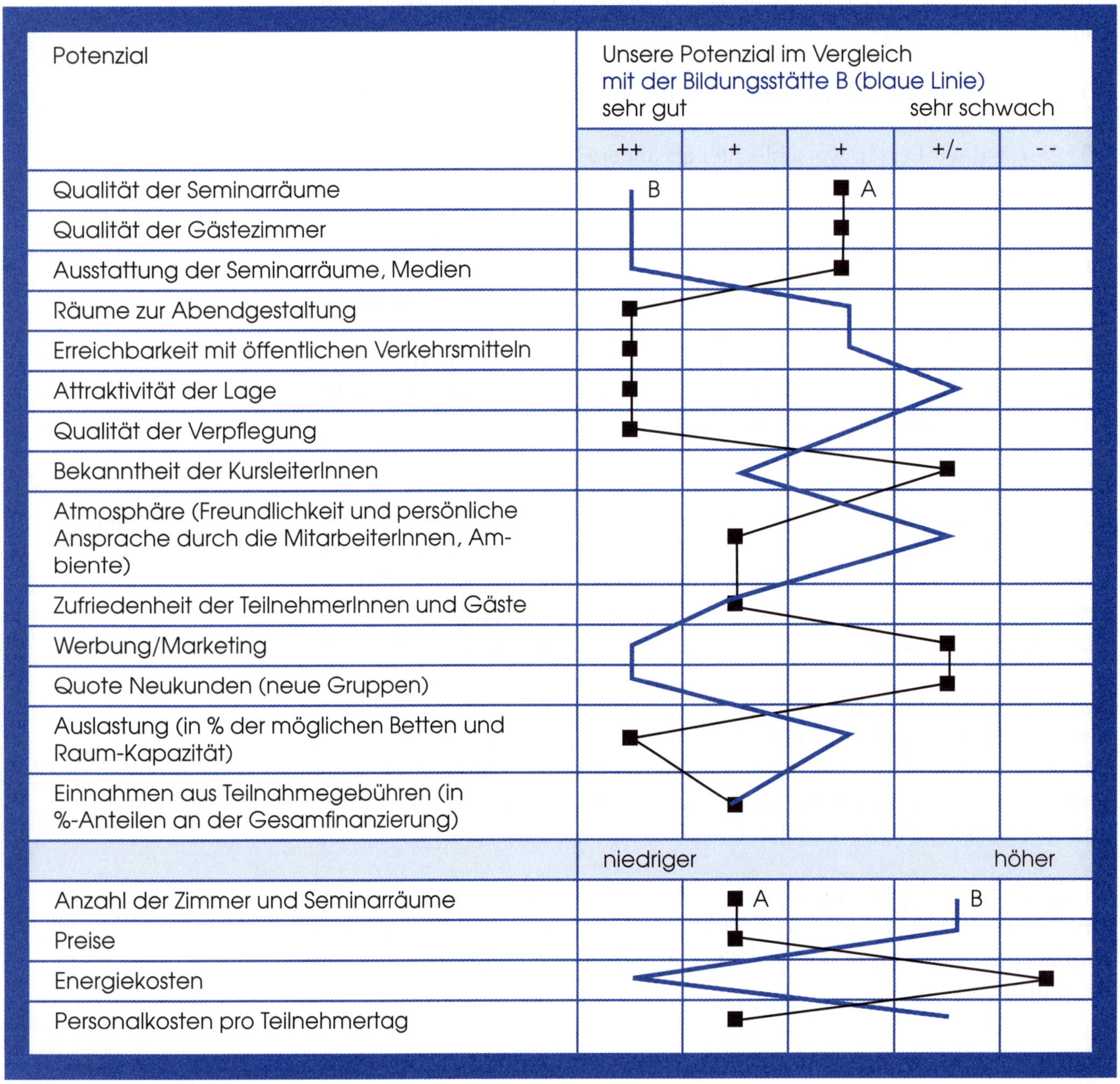

Abb. 59: Potenzialanalyse einer Landvolkshochschule (A) im Vergleich mit dem stärksten Wettbewerber in der Region (B)

Erläuterung:
Beim Beispiel der Landvolkshochschule (A) liegen die größten Stärken im Vergleich zum Wettbewerber (B) in

- der Lage (Nähe zur Großstadt, guten Verkehrsverbindungen)
- der attraktiven Umgebung (an einem See),
- der Qualität der hauseigenen Verpflegung,
- den großzügigen Möglichkeiten zur Abendgestaltung (historischer Weinkeller und Seegrundstück mit Feuerstelle,
- der hohen Auslastung (bezogen auf die Bettenzahl) aufgrund der Beliebtheit des Hauses bei Stammkunden/kundinnen und einer großen Zahl externen Beleggruppen, die dem Träger weltanschaulich nahestehen.

Die größten Schwächen beziehen sich auf

- den Zustand des historischen Gebäudes, der sehr hohe Energiekosten zur Folge hat und
- die Kundenstruktur: Es kommen kaum neue SeminarteilnehmerInnen und Beleggruppen ins Haus. (Der Verteiler für den Programmversand ist übrigens nur halb so groß wie der des Wettbewerbers und in Bezug auf Öffentlichkeitsarbeit und Werbung ist die Bildungsstätte A deutlich wenig aktiv.) Die spätere Analyse der Chancen und Risiken wird zeigen, dass ein Belegungsrückgang zu erwarten ist, da die kirchlichen Gruppen an Mitgliederschwund leiden.
- Die Gesamteinnahmen aus Teilnahmegebühren decken – trotz niedrigerer Preise, – aufgrund der dichten Belegung die Hälfte der Gesamtkosten, ebenso wie beim Wettbewerber. (Die andere Hälfte stammt jeweils aus anderen Finanzierungsquellen.)
  Im Falle eines Belegungsrückgangs und aufgrund der hohen Energiekosten dürfte sich aber in der Zukunft die wirtschaftliche Wettbewerbsfähigkeit verschlechtern.

Ergebnisqualität als Bewertungskriterium

Bei der Wahl der Bewertungskriterien wurde im Beispiel der freizeitorientierten Landvolkshochschule auf ein wichtiges aber schwer zu belegendes Bewertungskriterium verzichtet, nämlich *die Wirkung des Bildungsangebotes*

Eine Einrichtung der beruflichen Bildung, finanziert aus Mitteln der Arbeitsagentur, müsste das Wirkungsziel „Lernerfolg“ auf jeden Fall in den Katalog der Bewertungskriterien aufnehmen, da vom Kostenträger an der Quote der bestandenen Abschlussprüfungen u.U. sogar die weitere Förderung abhängig gemacht wird.

Eine Stärken-/Schwächenanalyse erfordert also Bewertungskriterien die genau auf den Organisationstyp, die Branche und die Fragestellung oder Problemlage zugeschnittenen sind und an denen sich festmachen lässt, wie die eigene Institution im Vergleich mit dem Wettbewerb „aufgestellt" ist.

SWOT-Matrix

Die Stärken und Schwächen, die aus der Informationssammlung herausgefiltert wurden, können nach erfolgter Bewertung in die gegenwartsbezogene linke Spalte der SWOT-Matrix eingetragen werden.

Gegenwärtiger Zustand	**Blick in die Zukunft**
Strategische Stärken (Strengths) Wo haben wir einen Wettbewerbsvorteil oder Leistungsvorsprung? 1. 2. 3. 4. ...	**Chancen** (Opportunities)
Schwächen (Weaknesses) Wo liegen unsere Schwachpunkte? 1. 2. 3. 4. ...	**Risiken** (Threats)

Abb. 60: Analyse der gegenwärtigen Stärken und Schwächen als Teil der SWOT-Analyse

7.2.2 Analyse der umwelt- und zukunftsbezogenen Chancen und Risiken

7.2.2.1 Identifizierung der erfolgsrelevanten Umweltfaktoren

Nachdem ein deutliches Bild vom IST-Stand der Organisation entstanden ist, geht es jetzt darum, ihre Umweltbedingungen analysieren, um die Unsicherheit bezüglich der zukünftigen Entwicklung zu reduzieren und die Strategien zum Umgang mit zukünftigen Chancen und Risiken zu entwickeln. Dazu ist u.a. die Auseinandersetzung mit Statistiken, Untersuchungen und Ergebnissen der Zukunfts- und Trendforschung erforderlich.

Zu den für eine NPO bedeutsamen Einflusssphären gehören

- *die gesellschaftliche Entwicklung*
  Die Alterung der Gesellschaft und der Geburtenrückgang werden sich auf die Bereiche der Jugend-, Familien und Altenhilfe stark auswirken und strategische, strukturelle und wirtschaftliche Anpassungen erforderlich machen.
  Die Auflösung der traditionellen Familie schwächt die Fähigkeit, kranke, behinderte oder hochbetagte und pflegebedürftige Familienmitglieder mitzutragen.
  Der Trend zur Individualisierung eröffnete Freiräume, führt aber auch zur Vereinzelung (z.B. Zunahme der Singlehaushalte) und zieht langfristig einen steigenden Bedarf an sozialen Dienstleistungen nach sich.

- *die politisch-rechtliche Entwicklung mit dem System der sozialen Sicherung und Versorgung, auf der Grundlage der Sozialgesetzgebung*
  Aktuelle Stichworte dazu sind z.B.: Überforderung der Sozialversicherungen durch Rückgang der Beitragszahler; die Notwendigkeit einer Reform der Pflegeversicherung;
  ein gewisser Paradigmenwechsel in der Sozialpolitik, der mit der Forderung nach stärkerer Eigenverantwortung und der Einführung des Markt- und Wettbewerbsprinzips in die Sozialwirtschaft verbunden ist; der Trend hin zur Subjektförderung, bei der die Hilfeberechtigten selbst die Mittel in die Hand bekommen, um ihren Hilfebedarf zu decken (z.B.. in Form des „persönlichen Budgets“ für Menschen mit Behinderung.

- *die sozialen Problemlagen und Bedürfnisse, auf die das System reagieren soll*
  Aktuelle Stichworte dazu sind z.B.: unzureichende Bedarfsdeckung an Kinderbetreuungsplätzen, steigende Quote an Demenzerkrankungen bei längerer Lebenserwartung, Zunahme von psychischen Erkrankungen , verstärkter Förderbedarf von Kindern aus „bildungsfernem“ Milieu.

- *die wirtschaftliche Entwicklung*
  Die wirtschaftliche Entwicklung beeinflusst die Lebensbedingungen der Bevölkerung ganz direkt: Von ihr hängen Arbeitsplätze und Einkommensverhältnisse ab. So wirkt sich der globale wirtschaftliche Wettbewerb über die Verlagerung von Arbeitsplätzen in Billiglohnländer massiv auf den Beschäftigungsmarkt und damit auch auf die Zielgruppen sozialer Arbeit aus. Da Humandienstleistungen regional und standortgebunden benötigt werden und die Sprache unverzichtbar ist, wirkt sich der globale Wettbewerb auf die Organisationen der Sozialwirtschaft bisher noch wenig aus.

In Zusammenhang mit dem wirtschaftlichen Wettbewerbs und Kostendruck auf die Unternehmen, arbeiten immer mehr Vollzeitbeschäftigten im Niedriglohsektor und sind dadurch schon während des Arbeitslebens und erst recht im Alter auf ergänzenden Sozialhilfe angewiesen. Ein anderer Teil der Bevölkerung ist dagegen finanziell gut abgesichert und kann soziale Dienstleistungen mit gehobenem Standard aus eigenem Einkommen bezahlen, (z.B. private Kinderbetreuung, private Pflege). Von einer florierenden Wirtschaft hängt das Steueraufkommen und die Finanzierung des Sozial-, Renten- und Gesundheitssystems sowie der kommunalen Infrastruktur ab; in diesem Zusammenhang ist bei der Erstellung eines Zukunftsszenarios auch an die Schulden- und Wachstumskrise in Europa und die Gefahr einer inflationären Entwicklung zu denken.

Aus der Analyse der Anspruchsgruppen einerseits und der wichtigsten Einflussfaktoren in den verschiedenen Bereichen andererseits sollte nun ein Katalog der umweltbedingten Chancen und Gefahren abgeleitet werden.

7.2.2.2 Erkennen von Chancen und Risiken

Chancen

Nach der Auflistung der Einflussbereiche und Faktoren kann man zum Aufspüren von Chancen z.B. fragen:

- ❒ Welche Entwicklungen oder Innovationen könnten uns neue Chancen eröffnen?
- ❒ Welche Trends und absehbaren Veränderungen können wir nutzen, um unsere Position in der Zukunft zu festigen und auszubauen?
- ❒ Wo zeichnet sich ein steigender Bedarf/eine steigende Nachfrage ab?
- ❒ Was wird in Zukunft mehr als bisher von uns erwartet?
- ❒ Welche neuen Möglichkeiten der Finanzierung gibt es?

Risiken und Gefahren

Risiken und Gefahren werden mit folgenden Fragen erkennbar:

- ❒ Welche. Veränderungen oder Trends könnten uns gefährlich werden?
- ❒ Wo müssen wir mit Hindernissen, Verzögerungen, Verteuerungen, Engpässen u.a. rechnen?
- ❒ Bei welchen Zielgruppen und Leistungen wird der Bedarf eher sinken?
- ❒ Auf welchen Gebieten könnten uns anderer Träger Konkurrenz machen?
- ❒ Durch welche Entwicklungen könnte unsere Finanzierung gefährdet sein?

Die Risiken und Gefahren werden nun in die rechte Spalte der SWOT-Matrix eingetragen

Gegenwärtiger Zustand	**Blick in die Zukunft**
Strategische Stärken (**S**trengths)	**Chancen** (**O**pportunities) Welche Trends/Entwicklungen können wir nutzen? 1. 2. 3. 4. ...
Schwächen (**W**eaknesses)	**Risiken** (**T**hreats) Welche Trends/Entwicklungen könnten unsere zukünftige Entwicklung hemmen oder beeinträchtigen? 1. 2. 3. 4. ...

Abb. 61: Analyse der zukunftsbezogenen Chancen und Risiken als Teil der SWOT-Analyse

7.2.2.3 Zukunftsbezogene Strategieentwicklung

Jetzt kann der Katalog umweltbedingter Chancen und Risiken (rechte Spalte) mit den Stärken und Schwächen des Unternehmens (linke Spalte) der SWOT-Analyse rückgekoppelt werden. Dabei geht es um die Frage, ob und wie die Organisation mit ihren Stärken und Schwächen in der Lage ist, auf die gegenwärtige und zukünftige Umweltsituation mit ihren Chancen und Risiken zu reagieren.

Die Steuerungsgruppe entwickelt aus der SWOT-Analyse unterschiedliche Strategieansätze zur Erreichung der Unternehmensziele.

Strategieentwicklung mit Hilfe der SWOT-Analyse

extern **Intern**	Chancen/ **O**pportunities 1. 2. 3. 4. ...	Risiken, Gefahren/ **T**hreats 1. 2. 3. 4. ...
Stärken/**S**trengths 1. 2. 3. 4. ...	**SO-Strategien** **Wie können wir auf der Grundlage unserer spezifischen Stärken die Chancen nutzen?** (z.B. mit Hilfe der hochqualifizierten eigenen MitarbeiterInnen neue, bedarfsgerechte Leistungen entwickeln.)	**ST-Strategien** **Wie können wir die Gefahren unter Einsatz unserer Stärken entschärfen?** (z.B. eine drohende Mittelkürzung durch die engen und guten Beziehungen zur Mehrheitspartei im Kommunalparlament abwenden)
Schwächen/ **W**eaknesses 1. 2. 3. 4. ...	**WO-Strategien** **Welche Schwächen können wir abbauen, um die Chancen zu nutzen?** (z.B. das eigene Gebäude unter Inanspruchnahme öffentlicher Zuschüsse energetisch sanieren und damit die Energiekosten senken)	**WT-Strategien** **Welche Schwächen können wir abbauen, um damit drohende Gefahren zu reduzieren?** (z.B. unwirtschaftliche Leistungen einstellen, um aus den roten Zahlen zu kommen)

Abb. 62: Strategieentwicklung mit Hilfe der SWOT-Analyse

Die Leitung hat dann die Strategieempfehlungen auf die zentralen Wertvorstellungen im Unternehmen zu beziehen und – evtl. unter nochmaliger Einbeziehung der verantwortlichen Bereiche – Entscheidungen zu den Grundzügen einer neuen Unternehmenspolitik zu treffen.

Das Ergebnis der gesamten SWOT-Analyse fasst ein Redaktionsteam in einem Bericht zusammen, den alle am Prozess der Konzeptionsentwicklung Beteiligten erhalten.

Falls in der Steuerungsgruppe bei heiklen Punkten kein Konsens erreicht wird, gibt man strittige Inhalte mit Meinung und Gegenmeinung, wieder.

7.3 Die Zukunftskonferenz

7.3.1 Einführung

Die Methoden „Zukunftswerkstatt" und „Zukunftskonferenz" werden schon seit Jahrzehnten mit Erfolg zur Bürgerbeteiligung in der Entwicklungs-, Umwelt-, Stadt- und Regionalpolitik (z.B. im Rahmen von Agenda-21-Prozessen) eingesetzt. Die im wesentlichen aus drei Schritten bestehende Zukunftswerkstatt (Kritik, Utopie- und Umsetzungsphase) geht zurück auf einen der ersten Zukunftsforscher, den Österreicher Robert Jungk.

Die in sechs Schritte unterteilte „Zukunftskonferenz" wurde erstmals von den Organisationsberatern Marvin Weisbord und Sandra Janoff (USA) beschrieben.

Eine Zukunftskonferenz kann sehr gut im Rahmen einer Leitbild- oder Konzeptionsentwicklung eingesetzt werden. In einer solchen zweieinhalbtägigen Konferenz kommen bis zu 72 TeilnehmerInnen, die einen repräsentativen Querschnitt der Organisation darstellen, in einem Raum zusammen. Indem sie gemeinsam die Situation der Organisation und wichtiger externer Stakeholder untersuchen, werden unterschiedliche Sichtweisen, Interessen und Standpunkte erkennbar und es entsteht gegenseitiges Verständnis. Und indem sie gemeinsam Visionen, Ziele und Strategien entwickeln, wird Energie, Motivation und Wir-Gefühl aufgebaut. Dieser Prozess in seiner räumlichen und zeitlichen Dichte ermöglicht einen hohen Grad der persönlichen Beteiligung und die Entstehung eines Gemeinschaftsgeistes; beides schafft die ideale Voraussetzung für eine Leitbild- oder Konzeptionsentwicklung als Meilenstein für eine Weiterentwicklung der Organisation.

Die Zukunftskonferenz vereinigt Elemente der anderen in diesem Buch beschriebenen Methoden in einem Gesamtprozess: Visionsentwicklung, Stakeholder- und SWOT-Analyse.

Da die Zukunftskonferenz sowohl auf der inhaltlich-rationalen als auch auf der emotionalen Ebene wirken und eine bestimmte Dynamik entfalten soll, stellt sie hohe Ansprüche an die Moderation: der Ablauf muss genau geplant und mit abwechslungsreichen interaktiven Methoden gestaltet werden. Dazu ist ein erfahrenes Moderatoren- und Planungsteam erforderlich.

Teilnehmerkreis
Bis zu 72 TeilnehmerInnen, die einen repräsentativen Querschnitt der Organisation mit ihren Stakeholder darstellen, können beteiligt sein, also z.B.

- Fachkräfte aus den verschiedenen Abteilungen und Diensten incl. Verwaltung und ggf. Hauswirtschaft
- verschiedene Leitungsebenen und Mitglieder des Vorstands
- Vereinsmitglieder und Ehrenamtliche
- (ehemalige) NutzerInnen und ggf. deren Angehörige
- Kooperationspartner
- Vertreter der Geldgeber und Kostenträger

Gerade diese vielfältige Zusammensetzung garantiert, dass unterschiedliche Sichtweisen Gehör finden und in den Entwurf einer wünschenswerten Zukunft der Organisation einfließen.

Die TeilnehmerInnen arbeiten an Tischen jeweils zu siebt oder acht zusammen., abwechselnd in homogenen und gemischten Gruppen

Prinzipien und Arbeitsweise
Die Prinzipien der Zukunftskonferenz sind:

- Das ganze offene System in einen Raum bringen
- das ganze offene System untersuchen
- Gemeinsamkeiten finden, statt Konflikte zu bearbeiten
- Fokus auf die Zukunft, nicht auf Probleme
- eine gemeinsame Vision erschaffen

Die Arbeitsweise ist durch folgende Grundsätze gekennzeichnet:

- Jede Phase enthält kognitive und emotionale Elemente
- Wechsel von Einzel- und Gruppenarbeit
- Es gibt Präsentation im Plenum, Plenumsdiskussionen und Plenumsentscheidungen
- alle Ergebnisse werden visualisiert

Um Abhängigkeiten zu verringern und Verweigerung zu vermeiden, wird darauf geachtet, dass die Gruppen sich selbst organisieren, ihre Festlegungen gemeinsam treffen und ihre Ergebnisse selbst vor dem Plenum präsentieren.

Phasen und Arbeitsschritte
Die Zukunftskonferenz besteht aus drei Hauptphasen mit insgesamt 6 Schritten und dauert zweieinhalb Tage.

1	2	3	4	5	6
Hauptphase I Rückblick	**Hauptphase II Auseinandersetzung mit der Gegenwart**		**Hauptphase III Die gewünschte Zukunft erschaffen**		
Wichtige Ereignisse Meilensteine der Organisation	Blick nach Außen Trends und Entwicklungen	Blick nach innen Stolz und Bedauern	Vision	Konsens Wo stimmen wir überein? Wo nicht?	Maßnahmen planen
1. Tag 5 Std	**2. Tag 8 Std.**			**3. Tag 4 bis 6 Std.**	

Abb. 63: Phasen und Arbeitsschritte der Zukunftskonferenz

Die folgende Darstellung ist stark angelehnt an Veröffentlichungen von Matthias zur Bonsen im Internet. Der Autor ist seit Jahren als Organisationsberater und Moderator von Großgruppen-Veranstaltungen tätig. Er bildet Moderatoren aus und stellt auf seiner Internetseite www.all-in-one-spirit.de großzügig Material, Handwerkszeug und Anwendungsbeispiele zu Methoden der Großgruppenmoderation zur Verfügung.

Matthias zur Bonsen

www.all-in-one-spirit.de

7.3.2 Hauptphase I: Rückblick in die Vergangenheit

1. Rückblick in die Vergangenheit: Wo kommen wir her?
Im ersten Schritt blickt man auf die gemeinsame Vergangenheit von zwei bis drei Jahrzehnten zurück.
Nach der Einführung und Gruppenbildung kommt die Konferenz gleich mit einer Aktion „in die Gänge“: Die TeilnehmerInnen stehen von ihren Plätzen auf und notieren auf drei bis vier Meter langen, an die Wand gehefteten Papierbögen mit „Zeitlinien“ wesentliche Ereignisse, Meilensteine und Höhepunkte der Organisation.
Gruppen von 7–8 TeilnehmerInnen interpretieren die Geschichte, fassen sie zusammen und präsentieren sie im Plenum; dort werden Schlussfolgerungen für die Zukunft gezogen.
Diese Phase dient neben der Informationssammlung vor allem auch dazu, eine gute emotionale Atmosphäre für die nachfolgenden schwierigeren Schritte zu erzeugen und ist deshalb etwas länger als die folgenden.

Geschichtliche Entwicklung und Schlussfolgerungen

7.3.3 Hauptphase II: Auseinandersetzung mit der Gegenwart

Die beiden folgenden Schritte ähneln den Phasen der SWOT-Analyse

Einflüsse von außen: Trends und Entwicklungen
Für den ersten Schritt, die Umfeldanalyse, werden die Entwicklungen und Ereignisse auf Seiten der Kunden, der Geldgeber, des Arbeitsmarktes, der Gesetzgebung, der Technik etc. in den Blick genommen. Mit der Frage: *„Welche äußeren Trends, Entwicklungen und Ereignisse der Gegenwart werden unsere Zukunft prägen?"* entsteht eine große „mind-map" der Kräfte, die auf die Zukunft der Organisation einwirken. Dabei schaffen die TeilnehmerInnen ein Szenario künftiger Entwicklungen, das weit umfassender ist als alles, was ein einzelner oder eine kleine Gruppe leisten könnte. NutzerInnen und ggf. deren Angehörige, Kooperationspartner und Vertreter der Kostenträger bringen dabei wichtige Perspektiven ein.

Szenario künftiger Entwicklungen

Danach werden die Trends mit Punkten gewichtet.
Die Kleingruppen sollen jetzt Konsequenzen aus den Trends ziehen. Die Frage lautet:
„Was haben wir bisher getan und was müssen wir künftig tun, um für diese externen Entwicklungen gerüstet zu sein?"
Die Ergebnisse der Reflektion werden wieder gesichert und ins Plenum eingebracht.

Konsequenzen für die Organisation oder Einrichtung

Blick nach Innen – Stolz und Bedauern
Mit der Frage: *„Worauf sind wir stolz, was bedauern wir an der heutigen Situation – insbesondere an unserem eigenen Beitrag dazu?"*, die sich jetzt an die homogenen Gruppen richtet, artikuliert jede Interessengruppe aus ihrer Sicht, wo sie heute Stärken und Defizite bei sich selbst sieht
Dadurch erhalten alle TeilnehmerInnen Einblick in die Sicht der jeweils anderen, machen sich gemeinsame Werte bewusst und beginnen, für die Schwächen der Organisation Verantwortung zu übernehmen.

Stärken und Schwächen aus Sicht jeder Stakeholder-Gruppe

7.3.4 Hauptphase III: Schaffen einer wünschenswerten Zukunft

Entwicklung der Vision: Was wollen wir gemeinsam erschaffen?
Die folgende Anmoderation dieser Phase ist dem Beitrag „Hinweise zur Moderation einer Zukunftskonferenz" aus dem Internetauftritt von Mathias zur Bonsen (www.all-in-one-spirit/ressourcen) entnommen, an einigen Stellen gekürzt und an den Kontext dieses Buches angepasst.

„Ab jetzt befinden wir uns für die nächsten Stunden im Jahr 202X und das Heute liegt bereits weit hinter uns.
Wir sind eine erfolgreiche, lebendige (blühende, dynamische…) Organisation geworden. Eine große Kraft strahlt von uns aus. Die Chancen, die sich geboten haben, konnten wir nutzen und wir haben es gelernt, mit den schwierigen Entwicklungen (Phase1 und 2) umzugehen und dafür gute Antworten zu finden.
Die uns zur Verfügung stehenden Ressourcen sind immer noch knapp, doch wir haben neue, bessere Wege gefunden, damit umzugehen.
In Omnibussen reisen Vorstände und KollegInnen von anderswo hier an, um zu erfahren, wie wir es jetzt machen.
Wir sind stolz auf das, was wir zusammen erreicht haben.
Und nun schauen Sie sich um, was es jetzt alles bei uns gibt, was wir alles jetzt tun, was wir in den letzten (10, 15) Jahren zusammen geschaffen haben…“
Schreiben Sie das alles auf ein Flipchart auf.“

Anmoderation

„Ihr Zukunftsentwurf sollte Antworten auf die wesentlichen Entwicklungen und Trends enthalten; er sollte mehr von dem enthalten, worauf wir stolz sind und etwas anderes als das, was wir heute bedauern. Entwerfen Sie dazu Ihre Lösungen. Gehen noch einmal zurück zu den Flipcharts, die an den Wänden hängen.

Aufforderung

1. *Erfinden Sie neue Arbeitsweisen, Systeme, Organisationsstrukturen, Leistungsangebote oder was immer es jetzt im Jahr 202x als Antwort auf die Probleme gibt, die sich 201x abgezeichnet haben.*

2. *Erstellen Sie eine Liste, was wir in den Jahren zwischen heute und damals getan haben, um diese Zukunft zu erschaffen.*

3. *Machen Sie aus Ihrem Zukunftsentwurf eine lebendige, anschauliche und, wenn Sie wollen, auch lustige Präsentation. Sie haben alle Freiheiten der Gestaltung und es steht eine Vielfalt von Materialien zur Verfügung.“*

An dieser Stelle werden die Möglichkeiten der Darstellung und bereit stehenden Materialien aufgezählt.

Über das Ergebnis dieser Phase schreibt der Autor:
„Die Präsentation der Visionen ist immer wieder ein bewegendes Erlebnis. Die Zukunft entsteht in Collagen, Sketchen, Modellen, Zeitungsartikeln, Reden, Briefen, Firmenzeitungen und Versen. Mit ungeheurer Begeisterung werden diese dargestellt. Der Raum ist voll Energie, die Zukunft wird lebendig und ihre magnetische Anziehungskraft wird für alle spürbar.“

Präsentation der Visionen

Schon während der Präsentation bekommen je zwei Mitglieder jeder Gruppe den Auftrag, die Zielvorstellungen und Ideen herauszufiltern, die in mehreren Präsentationen vorkommen.

7.3.4.1 Gemeinseme Zielvorstellungen herausarbeiten

Die TeilnehmerInnen sollen jetzt aus den Inhalten der Präsentationen das Übereinstimmende herausschälen. Die Gruppen erarbeiten an den Tischen zuerst das Gemeinsame für sich, dann kommen jeweils zwei Tische zusammen und schließlich sitzt die ganze Großgruppe vor einer großen Wand und sichtet die notierten Zielvorstellungen und Handlungsansätze.

Übereinstimmende Vorstellungen identifizieren

Nun folgt ein sehr wichtiger Schritt: Es soll so viel Übereinstimmendes wie möglich in einen gemeinsam verabschiedeten Zielkatalog Eingang finden.
Im Plenum wird ein Konsens erreicht, indem man gemeinsam die gleichartigen Zielvorstellungen an einer Wand zuordnet (clustert).
Die so „verdichteten" Zielvorstellungen werden dann im Plenum zwei Pinnwänden zugeordnet; eine trägt die Überschrift „Konsens" die andere „ungelöste Differenzen".
In dieser Phase zeigt sich, wie viel Gemeinsamkeit zwischen den TeilnehmerInnen bereits entstanden ist Als Ergebnis bleibt ein Fundus gemeinsamer Zielvorstellungen, auf den man in der nachfolgenden Umsetzungsphase zurück greifen kann.

Anmerkung
Es ist in dieser Phase nicht sinnvoll, die Teilnehmer über den Unterschied zwischen Zielen und Wegen (Maßnahmen) oder über die Hierarchie der Ziele (siehe Abschnitt 2.4) zu belehren, das würde nur die Motivation dämpfen.
Eine spätere Überarbeitung für das Leitbild- oder die Konzeption kann durch die Steuerungsgruppe bzw. den Leitbildzirkel erfolgen.

7.3.4.2 Maßnahmen planen

Im letzten Schritt wird die Motivation und Energie, die bis jetzt bei den Beteiligten aufgebaut wurde, für die Vertiefung von Themen ggf. bis hin zur Ausarbeitung von Maßnahmen genutzt. Es finden sich erfahrungsgemäß genügend Freiwillige, die eine zielführende Maßnahme weiter ausarbeiten wollen.
Anschließend entwerfen die Freiwilligen-Gruppen jeweils einen Maßnahmeplan mit Termin und Verantwortlichen.

Maßnahmenplan

Aus einer Zukunftswerkstatt zur Leitbild- oder Konzeptionsentwicklung könnten z.B. Maßnahmepläne zur Entwicklung

- von Grundsätzen zu Führung und Zusammenarbeit, zum Umgang mit speziellen Zielgruppen oder zur Zusammenarbeit mit Kooperationspartnern,
- eines Qualitätszirkels,
- einer Prozessbeschreibung,
- einer Kundenbefragung,

- einer Konzeptskizze für ein neues Leistungsangebot,
- eines Projekts zur Personalgewinnung oder
- von Ideen zur Umgestaltung der Räume

hervor gehen.

„Nachdem alle geplanten Maßnahmen von den Freiwilligen-Gruppen kurz vorgestellt wurden, ist zu klären, wann sich die Teilnehmer in welcher Zusammensetzung wieder treffen wollen, um Status-Berichte auszutauschen und ggf. Hindernisse aus dem Weg zu räumen. Dieses erste Treffen kann schon nach 6 Wochen stattfinden; evtl. wurde ja schon mit der Einladung um Reservierung dieses Termins gebeten.
Alle Gruppen, die Maßnahmen geplant haben, werden fotografiert: In der Mitte ihr Flipchart, drumherum die Gruppe („Bekennerfotos"). Das ist sowohl ein wichtiger symbolischer Akt als auch ein guter Bestandteil der Dokumentation."

Vorbereitung der Zukunftskonferenz

„Damit die Zukunftskonferenz ihre emotionale und kognitive Wirkung hinterlässt und den erhofften Energieschub im Unternehmen auslöst, muss sie von einem Planungsteam vorbereitet werden, das neben den zwei erforderlichen Moderatoren auch je eine(n) Vertreter(in) der unterschiedlichen Teilnehmergruppen umfasst, damit später in den Gruppen je ein Mitglied des Planungsteam vertreten ist."

Die Planungsgruppe ist für die Erstellung eines Fotoprotokolls verantwortlich, das den TeilnehmerInnen zeitnah zugehen muss.

Quelle: www.all-in-one-spirit/ressourcen

Literaturverzeichnis

Grundlagenliteratur

Arendt, H (1960): Vita activa oder vom tätigen Leben, München

Beer, St. (1983): Kybernetische Führungslehre, Frankfurt1M, NewYork

Bleicher, K. (Hg.) (1991): Das Konzept Integriertes Management: Visionen-Missionen- Programme, (Neuauflage 2011) Frankfurt/M, NewYork

Bundesministerium für Familien, Senioren, Frauen und Jugend, Hrsg. (2000) Handbuch zur Neuen Steuerung in der Kinder- und Jugendhilfe: eine Arbeitshilfe für freie und öffentliche Träger – Stuttgart ; Berlin ;Köln (Erhältlich als pdf zum Herunterladen und kostenloser Versand : Schriftenreihe des Bundesministeriums für Familie, Senioren, Frauen und Jugend; Bd. 187)

Doppler, K., Lauterburg, Ch. (1994) Change Management: Den Unternehmenswandel gestalten, Frankfurt (12. aktualisierte und erweiterte Auflage 2008)

Engelhardt, H.D. (2001) Total Quality Management; Konzept – Verfahren – Diskussion, Augsburg

Eschbach, R. (Hrsg., 1998) Führungsinstrumente für die Nonprofit Organisation. Bewährte Verfahren im praktischen Einsatz

Eversheim, W. (Hg), Jaschinski, C. und Reddemann, A. (1997) Qualitätsmanagement für Nonprofit-Dienstleister. Ein Leitfaden für Kammern, Verbände und andere Wirtschaftsorganisationen; Berlin, Heidelberg, New York

Friedag, H., Schmitt, W. (2003) Balanced scorecard at work, Freiburg

Gehrmann, G., Müller K.D. (1996) Management in sozialen Organisationen, Regensburg (4. Auflage 2006)

Häfele, W. (1990): Systemische Organisationsentwicklung, Frankfurt1M

Holtkamp, L. (2008) Das Scheitern des Neuen Steuerungsmodells in: dms – der moderne staat – Zeitschrift für Public Policy, Recht und Management Heft 2/2008, S. 423–446 (auch im Internet verfügbar)

Hüneke, Kurt (1998): Zukunftskonferenz als Methode im Rahmen der Erstellung einer Lokalen Agenda 21. In: H. Apel/D. Dernbach/Th. Ködelpeter/P. Weinbrenner (Hrsg.): Wege zur Zukunftsfähigkeit – ein Methodenhandbuch. Stiftung Mitarbeit, Bonn 1998, S. 83–93

Jantsch, E. (1981): Die Selbstorganisation des Universums – Vorn Urknall zum menschlichen Geist; Basel

Jungk, R./Müllert, NR. (1989): Zukunftswerkstätten – Mit Phantasie gegen Routine und Resignation, München

Knorr,F., Scheppach, M. (1999) Kontraktmanagement: Finanzierungsformen, Leistungsverträge für freie Wohlfahrtsverbände, soziale Dienstleister und Sozialverwaltungen, Regensburg/Bonn (z.Zt. vergriffen)

Kortendieck, G. (2009) Strategisches Management im Sozialen Bereich, Augsburg

Kommunale Gemeinschaftsstelle für Verwaltungsmanagement
KGSt®-Arbeitsergebnisse
- Das Neue Steuerungsmodell. Bilanz der Umsetzung (Bericht 2/2007)
- Outputorientierte Steuerung in der Jugendhilfe (Bericht 9/1994)

Das Neue Steuerungsmodell. Begründung, Konturen, Umsetzung (Bericht 5/1993)

Luhmann, N. (1984): Soziale Systeme, Frankfurt/M

Malik, F. (1986): Strategie des Managements komplexer Systeme. Ein Beitrag zur Management-Kybernetik evo1utionärer Systeme, Bern/Stuttgart

Puch, J., Schellberg, K. (2010) Sozialwirtschaft Bayern; Umfang und wirtschaftliche Bedeutung. Studie im Auftrag der Freien Wohlfahrtspflege in Bayern, Nürnberg

Rüegg-Strum, J. (2003) Das neue St. Galler Management-Modell-Grundkategorien einer integrierten Management-Lehre , Bern

Schäffler, Th. (2011) Leitbildentwicklung als Beratungsprozesse in Unternehmen der Kultur- und Kreativwirtschaft. Wismarer Beiträge zm Consulting; Bremen

Schlippe, A.v. (1987): Familientherapie im Überblick – Basiskonzepte, Formen, Anwendungsmöglichkeiten, Paderborn

Schmid, B. (1987): Gegen die Macht der Gewohnheit; Systemische und wirk1ichkeitskonstruktive Ansätze in Therapie, Beratung und Training, in: Organisationsentwicklung 4/87, 21 ff

Schwarz, G. (2001): Sozialmanagement, Bd. 1 der Reihe "Schwerpunkt Management“; 4. überarbeitete und erweiterte Auflage, Augsburg

Schwarz, G. (2001) Management in Nonprofit-Organisationen, Augsburg

Schwarz, P (2001): Management-Brevier für Nonprofit-Organisationen, Bern

Schwarz, P., Purtscher, R., Giroud, Ch., Schauer, R. (1995) Das Freiburger Management-Modell für Nonprofit-Organisationen, Bern (6. Auflage 2009)

Speck,O. (1999) Die Ökonomisierung sozialer Qualität, München

Watzlawick, P/Weakland J.H/Fisch, R. (1979): Lösungen – Zur Theorie und Praxis menschlichen Wandels, Bern/Stuttgart/Wien

Wilke, H (2000): Systemtheorie I: Grundlagen, Stuttgart

Schwarz, G. (2001) Management in Nonprofit-Organisationen, Augsburg

Ulrich, H. (1978) Unternehmenspolitik, Bern

Praxisbezogene Literatur und Arbeitshilfen

Achterholt, G. (1988): Corporate Identity. In zehn Arbeitsschritten die eigene Identität finden und umsetzen, Wiesbaden (Nachdruck 1991 im Gabler-Verlag)

Beck, G. (1998) Controlling, Augsburg

Bendt, U (2008): Aus bewährter Praxis die eigene Kindergarten-Konzeption entwickeln: Eine Anleitung in acht Schritten, Mühlheim

Bertelsmann-Stiftung (2008) Mitwirkung (er)leben- Beteiligungsbausteine – Band 7, Hrsg. Stange, W. Münster; hier: Deinet.U.: Fremdbilderkundung (im Internet als pdf-Dokument zum Herunterladen)

Borg, I. (2002) Mitarbeiterbefragungen kompakt, Bern, Toronto, Seattle

Bosch, W. (2011) Das Praxishandbuch Mitarbeiterbefragungen, Zürich

Bundesministeriums für Familie, Senioren, Frauen und Jugend (Hg) (2000) Handbuch zur Neuen Steuerung in der Kinder- und Jugendhilfe – eine Arbeitshilfe für öffentliche und freie Träger , Band 187 der Schriftenreihe des bmfsfj, Stuttgart (Kostenloser Download im Internet)

Bundesministerium für Familie, Senioren, Frauen und Jugend (Hg) (1999) Qs-Hefte
(kostenloser Download im Internet: www.qs-kompendium.de)
Qs 21 Zielfindung und Zielklärung
QS 26 vom Leitbild zur kontinuierlichen Qualität
QS 34 Die Balanced Scorecard in der Jugendarbeit
QS 11, QS 19 , QS 29 und QS 35 zum Thema Evaluation

Dauscher, U., (2005) Moderationsmethode und Zukunftswerkstatt, 3. Überarbeitete und erweiterte Auflage, Augsburg

Deinet, U und Sturzenhecker B. (Hg.) (1996): Konzepte entwickeln. Anregungen und Arbeitshilfen zur Klärung und Legitimation – Praxishilfen für die Jugendarbeit, Weinheim und München (2.Auflage 2001)

Deinet, U und Sturzenhecker B. (Hg.) (1996): Konzepte entwickeln. Anregungen und Arbeitshilfen zur Klärung und Legitimation – Praxishilfen für die Jugendarbeit, Weinheim und München (2.Auflage 2001)

Dittrich-Brauner, K., Dittmann, E., List, V. Windisch, C. (2008) Großgruppenverfahren: Lebendig lernen – Veränderung gestalten [Gebundene Ausgabe] Heidelberg

Evangelischer Fachverband für Erzieherische Hilfen (1998) Leistungsbeschreibungen I: Erziehungshilfe, Düsseldorf (2. Auflage)

Förschler, H.L.: Strategische Neupositionierung sozialwirtschaftlicher Unternehmen der Freien Wohlfahrtspflege in Deutschland- Ansätze einer speziellen Unternehmenstheorie zwischen Marktwirtschaft und Gemeinwohlorientierung, Dissertation

Graeßner, G., (2008) Moderation – Das Lehrbuch, Augsburg

Groot-Wilken,B.: (2009) Konzeptionsentwicklung in der KiTa: entwickeln, reflektieren, planen, (2. Auflage 2011), Freiburg. i.B.

Herbst, D. (1998): Corporate Identity, Aufbau einer einzigartigen Unternehmensidentität, Leitbild und Unternehmenskultur, Image gestalten und überprüfen, (4. Auflage 2009), Berlin

Jacobs, D.: (2009) Die Konzeptionswerkstatt in der Kita, Weimar, Berlin

Kiessling, W.F.; Babel, F., (2007). Corporate Identity

Klug, S.U. (2012) Konzepte ausarbeiten, schnell und effektiv. Tools und Techniken für Pläne, Berichte und Projekte; Göttingen

Kolhoff ,L. (2002) Existenzgründung im sozialen Sektor , Augsburg

Kortendieck, G. (…) Strategisches Management, Augsburg

Krenz, A.: (2008) Konzeptionsentwicklung in Kindertagesstätten - professionell, konkret, qualitätsorientiert, Köln

Kuhnt, B. und Müller, N. (2004) Moderationsfibel Zukunftswerkstätten: Verstehen, Anleiten, Einsetzen, Neu-Ulm (3. Überarbeitete Auflage 2006)

Lipp, U. Will, H. (2008) Das große Workshop-Buch: Konzeption, Inszenierung und Moderation von Klausuren, Besprechungen und Seminaren Weinheim

Mannheim-Runkel, M. und Taplik, U. (Hg) (1998) Konzeptentwicklung in der Jugendarbeit; Frankfurt

Meister, U. und H. (2002): Kundenzufriedenheit messen und managen: Kundenwünsche punktgenau umsetzen, München, Wien

Stoll, B. (2003) Balanced Scorecard für soziale Organisationen. Qualität und Management durch strategische Steuerung, Berlin

Simon, H. und v. der Gathen, A. (2006) Das große Handbuch der Strategieinstrumente. Alle Werkzeuge für eine erfolgreiche Unternehmensführung. Frankfurt und New York 2002, 2. überarbeitete Auflage 2010

Simon, W. (2005) GABALs großer Methodenkoffer Managementtechniken, Offenbach

Spiegel, H. (2000) Jugendarbeit mit Erfolg, Münster

Sturzenhecker, B., Deinet, U. (Hg.) (2007) Konzeptentwicklung in der Kinder- und Jugendarbeit. Reflexionen und Arbeitshilfen für die Praxis, Weinheim (2. Auflage 2009)

Weisbord, M, Janoff,S. und Trunk, Ch. (2001): Future Search – die Zukunftskonferenz, Stuttgart zur Bonsen, M., Herzog, J.I., Mathys; M.,(2010) Leading with Life: Lebendigkeit im Unternehmen freisetzen und nutzen Wiesbaden

Die Autoren

Pedro Graf

Pedro Graf, (verstorben 2009), Jurist, Politikwissenschaftler und Hochschullehrer mit umfassender Erfahrung und Qualifikation im Felde sozialer Arbeit ebenso wie in der Organisationsberatung und Organisationsentwicklung.

Maria Spengler

Maria Spengler, Sozialpädagogin und Supervisorin mit langjähriger Praxiserfahrung in der Jugendarbeit und Jugendhilfe sowie in der Erwachsenenbildung und Beratung.